「小さな国」からの問いかけ

チェコとスロヴァキア 歴史と文化

Česká republika / Slovenská republika
Historie a kultura / História a kultúra

長與進・篠原琢・中澤達哉 編

まえがき　サロン前夜のこと

小田急線の座間駅を降りると線路に並行して「観音通り」と称する県道が南北に続いている。この道は相模野の台地の西の際にあたるから、段丘の上から丹沢山稜を望むことができる。空の澄む秋冬の夕方には、日が傾くとともに山々の輪郭がはっきりとしてやがて日没の茜が濃くなるとその影は夕陽を背にして間近に迫るようだ。台地から急な坂を降りると相模川に開ける野が広がり、そのなかにつくねんとして相模線の入谷《いりや》駅がある。いまはあたりまえの通勤電車が走っているが、私がここに通っていた一九八八年に走っていたのは二両編成の気動車だったと思う。野の様子も単線の線路の様子も東京の近郊とはとても思えず、長與進さんによれば「東欧のいなかのよう」で、いちどは走ってくる列車に向かって「ウラー、ウラー!」といっしょに歓声をあげた。「ウラー」の意味も「東欧のいなか」も知らなかったし、なぜ列車に歓声をあげたのかもわからなかったが、東欧はきっとこんなところなんだろうと大いに興奮したのだった。長與さんとはその後何度もチェコやスロヴァキアでご一緒したけれど、私にとって長與さんとの最初の東欧はこの入谷であった。長與さんの言うには、箱根の強羅がロシア語の「ガラー」(山)を語源とするごとく、イリヤという地名にもスラヴ的な起源があるのであり、いっしょにいたスラヴ民俗学者のIさんもほかの例を次々に引いてその説を補強していった。ほんとうかどうかはいまだにわからない。

観音通りを南に歩いていくとやがて右側に同じような大きさの平屋の小さな家が整然と並ぶ区画がある。玄関ポーチがあったり出窓があったり、一つ一つの家は少しずつ違っていて、それぞれに個性があった。その一つが私が通った長與さんの家である。元はアメリカ軍軍属の家族住宅だったとかで、中は存外に広々として、応接室があり居室がありキッチンがあり、風呂場にはタイルのモザイク画がほどこされていたりして、日本趣味を取り入れた西洋人の住まいの気配があった。長與さんの家はさらに広く大きい。家の外観からはとても想像ができない規模の蔵書がそこにあった。応接室の書棚にはあらゆる本が整然と並び、床にはあらゆる本が雑然と重なり、必要があればどちらからも即座にそれに応じた本が取り出せるのであった。九巻の『常用チェコ語辞典』はもちろん『語源辞典』、『外来語辞典』その他その他、チェコ語講読の最中にはあらゆる辞書が参照された。小さな空間はたちどころに広い知の世界、スラヴ・東欧世界につながるのだった。それはさながらパウル・ヴェーゲナーの映画「ゴーレム」に出てくるラビ・レフの家のようであった。レフ師を訪ねて皇帝ルドルフ二世がその小さな家に入ると無数の部屋が続き、黄金と宝石で飾られた大理石の大広間に通されるのである。

この「大広間」では長與さんの異論派作家ドミニク・タタルカに対するインタビューのビデオを見せてもらったこともあった。Iさん、ロシア中世文学のNさんがいっしょだった。留学時代、異論派の「梁山泊」に親しく出入りしていた長與さんは、その伝でタタルカにつながったのだそうだ。カメラを回したのはその仲間の一人、ヤーン・ブダイだったという。この人は体制転換のときに「暴力に反対する公衆 Verejnosť proti násiliu, VPN」の指導者として活躍した。アルコールはいっさい口にしないのに、強いスリヴォヴィツァを勧められた長與さんは、タタルカの歓待をだいなしにしないために「習慣にしたがって」一気にこれを飲み干したという。長與さんは「何を話したかまったく覚えていない」といいながらビデオを見ていたが、すばらしいインタビューだった。この部屋は異論派サークルにもつながっていたのである。その後、食事をしながらIさんが次々にロシア民謡を唄った。朗々とした声の震動で割れるからとガラス食器は即座に片付けられた。飛行機が苦手だった長與さんは、当時、ヨーロッパに行くのに必ずシベリア鉄道を使っていたが、そのせいか、木製のロシアの食器がふんだんにあった。確かにイリヤはスラヴ世界だった。

長與さんに最初に会ったのは一九八五年の夏だったと思う。その後、一九八七年の春、大学院に進学したときに、当時早稲田大学で長與さんたちが進めていた読書会に誘ってもらった。薩摩秀登さん、Sさん、それとYさんがいたが、それまでマサリクの『チェコの問題』(T.G.Masaryk. *Česká otázka: snahy a tužby národního obrození*, *Čas/Praha*, 1895)を読んでいたという。薩摩さんとSさんはほどなく留学に赴いたので、長與さん、Yさんと三人でカレル・カプランの『戦後チェコスロヴァキア：チェコスロヴァキア一九四五〜一九四八、諸国民と国境』(Karel Kaplan, *Poválečné Československo: Československo 1945-1948: národy a hranice*, M.Svoboda/München, 1985)を読むことになった。この本は体制転換後、『チェコスロヴァキアをめぐる真実』(*Pravda o Československu 1945-1948*, Panorama/Praha, 1990)というずいぶん不幸な書名で再刊された。カプラン(一九二八〜二〇二三)はトマーシュ・バチャが打ち立てたアメリカ式の企業都市ズリーン(社会主義時代はゴトヴァルドフ＝「ゴトヴァルトの町」と呼ばれた)の靴工場で働き、十代で共産党に入党して後に党中央委員会付属の社会科学研究院で学んだ「筋金入り」の党員だったが、「プラハの春」の際に共産党独裁体制成立期の粛清の犠牲者を復権させる名誉回復委員会で活躍し、それが原因で「プラハの春」の挫折後、党を逐われ逮捕され、そして一九七六年、ミュンヘンに亡命した。カプランはそのときに手にしうるかぎりの史料のコピー、ノートを持ち出し(どうして可能だったのだろう)、ただ一人チェコスロヴァキア現代史研究を続けたのだった。もちろんそれはみなあとで知ったことで、長與さんが入手した本には著者紹介もなかった。私たちはとくに「ドイツ人追放」を扱った章を大きな驚きをもって読んだ。その規模はもちろん、「野蛮な追放」(一九四五年五月からポツダム宣言が出される八月までの恣意的な追放)に描かれる暴力はにわかには信じがたかった。「亡命者だからこのように書くのだろうか」と訝りさえしたのは、「ドイツ人追放」の実態をほとんど知らなかったからばかりではない。東欧の社会主義には何の共感もなかったが、亡命・異論派知識人にはおそらく無意識に「反共的」という偏見をもっていたのである。当時、和田春樹先生がペレストロイカのソ連から異論派の歴史家ミハイル・ゲフテルを招いて、歴史学の可能性が広がっていくのを目撃していたはずなのに、どうしてそのような偏見があったのだろう。それに高校の世界史で「ミュンヘン協定」「ズデーテン地方の割譲」を学びながら、眼の前のチェコスロヴァキアにドイツ人がいないことをどのように考えていたのだろう。長與さんたちとそんなことを論じながらカプランを読み進めていった。カプランの文章はひとつひとつの文が簡潔で短く、淡々と事実を重ねていく職人的な筆致で政治的な調子はまったくない。この読書会をきっかけとして、私は最初の論文（といってよければ）「第二次大戦後の中部ヨーロッパ秩序と「ズデーテン・ドイツ人」の追放問題」を書いた（「中央ヨーロッパ」でなく「中部ヨーロッパ」とするあたりにまだ逡巡がみられる）。

カプランのあと、読書会でフランチシェク・パラツキーの「オーストリアの国家理念」（Idea státu Rakouského, 一八六五年）を取り上げてもらった。この文章を収録するパラツキーの『短編論説集』（*Františka Palackého Spisy drobné*, Bohuš Rieger, ed., 3 vols., Bursík&Kohout/Praha, 1898-1903）ももちろん長與さんの蔵書のなかにあった。イリヤの大広間は無限なのである。その後すぐに早稲田のラウンジが使えなくなり、読書会の場はイリヤに移った。こうして約二週間にいちど、長與さんの居宅に通うことになった。一九八八年秋にはYさんもプラハに留学したので、そのあとは私ただひとりイリヤの家でそれから半年あまり、チェコ語講読のトレーニングを受けたのだった。「オーストリアの国家理念」はわかりやすいテキストではない。パラツキーの哲学的素養、歴史家としての洞察力、そして同時代の政治状況のすべての文脈に即して読まなければならない。長與さんの導きで約一年かけてすべてを読み終えたときにはチェコの一九世紀がずいぶん身近になったような気がした。

長與さんは優しさに満ちた叔父といった佇まいで、私にも一貫して仲間として接してくれた。おじさんというのは父でもない、兄でもない、いつでも自由に「大人の世界」の窓となってくれる人である。仲間、とはいっても、文法、解釈はいうにおよばず、辞書の使い方、一九世紀の語法、他の関連文献との対照などなど、長與さんは徹底した文献学的講読実践で私を導いてくれた。たとえ誤植の疑いがある語であっても、その結論を得るまでに繰り返し検討が重ねられた。ヤーン・コラールをはじめとする「国民再生期」の文人たちのテキスト研究を専門とした長與さんは、何よりも文献学者であった。スラヴ学者の木村彰一先生の影響だったのだろう（これはブルガリア民俗学を専門としたTさんにも共有されている）。文献学 Philology という分野は日本では言語・文学研究または哲学史研究の一部として目に見えないが、人文学の礎である。毎回、「大広間」で二時間あまり続けられた講読は厳しい訓練であった。私の論文（といってよければ）はほとんど思いつきばかりだが、この訓練のおかげで少しは学問の大地につなぎとめられている。

二時間くらいの講読が終わると（ロシアの木製食器で）夕食をいただき、コーヒーを飲みながら、あとは話題が尽きることがなかった。ペレストロイカは佳境を迎えるころで、ソ連の動向はよく話題になった。チェコスロヴァキアのさまざまな映画の話、そして北朝鮮がよく話にのぼった。金日成が存命のころである。金正日が後援した映画を観ることもあった。ただチェコスロヴァキアより、公開中状況は動かないままだったが、新聞ではマサリクが話題になることもあった。とりとめのない話を続けて気がついてみるとたいてい終電の時間が近づいていた。そうして満足して高揚した気分のまま観音通りを座間駅に向かって帰途に着くのだった。

一九八九年の秋から翌年の春には、社会主義体制が崩壊したらチェコとスロヴァキアはどのような関係になるのだろう、という話がもっぱらだった。ヴァーツラフ・ハヴェルが大統領に就任して最初の訪問国に東西ドイツを選び、ドイツ人追放について謝罪したという事件も大きな話題になった。八九年の秋はＮＨＫの衛星放送で放映されていた各国のニュース番組を夢中で追って長與さんと話をしていたはずなのだが、よく覚えているのは話した長與さんの家の空気ばかりである。

一九九〇年八月、プラハで留学生活をはじめたときに長與さんがドクターＭの秘密の倉庫に連れて行ってくれた。古書をこよなく愛した千野栄一先生の盟友で、古書を輸出する独占公社の責任者であるドクターＭは、チェコスロヴァキアのあちこちの古書店に持ち込まれる古書のなかから最良のものを選んで公社に買い上げる権限を持っていた。ヴァーツラフ広場のなかほど、小さな入口から鉄製の階段を降りて扉をあけると古書の地下宮殿が広がっていた。そこには一八四八年革命期の『帝国議会速記議事録』（*Verhandlungen des österreichischen Reichstages nach der stenographischen Aufnahme*, Wien, 1848）、革命急進派の『プラハ夕刊』（*Pražský wečerní list*, 1848-1851）、革命後にハヴリーチェクが発刊していた『スロヴァン』全巻などが殺風景な鉄製の書棚に並んでいた。パラツキーの『短編論説集』もあった。『ボヘミアとモラヴィアにおけるチェコ国民の歴史』の初版（František Palacký, *Dějiny národu českého w Čechách a w Morawě*, J.G.Kalve/Praha, 1848-1876）も、トメクの『プラハ史』（W.W.Tomek, *Dějepis města Prahy*, F.Řiwnáč/Praha, 1855-1901）も、チェルニーの『権利を求める戦い』（Jan M.Černý, *Boj za právo: Sborník aktů politických u věcech státu a národa českého od roku 1848*, Bursí & Kohout/Praha, 1893）もあった。みな研究書の脚注でしか知らない本で、「古本屋にある」ことがただ不思議だった。貴重な本を見つけては悲鳴をあげる私を笑顔で一瞥して、長與さんは淡々と本を選んでいた。きのこ狩りに子どもを連れて行ったようなものだったにちがいない。長與さんはもとより長い古本屋修行を積んでナウカ（ソ連・東欧からの輸入書籍の専門店）の季刊誌『窓』にプラハ、ブラチスラヴァの詳しい古書店ガイドを書いていたくらいだから、すでに探すべき本は頭に入っていたのだと思う。体制転換前の古書店にはマサリクやベネシュの著作（亡命した著述家たちの本とともに図書館でも閲覧できない「禁書」であった）はもちろん、戦間期の本が並ぶことはほとんどなかったが、ドクターMの倉庫にはそうした著作も並んでいた。ちょうど私の眼の高さのところにマサリクの『カレル・ハヴリーチェク』（T.G.Masaryk, *Karel Havlíček: Snahy a tužby politického probuzení*, J.Laichter/Praha, 1896）があった。またまた小さく悲鳴をあげて長與さんに見せると、このときだけは少し顔が変わって「どこにあった」と聞かれた。「そうか気がつかなかったな」と深く残念そうに何度も繰り返す長與さんを見て、なんだか悪いことをしたと思う一方、たいそう得意な気持ちになったのもたしかであった。

　それからはもっぱら手紙のやり取りをしていたが、長與さんに手紙を出すのは留学中に考えたことをまとめるまたとなない機会だったし、いただいた手紙はとても励みになった（ここに長與さんからの書簡の一節を紹介するが、私が、留学中に書いた手紙や日記は「フロッピーディスク」に残されてはいるもののデジタル形式の変化のために失われてしまった）。九〇年一一月の最初の手紙にはカプランの本の翻訳計画とともに「機会があったら彼と面識をつけて」「さしあたっては彼に関する情報はなんでも知らせていただければ幸い」とある。「出版社から送ってきた簡単な経歴をみて、彼が「生粋のコムニスト歴史家」であることを」を知り、「添えられていた写真の容貌も「典型的プロレタリアート」という感じですね」と感想がつけられていた。カプランさんは九〇年にはチェコスロヴァキアに戻って新設のアカデミー現代史研究所の所員となった。カレル大学でカプランさんの講演を聞いたのはこのあとのことだったと思う。九一年一二月の書簡には「カプラン氏の来日の話には知的興奮を覚えました。あなたの筆致を通じて、カプラン氏の人柄にも好感をいだきました」とある。南塚信吾さんを中心に千葉大学で東欧の体制転換を論じる巨大シンポジウムが計画されていて、私はカプランさんの訪日を準備していたのだった。イリヤで遠く憧れた世界は、体制転換を経て現実の色彩と匂いを増していき、私にとってカプランさんは見知らぬ著者からみるみる生き生きとした歴史家となっていった。

書簡にはスロヴァキアとチェコの関係について長與さんの観察が示されている。以下は一九九一年三月四日のもので、湾岸戦争についてのコメント（「一般民衆は、……もしかしたら、西側の一員としてアメリカの側に立って参戦できることを内心喜んでいるのではなかろうかと、ぼくは邪推しています。」）に続けて、メチアルの評価や「スロヴァキア独立」についての見通しが記されている。

「ぼくの見るところ、昨年の九月以降、スロヴァキア共和国首相ウラジミール・メチアルがスロヴァキア政治のイニシアティヴを手中にしたようで、彼はチェコ側と現実政治レベルで手堅く交渉を重ねつつ、スロヴァキア国内のナショナリズム陣営の過激な跳ね上がりをおさえ、かつ彼らから汲み取るべき主張は汲み取っているような気がします。

メチアルはアマチュア集団VPNに属するとはいえ、プロの政治家のようで、スロヴァキアにも「やっと」本格的なリアリスト政治家が誕生したなというのが、ぼくの感想です。チェコで彼が不人気らしいのも、その反証ではないのかな。

ですから昨年の春から夏にかけて騒がれたように、「スロヴァキアの即時独立」といった「面白い」事態には当分至らないでしょうが、しかし最近ではスロヴェニアが国民投票で、事実上ユーゴスラヴィアから分離する方向性を決定し、またバルト三国もその方向に動いていますから、それらの成り行き次第では、スロヴァキアも追随して動き出すこともありえない話ではないと思います」。

チェコでも「西側」でもメチアルの評価はもっぱら低かったから、この評価は貴重であった。スロヴァキアの分離については次の書簡（五月二〇日）にこのようにある。

「（市民フォーラム Občanské Forum ＝ＯＦとＶＰＮの分裂について）ＯＦの方はようするに経済改革政策にたいする見解の相違ということだと思いますが、ＶＰＮのほうは今後のスロヴァキア国家体制へのイメージの違いに由来しているようです。ようするに連邦維持か、連邦の枠内での最大限の主権国家かということでしょうか。ぼく個人としては、こうした政治プロパーの話題にあまり深入りするつもりはありませんが、友人・知人の誰彼の名前が出てきて、身につまされて読んでいます。とくにＦ・ミクロシコがガール派に留まったことを、ちょっと意外に思っています」。

九一年の夏に長與さんとブラチスラヴァで会って、かの異論派の梁山泊、Ｊ・Ｍさんの家に案内してもらい、そこで何泊か過ごした。約束もなしに何人もの人たちが訪ねてきてはテレビの前で議論している。異論派時代から続く議論が急速に現実とつながりながら、テレビや新聞の報道と同調しているのだった。それどころかテレビに映される人たちはみな、ここに出入りしているか、出入りしていた人々であった。Ｊ・Ｍさんはドゥプチェクとブッシュ・アメリカ大統領との会談に同席していて、訪米を論評するテレビを見ながら「またとない機会なのにドゥプチェクは天気の話ばかりしていた」と憤慨していた。

その年の一一月になると長與さんの見通しにもスロヴァキア「独立」が現れる。「先月の二八日（チェコスロヴァキア建国記念日：TS）にはまたまたハヴェル氏がブラチスラヴァで卵を投げつけられる騒ぎがあったようです。僕としては、バルト諸国とスロヴェニア・クロアチアに続け、などと無責任な煽動はしませんが——とくに止めがたく広がるユーゴスラヴィアの内戦状況を見ていると——、中央政府との関係がこれだけもつれてしまったのなら、たとえ経済的に困窮化しようとも、国家主権宣言↓国際的認知の段階的承認獲得↓完全独立の道を辿るのが、やはり心理的に健全というものではないかと愚考してしまいます。……とにかく近日中に、国家主権宣言か、レフェレンドゥムか、スロヴァキア共和国憲法制定といった事態にいたるような予感がしています」。

スロヴァキア主権宣言は翌年の七月一七日だから早い時期の見通しであった。一カ月後、九二年一月二八日の書簡には林忠行さんとの間で交わされた会話が紹介されている。「林忠行氏と冗談で言い合ったのですが、チェコスロヴァキア国家の現在の混乱の「源」は、なんといっても建国が百年ほど遅れたこと（！）、国名に「チェコとスロヴァキア」などという複合要素が丸見えの名称を選んだこと（やはり最初にこの地域を統合する単一の名称を選ぶべきでした。もっともそれがなかったことが問題ですが）、それから首都をプラハという圧倒的な歴史的巨大都市に設定したこと（これではプラハ中心主義が生まれないほうがおかしい。モラヴィアとスロヴァキアの国境でマサリクの生まれたホドニーンあたりに置くべきだったのでは）。まあ冗談はさておき、ぼくの報告でのチェコスロヴァキア国家の今後の方向性についての当面の結論は、現在の連邦よりも緩い結合（連邦の名称を維持するのか、国家連合あるいは共同体（！）となるのかはわかりませんが）という形で「共同国家」を維持するという、しごく平凡なものになってしまいました。ぼく個人の心情としては、「そんなに一人前として認められたければ、貧乏してもいいからとにかく兄さんの家を出て自活してみろ」と一喝したいところですが、……どうもさしあたってはそこまで踏み切れないようです」。

「踏み切った」わけではないにしても、その一年後にはチェコスロヴァキアは解体してスロヴァキアは独立国家となった。歴史が急流となって駆け下るときには、「予感」「心情」が往々にして冷静な観察や推論より前を見通すことがある。長與さんの手紙はそれをよく伝えているように思える。

さてここにある長與さんの「報告」が行われたのがサロンC／Sであった。サロンは早稲田大学への赴任を知らせる一九九一年五月二〇日の書簡に現れる。「研究室がもらえたので、五月下旬より、Y氏、Sさんたちに呼び掛けて、チェコとスロヴァキア関係の情報交換の集まりを組織する予定。名称はサロンC／S（チェーエス）です。あなたにもぜひ通信会員になっていただきたいものです」。

長與さんからくる航空便の宛書には最初からCzecho-Slovakiaと書かれていた。国名のいわゆる「ハイフン論争」が反映しているが、サロンの名称もそれを受けたものである。

サロンC／Sには読書会の長い「前史」があった。しかし東ヨーロッパの体制転換で、私たちの勉強、研究の世界はにわかに現実と活発に交わりはじめて、自由に議論する場所、気ままに談話する場所が必要になったのである。二週間にいちど、午後三時にそこに集まってたいていは七時過ぎ、ときには九時・一〇時を過ぎても話は尽きなかった。そういう稀有な場所の誕生にはおおげさにいえば、歴史の「空気」が大きく震動することが条件になったに違いない。それを主宰した長與さんにはブラチスラヴァの「梁山泊」の記憶があったのだと思う。イリヤの知の大広間は、さらに多くの仲間たちが出入りするようになって「サロンC／S」になった。長與さん自身の「あとがき」にあるとおり、サロンは二〇〇三年でいったん閉じられたが、二〇一二年の頃から「サロン残党の会」がときおり開かれるようになった。コロナを経てオンラインでのコミュニケーションが日常になると、「残党の会」には新しい仲間も加わってきた研究と談話の場が再生した。この本の諸論考はこれまでの「サロンC／S」の成果であり、サロンの「主人」、長與さんに大きな敬意をもって捧げられるものである。

最後に「小さな国からの問いかけ」というタイトルについてひとこと。サロンはスロヴァキアとチェコという「小さな国」に関心をもち、留学を経験した人たちの集まりだったので、「外」の目には「どうでもよい」話題をめぐって延々と議論、談話が続くこともしばしばだった。じっさい何かの拍子に迷い込んだ人が辟易して脱出を試みることもあった（ただし一同があまりにも話に夢中になっているので脱出の機をとらえるのは容易なことではなかった）。「小さな国」をめぐって話題、論題を共有できることはたしかに私たちのよろこびであり、サロンに集えるのは特権であった。しかし「小さな国」とはなんだろう。クンデラなら「いつでもその存在が疑問に付されることがある人々」と定義するだろう。あらゆる「規模」からするとスロヴァキアもチェコも実はけっして「小さな国」「小さな国民」ではない。それに「大小」はあくまで相対的なものだ。それでも自分たちは「小さな国民」であるという自己認識はこれらの国々の文化史、思想史を強く特徴づけている（クンデラのことばもそのなかに置くことができる）。こうした自己認識は一九世紀以来、強迫観念としてふたつの国の国民史、国民文化を規定してきた。そういう文化の窓を通して、日本からヨーロッパ、そして世界を広く眺めることができないだろうか。それに第二次世界大戦後の日本もまた、資源のない「小さな国」を任じていなかったか。長與さんとともに論じたさまざまのことを考えながら、寄稿者一同でこのような書名を考えてみた。こうしてサロンを読者のみなさんに開放することができれば幸いである。けっして辟易させることはないと信じている。

二〇二五年二月

篠原　琢

目次

中世後期および近世初頭モラヴィアのラントフリート

薩摩　秀登

モラヴィアは現在のチェコ共和国東部、ブルノやオロモウツなどを中心とする地域の名称である。現在、単一の行政区分としては存在しない[1]。しかし一九一八年までモラヴィアは辺境伯領を名のっており、隣接するボヘミア（チェコ）王国やシレジア大公領の一部とともに、ボヘミア王冠諸邦と呼ばれる地域に属していた。

しかもモラヴィア辺境伯領の政治体制は、特異な歴史的経過をたどった。一五世紀前半以来、辺境伯は事実上不在となり、かたちのうえではボヘミア王がその役割を肩代わりしたが、統治のためにモラヴィアを訪れることはほとんどなかった。そしてモラヴィア貴族のなかから領邦長官（capitaneus terrae, zemský hejtman）が選ばれて統治実務を担当し、ときには自ら領邦議会を召集した。一五二六年以降、ハプスブルク家のオーストリア大公がボヘミア王を兼ねるようになってもこの体制は変わらず、モラヴィアは、自立性の強い少数の大貴族に委ねられ、分権的でゆるやかな統治が行われたのである。

ボヘミアおよびモラヴィアでは、フス派戦争（一四一九～三六）の結果、フス派とカトリックがいずれも正統とされるようになった。さらに一六世紀には、宗教改革の影響を受けてルター派などへの改宗者も現れ、多くの宗派が共存することになった。特にモラヴィアでは、大貴族たちの所領が急進的プロテスタントの避難所となり、宗教的に非常に寛容な社会が形成されたことでも知られる。また、他の地域で排除されたユダヤ人にとっても、モラヴィアは比較的安全に住むことのできる地域であった。

一六一八年にボヘミアの非カトリック貴族らが中心となって起こした反乱は、一六一九年にはモラヴィアをも巻き込んで展開したが、一六二〇年のビーラー・ホラの戦いにおいて敗北し、ハプスブルク家による集権的な統治への道が開かれた。この後ボヘミアとモラヴィアは、徐々に「ハプスブルク君主国」の一部として組み込まれていく。

しかしその後も、中世以来の領邦の体制が完全に否定されたわけではなかった。特に、一六一八年の反乱に際して当初は距離を置いていたモラヴィアに対して、皇帝政府の措置は比較的穏便であった。一六八六年には領邦委員会が設立されて領邦長官がその長となり、税制、財産の管理、軍事、宗教問題などに関する権限を委ねられた（ボヘミアの領邦委員会設立は一七一四年）。領邦議会も維持されている。

一八四八年にハプスブルク君主国各地で生じた革命運動によって、ボヘミア王冠諸邦でも領邦議会は選挙で選出されることになったが、ボヘミアでは議会が結局召集されなかったのに対して、モラヴィアでは議会が活発な議論を展開した。革命が挫折した後、ボヘミア王冠諸邦においても議会はしばらく中断することになった。一八六一年の二月勅令によって新たな機関として再出発したボヘミアおよびモラヴィアの議会は、クーリエ制度を採用しており、身分制議会の制度的遺産を受け継いでいた。この体制はハプスブルク君主国が解体される一九一八年まで維持された。

このようにモラヴィアでは、辺境伯領でありながら君主が不在であり、貴族など特権身分が統治を担う体制が長期間維持された［薩摩　二〇〇五］。こうした体制がなぜ作り出されたのか、モラヴィアという地域の事情に則して考えてみたいが、ここではまず、この国がそうした体制への道を歩み始めた中世後期に焦点をあて、特にその特異な国制を基礎づけるにあたって大きな役割を果たしたと考えられるラントフリートに注目してみたい。

一　一五世紀初頭までのモラヴィア

図1　ボヘミア王冠諸邦
14世紀に成立した当初の姿。領邦の境界線は，時代によって多少の変動がある。

モラヴィアという領邦の成立時期や状況について、明確にはわからない。九世紀初めから一〇世紀初めまで存在した国家モラヴィア(2)との直接の連続性はおそらくない。一一世紀初めには、ボヘミアを統治するプシェミスル家がモラヴィアも勢力範囲に組み込んだ。ボヘミア公ブジェチスラフ一世（在位一〇三四～五五）が次男以下の三人の息子を分国侯に任命してモラヴィア各地の統治を委ねたことが、一二世紀前半に執筆された『コスマス年代記』にみえる[*Cosmae pragensis chronica Boemorum* II-15]。これ以降、オロモウツ、ブルノ、ズノイモなどにプシェミスル家のメンバーが分国侯として置かれる慣習が定着していく。

一〇六三年にはオロモウツ司教区が創設された。弟であるプラハ司教ヤロミールと対立したボヘミア大公ヴラチスラフ二世（在位一〇六一～九二）が、司教の勢力の削減を試みたためといわれている。その経緯も『コスマス年代記』に記されているが、一方でこの年代記には、「（オロモウツには）プラハ司教セウェルスの時代よりも前に、私の記憶ではヴラツェンという名の司教がいたといわれる」という記述もある [*Cosmae pragensis chronica Boemorum* II-21]。

セウェルスの在位は一〇三〇～六七年なので三〇年以上さかのぼってオロモウツ司教が存在したことになり、オロモウツの教会の成立過程には不明な点が多い。それはともかく、この後オロモウツ司教にはモラヴィアの有力者が任命され、ときにはモラヴィア貴族を代表する役割を果たす司教も登場した。

一一八二年に皇帝フリードリヒ一世により、ズノイモ侯であったプシェミスル家のコンラート・オタがモラヴィア辺境伯（辺境伯在位一一八二～八九）に任命され、モラヴィアの分国侯体制は一二世紀末には終わりを告げた。モラヴィアの君主は帝国諸侯へと格上げされたわけだが、その後もプシェミスル家の一門が任命される慣行は続き、ボヘミア王が兼任した時期もある。王と辺境伯を兼ねたプシェミスル・オタカル二世（ボヘミア王在位一二五三～七八）がハプスブルク家のドイツ王ルドルフ一世と対立して戦場にたおれた後、辺境伯はしばらく空位であった。しかし一三三三年に、ルクセンブルク家のカレル（後の皇帝カール四世）が、ボヘミア王である父ヨハンによって辺境伯に任命された（在位一三三三～四九）。

一三四六年にドイツ王位とボヘミア王位を獲得したカレルは、弟ヤン・インジフをモラヴィア辺境伯に任命した（在位一三四九～七五）。カレルは一三四八年四月七日の証書により「聖ヴァーツラフの王冠諸邦」（いわゆるボヘミア王冠諸邦）を創設し、王冠の下でボヘミア、モラヴィア、シレジア、上ラウジッツ、下ラウジッツの五領邦がレーエン（Lehen 封土、知行）として統合された。ヤン・インジフおよびその子ヨシュト（在位一三七五～一四一一）が辺境伯を務めた時代には、ブルノに小規模ながら宮廷も存在しており、モラヴィアが最も君主制的性格を強めた時期とみなされている。

しかしヨシュト時代の後半、プシェミスル家は内紛のため混乱した。ヨシュトの死後、再び辺境伯は空位となり、ボヘミア王ヴァーツラフ四世（在位一三七八～一四一九）がこれを代行するかたちとなる。一四一九年のヴァーツラフ四世の死、そしてフス派戦争の混乱のなかで、辺境伯によるモラヴィア統治は形骸化していった。戦争のさなかの一四二三年に、ドイツ王ジギスムント（ヴァーツラフ四世の弟。在位一四一〇～三七）が娘婿であるハプスブルク家のアルブレヒトをモラヴィア辺境伯に任命したが、モラヴィア貴族がこれをどの段階で受け入れたかは不明である［Valka 1995: 27］。一四三九年にアルブレヒトが死去した後、モラヴィア辺境伯が任命されることはなかった。

辺境伯による統治が有名無実化していく一方で、特権身分の地位が強化されていった。モラヴィアでは、ボヘミアと同じように、およそ一三世紀頃から大規模な所領支配を基盤とする貴族層が形成されていった。一三世紀後半には貴族たちによる統治活動の主要な拠点として領邦裁判所が成立し、開催場所はオロモウツとブルノに限定されていく。辺境伯のもとで設けられた宮廷官職は、空位期間が続く間にその役割を失い、その頂点に位置する官職として一三世紀に登場した財務長官も形だけのものになっていった。代わって一三世紀末から一四世紀初頭にかけて登場したのが領邦長官であり、一四世紀末の政治的混乱のなかで急速にその役割を強めていく。

フス派戦争期にはボヘミアでも事実上の国王空位の状況が続き、複数名の執政官による執政府が作られた。しかしモラヴィアではそうした動きは見られず、統治にかかわる問題への対応は原則として個々の貴族に委ねられた。一五世紀には、およそ一五から二〇の大貴族家門が領邦長官を頂点としてまとまり、国政を担う体制が作られていく。このように君主が不在であり、明確な統治機構ももたないモラヴィアで、統治体制の基礎を提供したのがラントフリートである。

二　モラヴィアのラントフリート

ラントフリートのモデルは、ドイツのラントフリーデ（ラント平和令）である。治安悪化の大きな原因となっていた貴族同士の私闘（ドイツ語でフェーデ Fehde、チェコ語でオトポヴィエチ odpověď、あるいはザーシチー zášti）を禁止し、教会、聖職者、女性、商人などを保護し、地域の平和と公的秩序を保つのがねらいであった。違反者は平和の侵害者として法の保護の外に置かれた。ドイツのラントフリーデは、一一〇三年に皇帝ハインリヒ四世が公布したのが最初であり、ドイツ国内すべての諸侯や貴族に四年間の平和を守ることを約束させた。ただちに十分な効果を発揮したわけではないが、君主が公的な権力を確立していく一環として、その後もさまざまなかたちでラントフリーデが締結された。特定地域の貴族や都市が平和を維持するために結んだ例も多い。最終的には、一四九五年に皇帝マクシミリアン一世が布告した永久平和令というかたちで結実する。

以下では、モラヴィアのラントフリートの展開についてみていくが、あらかじめ補足として述べておくと、シレジアやボヘミアなど王冠諸邦の他の地域でもラントフリートは重要な役割を果たしている。シレジアではヴロツワフ大公ハインリヒ四世による一二七五年のものが最初であり、一三一〇年からはシレジア各地で都市のラントフリートが成立した。一三八三年には上シレジアのすべての都市、また一三九二年には下シレジアのすべての都市によるラントフリートが成立している。

ボヘミアでは、西部の都市プルゼンを中心とした一四一五年のラントフリートが最古といわれている。フス派戦争終結後には、国王中心の統治体制がほぼ崩壊した状況のなかで、王国各地の州 kraj ごとに貴族や都市が域内の平和を守るために締結したラントフリートが重要な役割を果たした。この場合のラントフリートは州長官 krajský hejtman によって率いられる。後にボヘミア王となるポジェブラディのイジー（在位一四五八〜七一）は、東ボヘミアのラントフリート指導者として頭角を現した人物である。

ボヘミアでラントフリートという言葉を用いる場合、通常は平和同盟としての組織それ自体を指す。しかしモラヴィアの場合、平和維持のための規約文書を意味する場合が多い。モラヴィアでラントフリートと呼ばれる文書はヨシュトの治世から登場し、一三八七年に締結されたものが、確認できるものとしては最も古い。ただしこれは一四世紀末のブルノの特許状集成に写しが残るのみである。ドイツ語で書かれ、タイトルは「辺境伯ヨシュトの規定 statut」となっている。ここでは、強盗、略奪、捕縛、放火、所領に盗賊を住まわせること、そして敵対行為の宣言が禁止され、あらゆる紛争は平和的手段で解決されねばならないと定められている。この規定に反した者は法の保護の外に置かれる［Slezáková 2001: 316-317］。ドイツなどで一二世紀以来締結されたラントフリーデと、基本的に性格は同じである。辺境伯による統治がまだ比較的安定していた時期にラントフリートが布告された背景ははっきりしないが、一部の下級貴族が路上での襲撃や略奪などの行為におよんだり、あるいは武力紛争を起こすなどの問題も生じており、大貴族もこれに関与していたため、辺境伯として平和の維持に積極姿勢を示す必要があったと考えられる。

続いて一三九六年にもラントフリートが結ばれている。これもドイツ語で、やはり写しが残るのみである。一三八七年のものと異なり、辺境伯ヨシュト、その弟プロコプ、オロモウツ司教、そして大貴族が結んだ協定のかたちをとっている。時期的には、ヨシュトがボヘミア王ヴァーツラフ四世およびプロコプと対立したことが原因で一三九三年から九六年まで続いた内戦が、ひとまず決着した段階である。しかしその後も双方が集めた兵力が武装集団となって治安を乱しており、平和の回復が求められていた。犯罪にあたる行為の列挙、およびこれに対する懲罰規定が前のものよりも詳しくなっている。

ここで辺境伯ヨシュトは、複数の締結者のうちの一人であり、役割としては一三八七年よりも後退しているが、なおも君主としてラントフリートの効力を保証する立場にある。しかし違反行為は領邦裁判所で裁かれ、ここで大貴族たちによって判断が下される。辺境伯は領邦裁判所の長を務め、こみ入った例外的な件に関しては最終的判断を下すことができるが、通常は大貴族の判断を尊重しなければならない。

ドイツでは、貴族など特権身分の裁判権に対抗するため、一四世紀以降、君主に直属して裁判権を行使する機関の創設が試みられたが、モラヴィアのラントフリートではなおも法的判断は領邦裁判所に委ねられている。

またこのラントフリートによれば、モラヴィア辺境伯は、大貴族やオロモウツ司教に属する城、要塞、都市が不当に占拠されている場合、必要ならば軍事的手段を用いて解決にあたらなければならない。つまり辺境伯には強力な執行権が委ねられている。しかし実際には、これに先立つ内紛の時期に、辺境伯が守備隊や城伯（城砦を委ねられ、刑罰を執行する権限をもつ人物）を置く城が抵当に入れられるなどして減少していたので、ヨシュトのとりうる手段は限られていたと思われる。

また下級貴族はラントフリート締結の当事者には含まれず、大貴族の決定に従うべき立場に置かれている。ここには、モラヴィアにおいて大貴族と下級貴族の分離が進行していく過程がみられる［Slezáková 2001: 326-328］。

この後、再びヨシュトとプロコプの間に紛争が生じた後、一四〇五年にラントフリートが締結されたことが、一五世紀後半モラヴィアの法学者であり領邦長官であったツィンブルクのツチボル・トヴァチョフスキーの著作『トヴァチョフの書 Kniha tovačovská』(3)での言及から推測されるが、その内容は伝わっていない。

一四一一年一月一八日にヨシュトが死去してモラヴィアのルクセンブルク家は断絶した。そして翌一四一二年、ヴァーツラフ四世がモラヴィアの代表者たちとラントフリートを締結した。チェコ語で書かれたラントフリートとしてはおそらく最初のものであり、内容的にも、ラントフリートが新たな段階に入ったことを示すものといわれている。

一四一二年のラントフリートは、一三九六年のように紛争後の平和回復のためではなく、ヨシュトの死去によって一四〇五年のラントフリートが無効になったために新たに締結された。ヴァーツラフとしては、辺境伯が不在となったモラヴィアの平和の維持は自分の役割であることを宣言する意図があったものとみられる。一四〇五年までのラントフリートを基礎に、違反行為およびそれに対する対応をさらに詳しく規定する項目を付け加え、治安・平和の維持の徹底を図っている［Slezáková 2001: 332-333］。一四一二年のラントフリートは『トヴァチョフの書』の第三一章として全文が載せられているので、これにもとづいて概略をまとめると以下のようになる（原文では項目分けはされていない）［Brandl 1868: 25-28］。

・ドイツ王でありボヘミア王であるヴァーツラフ、その宮内長官でありモラヴィアの領邦長官（ここでは名称はstarosta）であるクラヴァジェのラツェク、オロモウツ司教コンラート、その他五四名の貴族（名前を列挙）が、以下に記載されることに関して合意に達した。
・いかなる者も、モラヴィア国内で、あるいは国外で他人に対して違法行為を行ってはならず、国王、その代理としての領邦長官、そして大貴族たちの前で法にもとづいて解決しなければならない。
・略奪行為があった場合、都市内でも村落内でも、その盗品を購入してはならない。購入した者はこれを無償で返却する。
・モラヴィアにおいて、自分の主君を持たずに都市あるいは村落に住みつき、他人に害をなそうとする者は、有害な人物として捕えられる。
・他人に危害を加える者をかくまった場合、大貴族あるいは下級貴族ならば、貴族としての権利を失い、裁かれる。
・あらゆる街道は、誰でも自由に通行できる。妨害した者は盗賊として裁かれる。
・街道で略奪された物が城、都市、要塞で発見された場合には、その城、都市、要塞の所有者は盗品を差し出し、犯人を裁かねばならない。
・城、都市、要塞が不当に占拠された場合、国王、領邦長官、司教がその対応にあたり、大貴族たちがその場に向かうべきである。その際の人員の食糧と馬の飼料は国王が負担する。城、都市、要塞を奪還したならば、もとの持ち主に返却される。
・城、都市、要塞が略奪行為の拠点となった場合や、そこに盗賊がかくまわれた場合、国王、領邦長官、司教がその対応にあたり、大貴族がその場に向かうべきである。その際の人員の食糧と馬の飼料は国王が負担する。
・このラントフリートの有効期間は五年である。

このラントフリートにおいても、まず違法行為への対処すなわち法にもとづいた解決が掲げられているが、略奪行為や盗品の扱いなどが具体的に記され、街道や都市における都市民の日常的な安全と経済活動の維持が特に配慮されている。盗賊集団やこれを従える貴族の違法行為を防止しようとする意図は明白である。城、都市、要塞を攻略するなど戦闘行為に関してはボヘミア王が先頭に立って解決を図ることになっており、モラヴィア統治者としての立場を築こうとする国王ヴァーツラフの意図が読み取れる。しかし現実にこの時点で、モラヴィアに関して国王が行使できる手段が限られている以上、その役割は領邦長官に委ねられたと考えられる。

治安悪化の原因としては、盗賊集団による略奪や襲撃のほかに、対立する貴族集団などが繰り広げる私闘も深刻であった。しかしこのラントフリートは、あくまで「違法な」暴力行為を禁止しているだけであり、貴族が自分たちの特権と考えている私闘は明確には禁止の対象となっていない。その意味でも、このラントフリートは貴族側の利益に沿うものになっている。

その後もフス派戦争の時期をはさんで、モラヴィアでは繰り返しラントフリートが制定された。貴族による統治体制が安定していくに従い、一五世紀後半以降のラントフリートには、違法行為の禁止やその対処方法にとどまらず、公共生活全般にかかわる、いわゆるポリツァイ規定的な条項が多く含まれるようになっていく。そしてこれと並行して、モラヴィア全土の大貴族、下級貴族（騎士）、聖職者、市民による議会（conventus, commune concilium, colloquium, dieta, sjezd, sněm などさまざまな名称で呼ばれる）が重要な役割を果たすようになっていく [Kameníček 1890, 1892; Janiš 2010]。

一四八七年に締結されたラントフリートのタイトルは「ブルノ市で復活節第二主日に採択された、ブルノにおける議会の諸条項」[4]であり、議会の決議というかたちになっている。さらに一四九六年、一五〇五年、一五一六年、一五二〇年、一五三〇年にもラントフリートが締結され、一五三五年の「モラヴィア辺境伯領の法と条例」[5]（モラヴィアの領邦条例）に結実する [Čáda 1937; Janiš 2005]。これは大貴族が中心となって創設した委員会が『トヴァチョフの書』を参照して作成したものであり、モラヴィアの基本法典として位置づけられている［Janiš 2007, 2023］。

ここまでの経過をボヘミアと比較すると興味深い。ボヘミアでは一三五五年にカレル四世が基本法典（いわゆる「マイェスタース・カロリナ」）を議会に提出した。これは基本的には当時の慣習法にもとづくものであったが、法が明文化されること自体を警戒した貴族層が反対したために撤回された。それ以降、法典編纂は試みられなかったが、一五世紀末になり、貴族の地位が安定するにつれて、今度は貴族主体の法典編纂事業が進んだ。最終的には一五〇〇年に議会が市民の関与を排除したかたちで領邦条例を制定し、これはただちに刊行された。この時の国王の名をとって「ヴラジスラフの領邦条例」と呼ばれている［Kreuz/Martinovský 2007］。この領邦条例成立の過程においてもボヘミアのラントフリートが一定の役割を果たしたと考えられるが、そのつながりはあまり明確ではない。しかし一五三五年のモラヴィアの領邦条例は明らかに、一四世紀末以来くり返し締結され、一五世紀には議会の決議として成立したラントフリート文書の延長上に位置しているのである。

上にも述べたように、一七世紀に入ると、プロテスタント系貴族の反乱の後、ハプスブルク家はモラヴィアに対する支配も強めていった。総督 místodržící として全権を委ねられ、一六二八年制定の改定領邦条例（ボヘミアでは一六二七年制定）の作成にもかかわった枢機卿ディートリヒシュタインのフランツは、スペインの出身でイエズス会による教育を受けた厳格なカトリックであり、オロモウツ司教も務めていた。しかし情勢が安定するにつれて、モラヴィアの伝統的な統治体制が一部復活し、大貴族から選ばれる領邦長官、財務長官 nejvyšší maršálek、裁判所長官 nejvyšší sudí、大貴族と騎士から交代で選ばれる王領地管理官 podkomoří が中心となった。一六三六年にはモラヴィアにおける司法と統治の最高機関として王室裁判所 královský tribunál が設けられた。その長は領邦長官が務めたが、かつての領邦裁判所におけるように単独で全体を取り仕切るのではなく、他の高官たちと合同で指導する立場に立った［Schelle 1995］。

ここまでみてきたように、モラヴィア辺境伯領では一五世紀初頭以来、ほぼ辺境伯不在のまま、大貴族主体の統治が行われ、ラントフリートという文書がその方式を定めてきた。こうした体制が、現実に平和と安定を維持するためにどのように運営されたのか、また一七世紀以降のモラヴィアにどのように影響したかといった問題に、ここで立ち入る余裕はない。ここでは、こうした体制を担った貴族たちが、モラヴィアという国をどのように想定していたかを示す文書を最後にとりあげ、その内容を検討してみたい。『トヴァチョフの書』に収められている「モラヴィア辺境伯領は自由であること」という文書である。

三 「自由な辺境伯領」としてのモラヴィア

ツィンブルクおよびトヴァチョフの二つの地名を名のる家門はモラヴィア有数の大貴族であり、そのメンバーは初期のラントフリートにも名を連ねている。その子孫で、一四三八年頃に生まれたツチボル・トヴァチョフスキーは、父ヤンと同じくフス派に属し、若い頃から領邦裁判所や議会で研鑽を積んだ。ボヘミア王ポジェブラディのイジーの熱心な支持者であり、イジー死去後はヤゲウォ家のボヘミア王ヴラジスラフ二世（在位一四七一～一五一六）を支え、王によってモラヴィアの領邦長官に任命された。ヴラジスラフ二世は、一四六九年にモラヴィアのカトリック貴族によってボヘミア王に選ばれていたハンガリー王マーチャーシュと数年にわたって争ったが、一四七九年のオロモウツの協定で、双方がボヘミア王を名のること、ヴラジスラフがボヘミアを統治し、マーチャーシュがモラヴィア、シレジア、ラウジッツを統治することが決められた。そしてこの際、マーチャーシュもまた信頼できる領邦長官としてツチボルにモラヴィアの統治を委ねた。ツチボルは一四九四年六月二六日にトヴァチョフで死去した。(6)

経験豊かな領邦長官であったツチボルは、貴族たちからモラヴィアの法の手引書を作成するよう依頼され、『モラヴィア辺境伯領の古い慣習と習俗の覚書 Paměť obyčejův a zvyklostí starodávních markrabství moravského』[7]を執筆した。これが通称『トヴァチョフの書』と呼ばれる法集成である。執筆の時期は一四八一～八二年と推定され、一四八六年に補筆された。プラハのフス派市民フシェフルディのコルネルが一四九五年に完成させた『ボヘミア国の法、裁判、台帳に関する九書』と比較されるが、コルネルの著書がラテン語による学問的著作の性格が強いのに対し、ツチボルの書は自身の経験や知識をもとにチェコ語で執筆したものである。ラテン語は解さなかったらしい。『トヴァチョフの書』は君主による承認を得たわけではなく、議会が正式に採択したわけでもないが、著者の生前から、役所や法廷で手引書として用いられた。

『トヴァチョフの書』のオリジナルは現存しないが多数のテキストが残っている。一七世紀前半までのものが多く、裁判所などで実務に利用されたものと思われる。その過程で削除、修正、付加などが行われたためテキストによって異同があり、本来の姿を復元するのは困難である。一九世紀半ばに、K・J・デームートおよびV・ブランドルがあい次いで校閲、公刊した［Demuth 1858; Brandl 1868］。チェコの歴史家・書誌学者V・プンプルラによれば、これらはいずれも、史料の批判的検討が十分ではない［Pumprla 1995］。しかし本稿でとりあげた第三一章と第三二章に関しては、後代の改変の可能性はあまり考えなくてよいであろう。「モラヴィア辺境伯領は自由であること」をブランドル版にもとづいて訳出すると以下のようになる［Brandl 1868: 28］。

第三二章　モラヴィア辺境伯領は自由であること。上に書かれた古い慣習より、次のことが理解される。この国は常に自由であり、どのような王権や王冠のもとに置かれようと、いかなる主君にも、またその国にも従属することはなかった。そして大貴族、騎士、聖職者は、チェコ人（筆者注：ボヘミア人）のように自分たちのいずれかの主君に宣誓 přísaha を行うことはなく、単なる臣従と誠実の約束 slib を行うにすぎず、他の国に対しては行わず、その主君およびその正しい継承者に対して行うだけであり、それもこのモラヴィアにおいてのみであり、他の場所においてではない。そして諸都市も慣習にもとづく宣誓を行うにすぎない。そしてこの国は主君によって妨げられることのない完全な権利を有しており、皇帝陛下に対しても、またこの国の主君に対しても控訴が行われることはない。こうした権利については、以下に記載されるとおりである。

ここから、モラヴィアという国の体制について、ツチボルはじめ貴族たちがどのようなものを想定していたか、大略以下のようにとらえることができるだろう。

まずタイトルにおいて、モラヴィアは自由な国であると宣言される。どのような王権や王冠のもとに置かれようと、その主君や国には従属しない。大貴族、騎士、聖職者は、その主君に臣従と誠実を約束するだけであり、宣誓は行わない。すなわち、かたちのうえでの君臣関係は結ばれるが、君主の支配は実質をともなわない。

ここでいう王権や王冠は、現実にはボヘミアの王権や王冠を指していると考えられる。ボヘミア人との対比が述べられていることもそれを示唆する。すなわち、モラヴィアがボヘミア王権（王冠）によって統合される国であることは暗に前提とされている。

また、「臣従の約束」は君主やその正統な継承者に対して行われるのみであり、その君主が統治する国に対してではない。それも「モラヴィアにおいてのみであり、他の場所においてではない」。この「他の場所」も暗にボヘミア、特にプラハを指していると解釈できる。プラハまで赴いて臣従を約束するとなれば、モラヴィアがボヘミアの下位に立つことを承認したかたちとなる。モラヴィアの貴族はこれを拒絶するわけである。

次の、諸都市に関する部分は、モラヴィアにある国王都市を指しており、これに対してはボヘミア王の支配がおよぶ。そのため宣誓は行うが、これも慣習として行われるにすぎないとしている。

末尾にある裁判に関する部分は、モラヴィアにおける法的問題に関しては領邦裁判所が最高の機関となることを意味している。すでに一五世紀初頭のラントフリートでみたように、領邦裁判所で決定を下すのは領邦長官であり、皇帝や、モラヴィア辺境伯（実際にはこれを代行するかたちのボヘミア王）への控訴は行われないことを述べていると考えられる（オロモウツ司教などとレーエン関係で結ばれた人物などは例外であり、この場合は司教の裁判所の管轄となる）。

以上のようにツチボルは、モラヴィアはほぼ全面的に貴族に委ねられた体制であることを主張している。君主の役割は極限にまで縮小され、ほとんど除外されているといってもよい。とはいえ、ボヘミア王権・王冠への統合は否定されていない。もともと王冠諸邦はボヘミア王としてカレル四世が創出したものであり、離脱する権限は臣民側にはない。そして貴族の側にも、モラヴィアをいかなる君主権からも完全に切り離された単独の自立した貴族制の国とする発想は、存在しなかったように思われる。やや後のことになるが、モラヴィアを代表する貴族の一人で、ボヘミア王国宮内長官まで務めたペルンシュテインのヴィレーム（一四三五～一五二一）は、晩年になって、スイスの盟約同盟のような統治形態の危うさについて警告した［Válka 1995: 29］。

ただし、モラヴィアの人たちが誠実を約束するボヘミア王は、必ずしもボヘミアで選ばれた人物である必要はなかった。事情によってはボヘミアとモラヴィアでそれぞれ王が選出される可能性もあり、この場合王冠諸邦は両名で分割される。『トヴァチョフの書』が執筆された時期には、実際にヴラジスラフ二世とマーチャーシュがボヘミア王の位を分け合っていた（一四七九～九〇年）。また後にハプスブルク家のルドルフ二世とマティアスによって、同じ状況がくり返されることになる（一六〇八～一一年）。モラヴィアの人々にとって、ボヘミア王はプラハにいる必要はなく、ブダでも、あるいはウィーンでもよかったわけである。

おそらくモラヴィアの貴族たちにとって、君主は、自分たちの安定した地位を保証する存在としてのみ、必要とされていたと考えられる。辺境伯が不在であり、これをボヘミア王が名目的に肩代わりする体制は、おそらく最も好ましかった。そしてこの体制が、ラントフリートをくり返し制定するというかたちで定着していった点に、モラヴィアの独特な性格が表れている。当初は君主が治安維持のために制定したラントフリートが、君主と特権身分の協定による平和維持の体制へ、さらには議会の決議というかたちへと展開し、一六世紀前半には国の基礎として定着をみた。その過程を検討することで、モラヴィアという国の特色をさらに詳しくたどることもできるかもしれない。さらに、ハプスブルク君主国に組み込まれていく過程において、こうしたモラヴィアの伝統的体制がどのように影響を与え、また変化していくかも、興味深い検討課題である。

注

（1）現在では、南モラヴィア州、ズリーン州、オロモウツ州の全域、ヴィソチナ州、パルドゥビツェ州、モラヴィア・シレジア州の一部が、歴史的モラヴィアの領域に該当する。

（2）この国家は長らく「大モラヴィア」と呼びならわされてきたが、現在では「モラヴィア」の方が普通である。

（3）「トヴァチョフスキー Tovačovský」は地名の「トヴァチョフ Tovačov」から派生した形容詞で、「トヴァチョフの」を意味する。『トヴァチョフの書』およびツィンブルクのツチボル・トヴァチョフスキーについては本稿第三節を参照。

（4）原語は Artikule na sněmu brněnském, kterýž v neděli provodní v Brně městě nynie držán jest.

（5）原語は Práva a zřízení markrabství Moravského.

（6）ツィンブルクのツチボル・トヴァチョフスキーについては、死後五〇〇年にあたる一九九五年に記念論集が出版された [*Morava na prahu nové doby* 1995]。ツチボルの生涯および『トヴァチョフの書』の史料残存状況については同書にV・プンプルラによる簡潔な記載がある [Pumprla 1995]。

（7）この名称も便宜的なものであり、刊本などによって若干の違いがある。

文献一覧

薩摩秀登「もう一つの「フス派の国」——近世初頭モラヴィアの宗教事情」『歴史学研究』八〇八、二〇〇五年

Beran, Zdeněk, Die Landfriedensbewegung im Königreich Böhmen, in *Zeitschrift für Ostmitteleuropa Forschung* 63(2014) pp.529-559.

Brandl, Vincenc(ed.), *Kniha Tovačovská, aneb Pana Ctibora z Cimburka a z Tovačova Pamět' obyčejů, řádu, zvyklostí starodávných a řízení práva zemského v Markrabství Moravském*. Brno, 1868.

Cosmae pragensis chronica Boemorum, ed. Berthold Bretholz, Monumenta Germaniae historica, Scriptores rerum Germanicarum, Nova series, Tomus II, 1955.

Čáda, František(ed.), *Zemské zřízení moravské z roku 1535, spolu s tiskem z roku 1562 nově vydaným*, Česká Adademie věd a umění, 1937.

Demuth, Karel Josef(ed.), *Kniha Tovačovská aneb pana Ctibora z Cimburka a z Tovačova zemského hejtmana markrabství Moravského sepsání obyčejů, řádů, zvyklostí starodávných a práv markrabství moravského*, Brno 1858.

Janiš, Dalibor(ed.), *Práva a zřízení markrabství moravského z roku 1545 (Pokus moravských stavů o revizi zemského zřízení), Historický úvod a edice*, Matice moravská, 2005.

Janiš, Dalibor, Moravské zemské zřízení z roku 1516. K otázce vzniku zemských zřízení v českých zemích na přelomu 15. a 16. století, in Jiří Mikulec/ Miloslav Polívka(eds.), *PER SAECULA AD TEMPORA. Sborník prací k šedesátým narozeninám prof. Jaroslava Pánka*, Sv.1, Historický ústav akademie věd České Republiky, 2007, pp.153-162.

Janiš, Dalibor(ed.), *Moravský zemský sněm na prahu novověku. Edice Památek sněmovných z let 1518-1570 1. Památky sněmovní I*, Historický ústav, 2010.

Janiš, Dalibor, Odpověd'(záští) a normativní zakotvení nepřátelství a svépomoci v českém a moravském zemském právu ve 14. až 17. století, in *Časopis Matice moravské* 136(2017), pp.235-268.

Janiš, Dalibor, *Landfrýdy jako pramen zemského práva na stavovské Moravě*, Scriptorium, 2023.

Kameníček, František(ed.), Jednání sněmovní a veřejná v markrabství Moravském od počátku 15. století až do přijetí krále Ferdinanda I. za markrabí Moravského roku 1527, in *Archív český čili staré písemné památky české i moravské*, X, Praha, 1890, 241-352, XI, Praha, 1892, 282-405.

Kreuz, Petr/Martinovský, Ivan(eds.),*Vladislavské zřízení zemské a navazující prameny (Svatováclavská smlouva a Zřízení o ručnících)*, Scriptorium, 2007.

Mezník, Jaroslav, *Lucemburská Morava 1310-1423*, Nakladatelství Lidové noviny, 1999.

Morava na prahu nové doby. Sborník příspěvků z konference konané k 500. výročí úmrtí Ctibora Tovačovského z Cimburka, Muzeum Komenského v Přerově, 1995.（*Morava na prahu nové doby* と略記）

Schelle, Karel, K vývoji státní správy na Moravě v době pobělohorské, in *Morava na prahu nové doby*, pp.62-64.

Pumprla, Václav, Na okraj olomouckých exemplářů Knihy tovačovské, in *Morava na prahu nové doby*, pp.65-68.

Slezáková, Veronika, Počátky a vývoj nejstarších moravských landfrýdů z let 1387, 1396, 1405 a 1412, in *Časopis Matice moravské* 120(2001), pp.315-336.

Válka, Josef, Ctibor Tovačovský a Morava jako model stavovské země, in *Morava na prahu nové doby*, pp.22-36.

Wihoda, Martin, *Morava v době knížecí, 906-1197*, Nakladatelství Lidové noviny, 2010.

パトリア概念の形成と歴史的展開
――チェコスロヴァキア主義を理解するための前提として――

中澤　達哉

はじめに

近現代のパトリア（patria）の概念は、国民国家の存在を前提とするナショナルな枠組みに依拠して語られる傾向がある。このため、パトリアはナショナルな意味での「祖国」と認識されることが多い。同様に、パトリオティズムも「愛国主義」のこととして、しばしば一義的に理解されることがある。しかし、はたしてパトリアとは歴史的にもっぱらナショナルな祖国を意味し、パトリオティズムは何よりも愛国主義と同一物であったのだろうか。

近世史家のM・ヴィローリによれば、パトリアの原義は「父祖の地」（terra patria）であるが、前近代においては原義に類する「故郷」、あるいは、より狭義の意味ではそうした父祖の地の「共和政体」または「公共善」を指す使用法も散見された［ヴィローリ 二〇〇七：三九―四二］。つまり、パトリアの概念は長期的にはヨーロッパ史に特有の文脈のなかでレスプブリカ（res publica）と同一視されながら、短期的にはその政治・社会変動に呼応しながら、意味内容を多様に変化させてきたというのである。(1) よって、前近代から近代にいたるパトリア概念の展開を詳細に追うこと

図１　中世後期のハンガリー王冠領（1480年）

図２　三分割期のハンガリー（1550年）

は、パトリオティズムと現代のナショナリズムとの相関を分析するためにも必要不可欠な作業になるものと思われる。

以上の問題関心にもとづき本稿が検討の対象とするのが、近世から近代のハプスブルク・ハンガリー（現スロヴァキア共和国の一帯）の知識人の言説である。近世の当地は、約二百年もの間、オスマン帝国と交戦する非常事態下にあった。中世後期以来、不可譲・不可分とされてきたハンガリー王冠領（図１）は一五二六年に侵攻を受け、四一年には三分割が暫定的に承認されることになった。つまり、ハプスブルク家が君主となる西ハンガリー王国（ハプスブルク・ハンガリー）、トランシルヴァニアの大領主サポヤイ家が君主となる東ハンガリー王国、そしてオスマン帝国直轄領という三国への分割が決定されたのである（図２）。なお、ハプスブルク・ハンガリーが現在のスロヴァキア共和国一帯を覆っていたことは、のちの近代スロヴァキア国民形成理論がハンガリー王冠尊重思想、すなわち、同国の政体・国制の保守思想と親和性をもったことと無関係ではなかった［中澤　二〇〇九］。

さて、近世ハンガリーの三分割が戦時措置の域を超え恒常化されることになったのは、正式には一五七〇年のシュパイアー

図３　トランシルヴァニア侯国の成立と附庸国化（1571年）

協定を経てからのことである。同年、東ハンガリー王国国王のヤーノシュ二世（位一五四〇～七〇）が王位をハプスブルク家に返還する代わりに、トランシルヴァニア侯として承認された結果、トランシルヴァニア侯国が成立した。しかし翌七一年に、次侯のバートリ・イシュトヴァーン（位一五七一～七六）はトランシルヴァニアに対するオスマン朝の宗主権を認め、侯として扶庸国化することで一種の自立を確保した（図３）。これにより、トランシルヴァニアとハプスブルク・ハンガリーとをつなぎとめていた紐帯が名実ともに切れたわけである。しかし、このことは、ハプスブルク・ハンガリーからみれば、単にハンガリー王冠領の解体にとどまらない重大な現実が突き付けられたことを意味した。なぜなら、自国がオスマンと交戦するキリスト教圏の突端に立たされることになったからである。最前線に位置したことが、近世ハプスブルク・ハンガリーのパトリア理念にいかなる影響を与えるのであろうか。

その後、一七世紀に入ると、宗教戦争の余波がハプスブルク・ハンガリーにも及んできた。これは、近隣の神聖ローマ帝国下のボヘミア王国で生じた政治・社会変動を抜きに語ることはできない。もちろん、一五世紀のフス戦争期（一四一九～三四年）にも、ボヘミアからフス派がハンガリーに亡命していたが、一七世紀の変動は数千人規模での大量移動をもたらした。一六二〇年にハプスブルク家とボヘミア・プロテスタント諸侯との間でビーラー・ホラの戦いが勃発したが、プロテスタント諸侯の敗北を受けて、さらに一六二七年の非カトリック追放令を経て、プロテスタント知識人の多くが難を逃れて越境を試みたのである。ハンガリーのほか、一五六八年のトゥルダの勅令以来、信仰の自由が保障されていたトランシルヴァニアにも、多くのプロテスタント知識人が亡命することになった。

このように、三分割と亡命プロテスタントの受け入れにより、ハプスブルク・ハンガリーの領域および人員の構成に激変が生じた。「聖イシュトヴァーン王冠の領土」といわれた旧ハンガリー王冠領が存在しない以上、後述するように、もはや同国の伝統的な「聖王冠」(sacra corona) 理念[2]を根拠に国家や政体を語ることができない状態となった。このようななかで聖王冠に代わって知識人に選択されたのが、本稿で扱うパトリア概念である。近世の激変期に、この概念はどのような意味をもち、またどのように変容を遂げていったのであろうか。

本稿は、近世ハプスブルク・ハンガリーにおけるパトリアの諸形態、すなわち、①「選挙王政のパトリア」(一六世紀末)、②「信仰のパトリア」(一七世紀半ば)、③「国家理性のパトリア」(一七世紀後半) の諸特性を順次考察する。以上の考察を踏まえたうえで、近世から近代にかけて、この地域のプロテスタント系知識人の間で影響力をもったチェコスロヴァキア主義に代表される、④「ネイションのパトリア」(一八世紀末〜一九世紀初頭) の意味について再考してみたい。なお、上記①〜④はいずれもパトリアという同じ言葉を使用しているが、各々は常に認識のコードを共有しあっていたわけではない。だが、オスマン戦争の最前線にあり、プロテスタントの亡命者が急増したという共通の歴史的文脈に置かれた概念であることから、並置・比較しうると考える。この共通の条件下におけるパトリア概念の変容や伸縮をともなう歴史的展開を検証することが、本稿の主な目的となる。

一　選挙王政のパトリア

アンジュウ家からルクセンブルク家への王朝交代時の空位期とそれによる王権の一時的な弱体化、ルクセンブルク家ジギスムント王の神聖ローマ皇帝即位による長期不在を受けて、一四三〇年代半ばには身分制議会の権限が著しく伸長した。三九年のハプスブルク家アルブレヒト（位一四三七～三九）の死去を受けて、四〇年にヤゲウォ家のウラースロー一世（位一四四〇～四四）が即位するにあたり、議会の合意をともなう選挙王政が確立された。世襲王政と異なり、その後も王位はハプスブルク家のラースロー五世（位一四四五～五七）、フニャディ家のマーチャーシュ一世（位一四五八～九〇）へと選挙結果に応じて移転した。何よりも選挙王政には先王の死去から次王の即位までの間に必ず空位期があることに注目したい。この選挙王政はフニャディ朝の治世に安定をみるが、一五一四年には後期人文主義の法学者ヴェルベーツィ・イシュトヴァーンが著書『ハンガリー国家慣習法の三部書』（以下『三部書』）において、「聖王冠」理念にもとづく選挙王政のイデオロギーを体系化した［Márkus 1897: 58; 中澤　二〇〇四：五五］。

『三部書』は、王と王を選出する特権諸身分とを一つの不可分の身体＝聖王冠のなかに擬人化した。選挙王が聖王冠の頭、王を選出した特権諸身分は聖王冠の四肢と表現され、どちらを欠いても国家は立ち行かないことが主張された［Márkus 1897: 58］。この国家有機体はレスプブリカ（王のいる共和政）とも称され、ポーランドと並び、中・東欧の選挙王政に特有の国家理念となった。しかし、こうした不可分の聖王冠が文字どおり「解体」された今、王冠に代わる国家理念として人文主義者が着目したのが、パトリアにほかならなかった。ハンガリー王国大法官のほか、のちにトランシルヴァニア侯国大法官をも務めたフェレンツ・フォルガーク（フォルガーチ）は、一五七三年に『ハンガリー国家の状態について』を執筆した。彼はパドゥア大卒の人文主義者であり、ハプスブルク家のハンガリー王マクシミリアン二世（位一五六三～七二）にその才を買われ大法官に着任したが、やがて王と対立し離職を余儀なくされた。直後の七一年には、マクシミリアンと競合するトランシルヴァニア侯バートリ・イシュトヴァーン（位一五七一～八六）に見いだされ、同国の大法官に就任していた。

同著が執筆された一五七三年という年に着目する必要がある。上記のように、七一年にはトランシルヴァニア侯国の扶養国化にともない、ハンガリー王冠領の三分割が固定化された。同著は、中世以来の伝統的なハンガリー王冠領の解体およびトランシルヴァニアの分離が確定してから執筆されたのである。また、フォルガークの新たな主君であるトランシルヴァニア侯バートリ・イシュトヴァーンに献呈されたことをも念頭に置かなければならない。

フォルガークによるパトリアへの言及を検討しよう。「ヘラクレスの家系から王を選出したラケダイモン人に倣って、あるいは、ローマ人の慣習に従って、われわれはここ〔パトリア――筆者補〕で選挙王、すなわち、多数の者によって選ばれた者を受け入れる」[Forgách 1573: 256]。中・東欧の人文主義者に共通する特徴は、共和政ローマ、つまり元老院選挙によるコンスルの選出を理想視することである。同様に、元首政ローマの元老院選挙によるユリウス・クラウディウス朝の皇帝選挙もまた高く評価された [Rakocius 1574]。選挙の尊重こそ、後期ルネサンスの政治的人文主義がもった中・東欧的特性の一つであった。例にもれず、フォルガークも、選挙された主君バートリこそ、共和政ローマにおける指導者選挙の伝統を継承していると考えた。彼にとっては、古来の選挙王政の政体こそパトリアなのであった。政体にもとづくパトリア、つまり、ヴィローリが言うところの、「共和主義」的パトリアに該当するであろう [ヴィローリ 二〇〇七：三九―七五]。

この「選挙王政のパトリア」は、身分制的君主政から逸脱するような市民的人文主義の要素をも有していた。「神に向かうわれらの賞賛すべき、そして、権利と結びつく甘美なるパトリア。そのパトリアは人びとの徳によって完全なる状態に置かれてきた」[Forgách 1573: 71]。つまり、有徳を「選挙王政のパトリア」への参加要件としたうえで、徳の実践の際たる事例として「パトリアの防衛」をあげたのである [Forgách 1573: 71-72]。パトリアには、徳＝パトリアを防衛する強い意思さえあれば、誰でも参画することができると考えられた。従来のハンガリーでは、君主と国家権力を分有する主体は、議会参加権を有する特権身分社団であり、これはしばしばナティオと称されてきた [Márkus 1897: 212]。実態としては、高位聖職者・高位官職保持貴族・中小貴族などの貴族身分のほか、王国自由都市参事会など貴族的地位を享受する集団をも指した。しかし、論理的帰結として、上記のフォルガークの主張は、ハンガリーの伝統的なナティオの枠の大幅な拡大を示唆することになったのである。つまり、カトリックであれプロテスタントであれ、ハンガリー人であれドイツ人であれスラヴ人であれ、徳、すなわち、パトリアを防衛する意思をもつ者こそ、ナティオであると理解されたからである。オスマン・ハプスブルク戦争という非常事態下で、身分ではなく国防に関わる意思＝徳の有無がナティオの必須条件となったのである。

国制史家のＢ・ヴァルガによれば、フォルガークのパトリアとナティオの概念は、一七世紀初頭のボチュカイ・イシュトヴァーンの反乱の際に現実政治のなかで一時、人口に膾炙した。「ナティオとパトリアを愛するあらゆる人からの要求は、……パトリアの防衛のために、……至急われわれの野営地に集合せよ、というものである」[Varga 2010: 305]。ボチュカイは、蜂起に際して、身分ではなく国防を要件とするナティオ概念を実践に適用した。

注目すべきは、フォルガークの思想をもとにしたボチュカイの次の認識と実践であった。①ハンガリーとトランシルヴァニアの分離を前提に、②両者を一時的に「二つのパトリア」と理解する。とはいえ、③二つのパトリアには、古来の選挙王政の原理を熟知する「一つのナティオ」が存在する。パトリアは二つとなっても、ハンガリーとトランシルヴァニアは同一の選挙政体の伝統を有していた。つまり、フォルガークやボチュカイには、④国は解体しても人は滅びない。伝統は滅びない。選挙された有徳な君主の下でいつしか、一つのパトリアの再興が見込まれた[Varga 2010: 305-307]。ゆえに、パトリアへの愛とは「失われかけた政体」に対する愛と定義づけることができる。[3]「王国」や「王冠」は、君主政を前提とする国家概念であるのに対して、パトリアの原義は、特定の君主を意識しない「父祖の地」である。父祖伝来の地で古来の選挙王政を守ってくれる君主であれば、オスマン朝でもバートリ朝でも受け入れるとの認識さえ存在するのである。三分割が常態化していくなかにあって、パトリアとは、亡国の失われかけた古来の選挙国制を意味したといえよう。

二　信仰のパトリア

1　福音派のパトリア

さて、既述のように、ビーラー・ホラの戦役後、ボヘミアからプロテスタントが大挙してハンガリーとトランシルヴァニアに亡命した。ボヘミアの牧師で教師でもあったヤクブ・ヤコベウス（一五九一〜一六四五）は、一五九一年にプラハの都市民の家庭に生まれた。一六一六年にカレル大学で修士号を取得したあと、ユトラキストの聖職者として活動を開始した。ビーラー・ホラ以後の二一年にザクセンに亡命し、二四年にはトレンチーンのイイレーシハーズィ伯を頼ってハンガリーに移動した。当地で二年を過ごし、その後、東のゼンプリーン県に向かった。二六年にはクチーン、二七年にはソリの福音派牧師となった。こうした活動が評価され、二九年に北東部の中心都市の一つプレショウの福音派リツェウムで教師職に就くことができた。その後は同校校長職のほか、四〇年にはプレショウの福音主義修道会の牧師職も歴任した。

ヤコベウスからみれば、ボヘミアでカトリックの君主に抑圧されたプロテスタントは、亡命の地でも平穏を得ることはなかった。異教徒とのさらに激しい戦いを強いられたからである。彼の目には、プロテスタントをめぐる環境は常に抑圧的であると映った(4)。ゆえに、ヤコベウスはこの抑圧こそ神がプロテスタントに与えた試練であると考え、被抑圧民を神によって選ばれた選民であると考えるようになったのである。そうしたなかで、一六四二年にヤコベウスは『スラヴの民の涙、嘆き、そして願望』を著した。

「私は今、現在のスラヴの民（gens Slavonica）の幾千もの涙と精神的苦痛について詠いたいという衝動に駆られている。……ムスリムの仕業を思い出すとき……、ハンガリー王国の諸邦は誰がために悲嘆にくれるであろうか。無数の災難、強奪、略奪、殺戮、そして恐ろしき隷属、戦争、マルスの凄まじき攻撃を思い出してほしい」[Jakobeus 1642: 122]。つまり、ヤコベウスにとって、抑圧に苦しむ選民は、ハンガリーに居住するスラヴの民、スラヴ人（Slavonici）にほかならなかった。では、ヤコベウスの想定するパトリアとは何であろうか。選民として想定されたハンガリーのスラヴ人といかに関わるのであろうか。

> 汝はいかにして、戦争によって打ち倒された惨めな私を滅ぼすのか、あるいは、パトリアから追い出された私を、いかにしてグラマンテスやインドの彼方の海まで、遠く離れた土地に送るのか。……光を失った太陽は、大地から顔をそむけ、殺人の猛烈な恐怖に呆れたようにその光を罵り、キリスト教への愛ゆえに天に向かって涙を流している。……スラヴ人の山々よ、涙を流しなさい。スラヴ人の河々よ、涙を流すのです。我が子らよ、泣くのです。……傷ついたスラヴ人の母である私は、かくの如く欲し、かくの如く望むのです。[Jakobeus 1642: 123]

ヤコベウスは、前線で戦うも一部はアジアに捕囚されていたハンガリーのスラヴ人の危機的状況を、スラヴ人全体を擬人化して訴えた。引用文末の「私」とは（ヤコベウスではなく）スラヴ人の母であり、子はスラヴ人全体を指す。ここで明確なのは、ハンガリー・スラヴ人に対する毀損を、スラヴ人を生みだした源＝母の根絶に値するものとして批判したことである。論理的帰結として、上記パトリアの語も当時のハプスブルク・ハンガリーを指して使用されていることがわかる。これ以後の知識人にも共通する特性であるが、ヤコベウスは、ハンガリーというパトリアを論じる際に、古来の選挙国制についてはいっさい言及しなかった。フォルガークと明らかに異なる特徴を有するのである。

とはいえ、ヤコベウスはフォルガークと同様、「パトリアの防衛」の意義を重視していた。重要なのは、上記引用文には、ハンガリーをオスマン帝国から防衛し、その独立維持に貢献してきた実質的な担い手は、単なるキリスト教徒ではなくスラヴ人にほかならないとの主張が存在することである。スラヴ人をキリスト教の防壁とする思考の原型ともいえる表現を散見することができる。しかし、留意すべきは、ヤコベウスが使用するスラヴ人という語を現代的な意味でのスラヴ人と同一視することができるか否かである。必ずしも同一視できない事例を、同時期のカトリックが展開するパトリアを検証しつつ確認しよう。

2 カトリックのパトリア

ヤコベウスに代表されるプロテスタントの移住により、ハンガリーの宗派分布に大きな変容が生じたのがまさに一七世紀半ばであった。イエズス会士であったベネディクト・セーレシ（一六〇九〜五六）は、プロテスタントの優勢に強い危機感をもち、カトリックの巻き返しを図ろうとした人物であった。彼は、リプニークを所領とする貴族の家系に生まれたが、一六二三年から三〇年までトルナヴァのイエズス会で学び、三〇年には同会に入会した。三四年から三六年までウィーン大学で論理学のほか、物理学、形而上学をも学んだ。三八年にハンガリーに帰国してから翌年まで、トルナヴァ大学で詭弁論理学と道徳神学を修めると、同年、司祭に叙階された。以後、司祭、宣教師、教師として、ウシホロド、コシツェ、スピシスカー・カピトゥラの各地で積極的に活動した。

一六五五年にセーレシが著した『カトリック聖歌集』を分析しよう。セーレシはその序文において、九世紀にキュリロスとメトディオスによって、スヴェトプルク一世（位八八五頃〜八九四）が支配するモラヴィア国[5]にキリスト教が伝道されたことの意味を強調した。プロテスタントの優勢に対して、プロテスタントが言及しないカトリック独自のパトリアとしてモラヴィア国を発見したのである［ニーデルハウゼル　二〇一三：五四二］。

「神よ、我々に罪の許しを与え、罪悪感を解消し、私たちをこのパトリア、信仰の城塞へと連れて来てくれたまえ、アーメン。……我がパンノニアの民（gens Panona）は、ヴェレフラドに居を構えていたスヴェトプルク王の治世に、使徒キュリロスとメトディオスによってキリストの信仰が説かれたことで、キリストに帰依した。……彼らは、ローマ教皇ハドリアヌス二世から以下のような保証を得た。つまり、洗礼を受けた民に対する礼拝を民の言葉で執り行うことを。……それゆえに、パンノニアの民が今日に至ってもいまだ恒常的に――慣習からも明らかなように――旧来の特権を享受していたと考えるのが妥当である」[Szőllősi 1655: 126]。さらに、「上記の聖人たちは、キリスト教への洗礼によって、パンノニア人（Panoni）を、スヴェトプルク王、ブルガリア人、モラヴィア人、そしてボヘミア公のボジヴォイにも結びつけて下さった……」[Szőllősi 1655: 126]。

セーレシはパトリアたるモラヴィア国を支える主体として、もっぱらパンノニアの民ないしパンノニア人を指定した。パンノニア人はモラヴィア人、ボヘミア人、ブルガリア人と歴史的に友好な関係を築いてきたことが強調されているが、逆にパンノニア人を、それらとは明らかに別物として理解していることがわかる。つまり、パンノニア人は、ハンガリーに居住するスラヴ人に特化されているのである。その意味では、ヤコベウスの「ハンガリー・スラヴ人」に類するようにみえる。

なによりセーレシが（ヤコベウスが想定した「ハンガリーのスラヴ人」ではなく）「パンノニア人」「パンノニアの民」という語を使用したことは、一七〜一八世紀の聖職知識人たちに興味深い帰結をもたらすことになる。つまり、これら二つの集団概念――「ハンガリーのスラヴ人」「パンノニア人」――が宗派別に独占的に使用されることになったということである[6]。そしてときに、それぞれは各々の宗派名に等しい意味を獲得さえした。つまり、「パンノニア人」といえばもっぱらカトリック的概念として、「ハンガリー・スラヴ人」といえばやがて福音派的概念として定着した。その延長線上に一七八〇年代に聖職者の間で表記論争が引き起こされ、さらに、一八一〇〜四〇年代には名称論争が勃発したのである。

概して、セーレシのパトリア論は、対抗宗教改革と連動するカトリックの再統合・強化のためのパトリア論といえる(7)。ポスト人文主義に特有のバロック的カトリック観ともいえよう［Kutnar, Marek 2009］。福音派のヤコベウスとカトリックのセーレシの上記用法の相違は、宗教改革ならびに対抗宗教改革がハンガリーにも及んでいたことをいみじくも反映している。オスマン戦争に宗派対立も加わった危機的非常事態のなかで、各宗派が「信仰のパトリア」論を展開し、従来のパトリアの論じ方を変容させ、宗教改革期の新しい宗派編成のありようを構想したものといえる。ここで提起されたのが、信仰のパトリアという新たな概念と、これを支える諸宗派別の人間集団概念であった。つまり、「ハンガリーのスラヴ人」「パンノニア人」という概念は宗派化に起因して生じた概念といえよう。その意味において、宗派対立にネイション構築の資源を見いだすA・マークスの議論と一定の関連性があるものといえる［Marx 2003］。他方、これは、礫岩国家の礫の組替作業が各宗派を通じて行われている状態を表しているともいえよう。「ハンガリーのスラヴ人」「パンノニア人」は宗教改革期の礫岩国家を構成する「礫」の主体概念とも言い換えることができる。

三　国家理性のパトリア

一六三〇年にジリナ県の亡命福音派の家庭に生まれたヨハネス・ミロホウィヌス（一六三〇～一六八四）は、一六五〇年から二年間、ヴィッテンベルクに滞在し神学を修めた。帰国後、ブレゾヴェツ、ブレズノなどを転々としながら、説教者や牧師を務めた。その最中の一六七三年、再カトリック化の影響が及んだブレズノを離れ、ポーランド＝リトアニアに亡命した。当地で亡命者として幾多の作品を残したが、とりわけ軽視することができないのが、一六七八年に出版した『政治権力の装飾』であった。本書は、オスマン戦争下でありながらキリスト教諸宗派の分裂を招いた政府を批判し、国家の再統一のための思想を構築しようと試みた書である。なかでもモルスやマキァヴェッリの政治思想、特にその国家理性論を積極的に取り入れ、これをエラスムスの理想主義と調和させようとした。

「摂政、君主、領主のなかには、次のように考える人がいるかもしれない。すなわち、神が自分を偉大な主人にしてくれたのだと。つまり、自分自身ですべてのことを理解し、助言なしでいられるのに十分な知性と知恵を授けてくれたのだと。しかし、彼らもまた人間であり、容易に誤り、堕落し、間違うことがある」。選民論を批判したうえでミロホウィヌスは、君主に高い資質と知識を求めた。「マキャヴェッリが言うように、「良き企図は、君主の思慮と知恵から生まれる」」[Milochowivus 1981(1678): 814]。

これは次の帰結をもたらすことになる。徳ある人間であれば、本国人か外国人かにかかわらず、国家の重職に就くべきとの考えである。「多くの所で、外国人は自国の市民よりも忠実で勤勉であり、貪欲さに汚染された裏切り者になることもなく、共同体をよく統治した。……一般の市民は国で生まれはするが、パトリアを愛する者ではない」[Milochowivus 1981(1678): 814]。君主をはじめとする国の賢者は、パトリアへの愛をもつ者であるなら外国人であっても問題ない。自国の市民にもそうでない者は大勢いる。重要なのは、国の指導者に求められる徳（信心、正義、寛容）であった［Gluchmann 2010: 979-989］。

以上の主張の真意はどこにあるのだろうか。なによりも、自らがハンガリーを追われた後に執筆され、同国の状況を憂うものであることに着目したい。つまり、外国から亡命してきた福音派の地位向上を求め、宗派に関わりなく民を等しく扱うことで、宗派で分裂した国を再統合しようとする意志が確認されるのである。「主権は……民に労役や税負担を課すことだけにあるのではない。民の苦難をやわらげ善に役立つ、徳あることすべてに奉仕するのである」。それゆえにこそ、「統治者は、神から託された民を、どのようにすれば、謙虚かつ安全に、愛情深く合意をもって守ることができるのか……最大限の注意と関心を払わなければならない」[Milochowivus 1981(1678): 815]。統治者は私欲でも一宗派の利益でもなく、多宗派からなる民の全体的な公益のために奉仕すべきとの諫言でもあったといえよう。

さて、ミロホウィヌスのパトリア論と類似の主張を展開したのは、J・シモニデスであった。一七〇六年執筆の『慟哭する寡婦、ハンガリーの国のために』は、ハンガリーの現況に嘆きつつ問題を提起した。「最も苦難に満ちたハンガリーのこの惨めで嘆き悲しむべき状態のなかで、われわれはどうすればいいのだろうか？……昔、我がパトリアの城がどれほど強固であったか、どれほど豊かな街があったか、どれほど多くの村や集落があったか、私にはもうわからない。……ハンガリー王国の自由について語ろうとしても、それを悠長に思い起こしていられるほど時間は残されていない。……統治者や領主は、すべての敵から、すべての逆境から、彼らに託された民を守り抜かねばならない」[Simonides 1706(1981): 779]。

ミロホウィヌスとシモニデスに共通するのは、国家の維持を至上の原理とし君主もこれに従属すべしとする国家像、具体的には、民とパトリアの防衛を最優先とする統治者像、つまり「良き国家理性」論である。エラスムスは『キリスト者君主の教育』（一五一六年）のなかで、君主が兼備すべき徳として、古代キリスト教の美徳をあげた。これに対してミロホウィヌスは、同著を精緻化した『政治権力の装飾』において、君主の倫理的・道徳的機能の範囲を拡張し、信心・正義・寛容という三つを君主の基本的徳目に追加した。倫理性や道徳性を排除するマキャヴェッリの『君主論』と異なり、キリスト教と国家理性とを接合させることで、エラスムスの君主鑑との共振が生じたことに留意したい。

一五〇〇年近く続くオスマン戦争という国難にあって、まずハンガリー国内の新旧宗派の亀裂を解消する必要性があった。ミロホウィヌスは、まさしく国家理性の観点から、有徳な君主とこれを支える同じく有徳な賢者を通じて、両宗派の共存を実現し、パトリアと民を保護しようとした。一方で、規律化の観点からは、公けに奉仕する君主の指導の下、共通のパトリアを防衛すべく民たる新旧両派を社会的に規律化しているようにもとらえられる。礫岩国家の観点に立てば、国家理性による礫岩国家内の整序と映る。とはいえ、以上の営為にもかかわらず、近世以来ハンガリーに深く刻印されてきた宗派分裂は容易には解消されなかった。その後も課題として残されるのであった。

四　近代への展望　チェコスロヴァキア主義による「ネイションのパトリア」

一六九九年のカルロヴィッツ和約において、ハプスブルクとオスマンとの長い戦争が終結した。ハンガリーはオスマンの撤退にともない失地を回復したものの、国家理性論にもとづくパトリア論が唱えた、有徳な君主が主導する宗派対立の克服はついにならなかった。戦後処理に端を発するラーコツィ自由戦争（一七〇三～一一）の勃発がこれを物語っている。君主とハンガリー貴族との間で戦われたこの一戦では、「パトリアとナティオのために」というスローガンを掲げた北部の大貴族ラーコツィ二世の下に、多数の農民が参加したといわれる。実力ある指導者の下で複数の宗派が共存し、その指導者が公益を守っていくことを良しとするような機運は確かに存在した。しかし、こうした機運に乗りつつも、結果的に逆行してしまったのが、一八世紀末の啓蒙思想と啓蒙絶対王政の諸政策であった。本節では啓蒙思想家たちを中心にパトリアがナショナルな「祖国」と認識されていくプロセスを検証し、近代への展望を述べたい。

再カトリック化以後、ハンガリーでプロテスタントが再活性化するのは、一七八四年の宗教寛容令の発布以後のことであった。宗派学校の復活によってプロテスタントの文化運動はさらに活発化した。当初、福音派の間では、伝統的な共通語である「ボヘミアのスラヴ語」lingua Bohemo-slavica（Českoslovanský jazyk）、いわゆる聖書チェコ語を通じて、「ハンガリーのスラヴ人」と「ボヘミアのスラヴ人」の文化交流が進んだ。これはチェコスラヴ主義[8]といわれたが、既述のヤコベウスのときと同様、いまだ福音派に限定される宗派概念であったことに注意したい［中澤　二〇〇九：一一二―一一四］。

カトリックはこれに対抗した。一七八七年にはカトリックの巻き返しが始まったのである。司祭のA・ベルノラークは一七八〇年代半ばまで、かつてセーレシが使用した「パンノニアの民」（gens Pannona）あるいはパンノニア人（Panoni）という語を使用していた。しかし、カトリックの間でさえ十分な定着をみていないことから、八七年の著書『スラヴ文字とその分類およびアクセントに関する批判的文献学的論議』以降、パンノニア人という語の使用を止め、新たに「スロヴァキアの民・スロヴァキア人」（gens Slavonica/Slovenský kmeň, Slavonici/Slováci）という語の使用を始めるとともに、「スロヴァキア語」（lingua slavonica/Slovenský jazyk）の存在を主張した［Bernolák 1787］。のちにベルノラークはこの西部スロヴァキア語方言にもとづき正書法を確立した。このように、福音派とカトリックの聖職者がそれぞれ言語に拘るのは、寛容令発布以後盛んになった日常語による各宗派の布教、さらに俗語での聖書翻訳作業と大いに関連した［中澤 二〇〇九：八三—九〇］。いずれにせよ、近世と同様、「〇〇民」や「〇〇人」を意味するゲンス（gens）はいまだ特定の宗派と関連する概念であった。

こうした状況を変えたのが、一八一〇～二〇年代のウィーン体制下で行われたメッテルニヒによる帝国内均衡政策であった。B・タブリツ、J・パルコヴィッチ、J・コラールなどの福音派の牧師や知識人が、ハンガリーで開始されていたマジャール語の公用語化への動きに徐々に危機感をもちはじめ、両派の大同団結をめざして、カトリック・ベルノラーク派に歩み寄る姿勢をみせたのである。こうして、聖書チェコ語にもとづく福音派と西部スロヴァキア語方言にもとづくカトリックとが団結するかたちで、宗派を超える「チェコスロヴァキアの民」、つまり「チェコスロヴァキア種族」（gens Bohemo-slavonica/Československý kmeň/Bömischslowakische Stamm）の言語・文化・文学上の相互交流が提唱された［Kollár 1929 (1837)］。こうして、宗派限定的なチェコスラヴ主義とは質的に異なる「チェコスロヴァキア主義」概念が誕生したのである。[9]

その主唱者が福音派牧師のJ・コラールであった。彼によれば、「チェコスロヴァキア種族」はさらに、「ロシア種族」「ポーランド種族」「イリリア種族」とともに、「スラヴ民族」（natio Slavica/Slovanský národ）を構成するという。

そのパトリアは擬人化され「スラヴィア」と呼ばれ、その守護神たる女神は「スラーヴァ」と名づけられた［Kollár 1821］。宗派のほか国制をも言語・文化的規準が凌駕した瞬間であった。思想上「ネイションのパトリア」が誕生すると同時に、汎スラヴ主義の初発をここにみることができる。北部ハンガリーにおいて、近世以来の懸案であった宗派の相違を乗り越えようとする実効的な試みは、後期啓蒙の聖職者による言語・文化的なネイション概念の措定に顕著に現れた。

おわりに

一六四〇年代に、それまでの「政体のパトリア」に代わる「信仰のパトリア」と、これを支える「ハンガリー・スラヴ人」「パンノニア人」というゲンスの概念とが現れた。重要なのは、それぞれのゲンスは宗派化によって生じた概念であって、ゆえに福音派とカトリックでそれぞれ独占的に使用されていた。従来、これらは、「封建的エトノス」として理解され、近代資本主義に直面してネイションへと発展するそのプロトタイプとして原初的かつ段階論的に把握されてきた。これに対して、近年の前近代構築主義・社会構成主義は、宗教改革を含む社会再編過程でネイションの原型が「構築」されたと把握する。

宗派による政治的・社会的・思想的な分断に対しては、一六七〇年代の国家理性論が新たなパトリア論を提示して正面から取り組むことになるが、分断は容易には解消されなかった。むしろ一八世紀の啓蒙初期に、はからずもヨーゼフ二世の宗教寛容令発布により、宗派対立はいっそう深刻なものとなった。この時期、福音派のチェコスラヴ主義を通じて、「ハンガリー・スラヴ人」と「ボヘミア・スラヴ人」との文化交流の必要性が唱えられた。「ハンガリー・スラヴ人」はやはり福音派に特化され使用される宗派概念であった。これに対してカトリックは同時期に、「スロヴァキア人」「スロヴァキア種族」概念を構築したが、これも福音派に対抗して構築された宗派概念であった。しかし注目しなければならないのは、宗派概念であるにもかかわらず、旧来の民族史観においては、カトリック司祭のベルノラークによる同概念の措定やスロヴァキア学術団体の創設を、「スロヴァキア民族復興」の第一段階として原初論的に把握していたことである［中澤　二〇〇九：二七］。

より大きな波は一八一〇〜二〇年代に訪れた。福音派牧師のタブリツを皮切りに、同派知識人がカトリック知識人に歩み寄り協調を図るようになる（背景には、ハンガリーのマジャール化の激化とこれを牽制しようとするメッテルニヒ体制のテコ入れがあった）。ほどなくコラールによって体系化されたのが、チェコスロヴァキア主義にもとづくスラヴ相互交流理念であり、のちの汎スラヴ主義の先駆となった。パトリアは、現実の政体や宗派も超えて広がるスラヴ人という「ネイションのパトリア」と等価の意味で使用されはじめたのである（スラヴィア＝パトリア）。スラヴの一種族を形成する「チェコスロヴァキア種族」概念もまた、マジャール化への対抗と帝国均衡化の術策との結果として構築された宗派を超える言語・文化集団概念であった。ただし、従来の民族史観では、これは（カトリック中心の「スロヴァキア民族復興」の第一段階に対して）福音派による「スロヴァキア民族復興」の第二段階として把握され、宗派の文脈ではなく原初的なナショナル・ヒストリーの段階論に回収されるかたちで記述されてきたのである。

ネイションの「復興」という理解に妥当性がないことは、上述の宗派や国家理性のパトリアを通じて明白となるが、さらに近年のエトノス研究[10]や社会構成主義からの指摘は特に重大である。初期中世史家のギアリは、フランク人やランゴバルト人などの初期中世のエトノスが特定の言語や生活様式を有したという事例は史料上確認できないという。むしろギアリは前近代のエトノス（ゲンス）を容器のようなものとして理解している。その中身は入れ替わり（ローマ人がゴートやランゴバルトを名乗ることも、またその逆もあった）、器の規模も常に可変的であったと認識する［ギアリ二〇〇八］。今日のネイションやエスニシティの基盤にすらならないという主張である。本稿で論じたゲンスたる「ハンガリーのスラヴ人」「パンノニア人」「チェコスラヴ人」もまた、宗派対立などの変動に応じた可変的なエトノス集団なのであって、やはり原初的な存在ではなかった。

このようにエトノスを可変的に理解する視座は、近世国家論、特に礫岩国家論の視座へと架橋することができる。つまり、一六～一七世紀の宗教改革・対抗宗教改革期に複合・礫岩的編成を採っていたハプスブルク帝国は同時にオスマン帝国との戦争を経験した。最終的に、帝政は新旧両派の多宗派状況を、西欧諸国のように一宗派へと統一するのでなく、温存したままオスマンと対峙するという現実主義的な方策を採るに至った（一七世紀後半の国家理性論には不十分な措置と映っただろう）。その際、礫岩国家内の「礫」に相当して現れたのが、複数の「パトリア」であった。そして、この新しい「礫」＝パトリアを構成する主体が、宗派としての「ゲンス」にほかならなかった。パトリアもこれを構成するゲンスも、近代のネイションに必ずしも直結しない存在であったことに注意したい。

従来の近世から近代の主権国家論や民族史観に立つと、本稿が論述したような近世における国家と人間集団の可塑性や動態性はどうしてもみえなくなってしまう。明らかに一七八〇年代のチェコスラヴ主義は宗派概念であった。確かに、一八一〇～二〇年代のチェコスロヴァキア主義は、宗派の相違より文化的近似性を重視した最初の事例ではあったが、やはり両宗派の妥協と歩み寄りの産物であった。チェコスロヴァキア種族の原初的な存在を前提とした復興を主目的とするものでは到底なかったのである。

注

（1）ヴィローリによれば、ヨーロッパ固有の政治状況のなかで、キケロは『トゥスクルム荘対談集』でパトリアを自由と法に関連させ、サルスティウスは『カテリーナの陰謀』においてパトリアを自由とし寡頭政に対置させた。そして、アウグスティヌスは『神の国』でパトリアを共和政体および公共善と同一視した［ヴィローリ　二〇〇七：四〇―四一］。

（2）「聖王冠」概念は、君主の人格と国家を分離させた国家法人概念である。主権を王と議会に参加する特権諸身分とが等しく分有することを強調する国家概念でもあった。選挙王政が確立した中世後期に萌芽がある［Márkus 1897: 58; 中澤 二〇〇四：五五］。

（3）カントーロヴィチ著『王の二つの身体』は「パトリア＝王国」という観念の存在を強調しつつ、「パトリアと王冠を守護するために」というような、王冠と特権諸身分を含む政治的身体とがパトリアと並立するフランスの事態に関心を寄せる［カントーロヴィチ　一九九一：二五四］。しかし本節で検証したように、ハンガリーのパトリアは王冠や王国ではなく、王冠分割後の失われた政体を指して使用され、亡国を前提とした概念となったことに注意したい［中澤　二〇一七：三二一―四一］。

（4）ハンガリーでオスマン戦争に従軍した福音派聖職者は数多い。S・ピラーリク、T・マスニクウス、J・シモニデス、J・ラーニらは捕囚後に著作も残している。

（5）八三三年頃、モイミールが近隣のプリビナ公国を併合してモラヴィア国を建国した。同国はスヴェトプルク一世の治世に、現在のハンガリー、チェコ、スロヴァキア、ポーランド南部に広がる西スラヴの大国に成長した。八六三―六四年頃に、ビザンツから宣教師キュリロスとメトディオスが招聘され、聖書翻訳を目的にグラゴル文字も考案された。しかし、東方からのマジャール人の進出により、九〇二年頃に滅亡した。

（6）対抗宗教改革を支えるために創立されたイエズス会のトルナヴァ大学は、一六五九年以降の学籍簿において、いわゆるスラヴ系学生の使用言語にもとづく帰属を表現する際、福音派が好む「スラヴ人」に代えて「パンノニア人」に変更・統一した［Ratkoš, Butvin, Kropilák 1971: 128］。後述するように、一八世紀末までカトリックの間でのみ当概念が流通した。

（7）一六五八年に福音派牧師のM・ノウァティウスは、『ハンガリーの信憑性のある真実の報告』において、対抗宗教改革の激しさを描写した［Novatius 1658］。J・ブリウスやJ・レジクなど、同様の見解は事欠かない。特にレジクは宗教裁判と処刑を詳述した。

（8）「チェコスラヴ主義」とは、聖ヴァーツラフ王冠領とハンガリー王冠領北部の福音派知識人の伝統的文語である聖書チェコ語を根拠に、その言語・文化的類似性を基礎としながら、双方のさらなる文語・文学上の連携・統一をめざす思潮である。のちの「チェコスロヴァキア主義」と本質的に異なるこの運動は、一七八五年のウィーン政府によるドイツ語公用語令（九〇年撤廃）に触発され、まずボヘミアで起こった［中澤 二〇〇九：一一二］。

（9）長與進による「チェコスラヴ」ならびに「チェコスロヴァキア」の言語学的な理解［長與 二〇一〇：八六―九一］に対して、本稿は拙著［中澤 二〇〇九：一一一―一二五］と同様、宗派対立と共存という歴史的観点にもとづき、タブリッとパルコヴィチの延長線上にコラールのチェコスロヴァキア主義を把握している。長與の研究と拙稿は相互補完的な関係にあると理解している。なお、チェコスロヴァキア主義の成立以降、同主義者やスロヴァキア主義者によって、近世以来の「チェコスラヴの（bohemo-slavicus）」や「スラヴの（Slavicus）」というラテン語が、それぞれ意図的に、「チェコスロヴァキアの（československý）」や「スロヴァキアの（slovenský）」というように一義的かつ原初的に解釈替えがなされるようになった事実も無視することができない。つまり、チェコスロヴァキア主義やスロヴァキア主義の歴史的貫通性が捏造されていったのである［中澤 二〇〇九：一三五―一三六、長與 二〇一〇：九〇―九一］。

（10）エトノス研究は概して以下の三つ（①形質人類学、②エスノ象徴主義、③社会構成主義）に分類される。①は社会生物学のP・ヴァン＝デン＝バーグに代表され、エトノスやゲンスの遺伝的素因や「血族選択」を重視する学説である。②は民族学のA・スミスを中心に展開される。神話・記憶・シンボル・価値などの文化的構成要素を礎に、エトノスたるゲンスを前近代から長期に渡り持続する集団と把握し、これを近代ネイションの「起源」と理解する。③はP・ギアリ、F・カールタらの歴史学者によって実証研究が進められている。エトノスやゲンスを可変的・流動的な文化集団と捉え、集団形成のプロセスを重視する学説である。

文献一覧

E・ニーデルハウゼル著／渡辺昭子ほか訳『総覧 東欧ロシア史学史』北海道大学出版会、二〇一三年
E・H・カントーロヴィチ著／小林公訳『王の二つの身体――中世政治神学研究』平凡社、一九九二年

中澤達哉「「王国の王冠」「王国の共同体」「王国の身体」――ハンガリーのレスプブリカ再考」小倉欣一編『近世ヨーロッパの東と西――共和政の理念と現実』山川出版社、二〇〇四年
中澤達哉『近代スロヴァキア国民形成思想史研究――「歴史なき民」の近代国民法人説』刀水書房、二〇〇九年
中澤達哉「近世礫岩国家と近代国民国家のあいだ――ハプスブルク朝ハンガリー王国の国家概念史的分析」井内敏夫編『ロシア・東欧史における国家と国民の相貌』晃洋書房、二〇一七年
長與進「チェコ／スロヴァキア／チェコスロヴァキア――名乗りと名付けのエトノニム」桑野隆・長與進編『ロシア・中欧・バルカン世界のことばと文化』成文堂、二〇一〇年
P・ギアリ著／鈴木道也・小川知幸・長谷川宜之訳『ネイションという神話――ヨーロッパ諸国家の中世的起源』白水社、二〇〇八年
M・ヴィローリ著／佐藤瑠威・佐藤真喜子訳『パトリオティズムとナショナリズム――自由を守る祖国愛』日本経済評論社、二〇〇七年
Bernolák, A., *Dissertatio philologico-critika de Slavorum, de divisione illarum, nec non accentibus*, Posonii, 1787.
Forgách, F., „De statureipubl. Hungaricae," in Majer, F. (ed.) , *Magyar historiája*, Pest, 1866 (1573).
Gluchmann, V., „Erazmus rotterdamský a Ján Milochovský: Dve humanistické koncepcie kresťanskej etiky politiky," *Filizofia*, 65 (10), 2010.
Jakobeus, J., *Gentis Slavonicae lacrumae, suspiria et vota*, Leutschoviae, 1642.
Kollár, J., „Über die literarische Wechselseitigkeit," in Weingart, M. (ed.), *Jan Kollár. Rozpravy o slovanské vzájemnosti*, Praha, 1929 (1837).
Kollár, J., „Dobré vlastnosti slovanského národa," in Weingart, M. (ed.), *ibid*.
Kutnar, F., Marek, J. (eds), *Přehledné dějiny českého a slovenského dějepisectví*, Praha, 2009.
Marx, A., *Faith in Nation: Exclusionary Origins of Nationalism*, Oxford, 2003.

Márkus, D., et al., *Corpus juris Hungarici. Werbőczy István Hármaskönyve*, Budapest, 1897.

Milochowinus, J., „Ornamentum magistratus politici," in Mišianik, J. and Tkáčiková, E. (eds.), *Antológia staršej slovenskej literatúry*. Bratislava, 1678 (1981).

Novatius, M., *Ungarische gewisse und wahrhaftige Avisen...*, https://www.digitale-sammlungen.de/en/details/bsb11225604（二〇二四年一月八日閲覧）

Rakocius, M., „De magistretu politico," in Okáľ, M. (ed.), *Martini Rakovký a rokov opera omnia*, Bratislaviae, 1974 (1574).

Ratkoš, P., Butvin, J., and Kropilák, M. (eds.), *Naše Dejiny v Prameňoch*, Bratislava, 1971.

Simonides, J., „Maríkání nad vdovú zarmúcenú, totiž zemí uherskú," in Mišianik, J. and Tkáčiková, E. (eds.), *op.cit*.

Szőllösi, Benedikt, *Cantus catholici*, Leuchoviae, 1655.

Varga, B., „Political Humanism and the Corporate Theory of State: Nation, Patria and Virtue in Hungarian Political Thought in the 16th Century," in Trencsényi, B. and Zászkaliczky (eds.), *Whose Love of Which Country?: Composite State, National Histories and Patriotic Discourses in Early Modern East Central Europe*, Leiden-Boston, 2010.

三人称のベニョウスキー
——ヴェルボーからトボリスクまで——

木村　英明

はじめに

一八世紀後半に広くヨーロッパ社会を騒がせた三人のアヴァンチュリエ（aventurier＝山師、冒険者）、カサノヴァ、カリオストロ、そしてベニョウスキー（小論ではスロヴァキア語による表記 Beňovský の発音に準じ、「ベニョウスキー」と記す）はそれぞれ回想録を残している。カサノヴァとカリオストロのそれは一般的に文芸作品として受容され、歴史家によって記述内容と事実の齟齬が細かく検証され、指弾されることはさほど多くないようだ。いっぽう、『マウリティウス・アウグストゥス・ベニョウスキー伯爵の回想と旅』（以下、『回想録』と略記）の場合、一九世紀末以降、実証的な歴史研究の立場から史料批判を受け、同書中の虚構と判じられる箇所にたいして酷評と揶揄が浴びせられるようになった。初期の最大の批判者としてあげられるのはハンガリーの研究者クロプフであり、ベニョウスキーが自身の体験を正直に語ることに満足せず、ほとんどがフィクションである嵩張る本を書き上げたと手厳しい。[1]「彼の嘘と陰謀は、騒ぎを起こしたいという願望以外の動機はほとんどなかったようだ。そして、彼は世界の隅々でそれを行ったのである」[2]と書いたドナルド・キーンも、こうした評者の流れのなかにある。このような強い批判をともなう関心の背景には、ベニョウスキーがフランス国王をはじめ、ハプスブルク皇帝、アメリカ独立革命の指導者らなど世界史に名を残す貴顕傑士とつながりをもち、広くヨーロッパ、アジア、アフリカ、南北アメリカと移動の足跡を残す、一介のアヴァンチュリエとして看過するには際立って目をひく存在であったことが大きいと思われる。

そもそも、一七世紀後半のフランスから広がりはじめたとされる回想録（メモワール）という表現ジャンルは、言表主体の「私」が言表対象となる「私の体験」を語るものであるが、ベニョウスキーのそれは、冒頭が三人称で語り起こされている。四部冊一二五六葉からなるフランス語草稿を二巻に構成した英語の初版本[3]（小論は初版を使用。引用頁はBと数字で示す）では、五一頁に及ぶ冒頭部が三人称で書かれていた。そして、批判者の矛先は、この三人称によって記された内容に向けられることが多い。いっぽうで、記述が日記形式の一人称に移行し、流刑先のカムチャッカから船を奪って逃亡し、日本、台湾、マカオ、マダガスカルを経てヨーロッパへ帰還する、いわば本編となる航海記は、カムチャッカのボリシェレツクや奄美大島の女性たちとのロマンスのように、創作の色合いが濃いとみなされる語りを除くと、一定の事実に即した貴重な史料として近年は再評価される傾向にある。新たに発見された史料を踏まえ、これまで虚構と目されてきた記述のいくつか――たとえば、当初船がカムチャッカから北上してベーリング海峡に向かったという点など――にたいして、その事実性を主張する研究者も現れてきた［Kajdański 1994: 43-161］。

小論においては、日本で注目されることが少ないこの『回想録』導入部を取り上げる。そこには、ベニョウスキーの出自からオーストリアとプロイセンの七年戦争（一七五六～六三）への従軍、故郷からの出奔、バール連盟（一七六八～七二）参加に至る経緯と戦闘体験、ロシア軍の捕虜となりカムチャッカへ流刑される旅の途上（西シベリアのトボリスク以降、記述は一人称に移行する）までの来し方が記されている。三人称による、いわば客観的視点から示された虚飾（出生年の偽り、出自の高貴化、軍歴詐称等）と事実の一端を対照し、この独特な形式をもつ『回想録』に垣間見えるべニョウスキーの目論見を推し量ってみたい。

一　出自と出奔

『回想録』冒頭部は次のように書き起こされる。

「ハンガリー王国とポーランド王国の大貴族であるマウリティウス・アウグストゥス・ド・ベニョウスキー伯爵は、一七四一年、ハンガリーのニトリア県（現西スロヴァキアのニトラ県）にある一族の世襲領地ヴェルボー（現ヴルボヴェー市）で生まれた。彼は皇帝に仕える騎兵将軍ベニョウスキー伯爵サムエルと、トゥローツ（現中部スロヴァキアのトゥリエツ地方）の世襲伯爵夫人にしてレーヴァイ男爵夫人ローザの子息である」[B: 1]。

実際の生年が一七四六年であることは、領地の教会に残されていた出生記録台帳から明らかになっている。(4) 父親サムエルの階級は大佐であったが、母親ローザの死別した最初の夫、ペシトヴァールメジェイは将官だった。また、ウィーンの宮廷で廷吏を務めた母方の叔父フランツが伯爵位を授かっていたことが、系譜学研究からわかっている。(5) 出自を高貴化するにあたって、あたかも親類の地位を借用したようにみえる。書簡等諸文書においてベニョウスキーは、彼自身が一七七八年にマリア＝テレジアから伯爵位と紋章を授与されるまで、もっぱら男爵を名乗っていた（ただし、ハンガリー王国に男爵位を指す Baron は公式には存在せず、爵位を持たない高位の貴族を呼び習わすものにすぎなかった）。たとえば、親交があったベンジャミン・フランクリン宛てフランス語書簡の署名には、一七八〇年までは Baron を用い、翌八一年から Comte（伯爵）に変わっている。(6) 後述するバール連盟従軍の後半においてのみ、周囲が彼を伯爵と思い込みかねない偽名を用いているが、その際に伯爵位を騙っていたのかどうかははっきりしない。ちなみに、一七七八年にはヨーゼフ二世からオーストリア軍の大佐に、ルイ一六世からフランス義勇軍将官に任命されているので、家系はさておき、ベニョウスキー本人は後年に高位の身分を得たといえるだろう。少なくとも、『回想録』執筆時における伯爵の名乗りに作為は認められない。

生年詐称は、一七七七年にフランス海軍省に提出した履歴書にも見られた。その際には領地ヴェルボーの教会神父の名を借用して、書類を偽造している(7)。生年を五年繰り上げた理由として、七年戦争への従軍詐称が指摘されてきた。一七五六年一〇月のロボスィッツ（現西チェコのロボスィツェ）の会戦が初陣であったと記すが、実年齢で一〇歳になってしまうために不自然の感を免れない。そのほかに、一七五八年にかけて三つの会戦の軍歴があげられている。ただ、すべての軍歴を詐称とみなせる史料は見つかっておらず、いずれかの会戦の場にいた可能性は否定できない。

『回想録』には触れられていないが、少年期の経歴について明らかなのは、一七五九年と一七六〇年に、ポジョニ（現ブラチスラヴァ）近郊の町セントジェルジィ（現スヴェティー・ユル）にあった、ローマ・カトリックのエスコラピオス修道会のギムナジウムで学んでいた事実である（『回想録』ではウィーンで教育を受けたことになっている）。残された学籍名簿で興味を引くのは、ベニョウスキーの帰属ネイションについて記載があることだ。一七五九年にはハンガリーの貴族（Nobilis Ungarus）とあるいっぽうで、一七六〇年にはスラヴの大貴族（PraeNobilus Slavus）とある(8)。もちろん、これをもって、近代的ネイション観に結びつけて判断することはできない。スロヴァキアの研究者の多くは、母ローザによる一七六〇年七月一一日付けの遺言書が、スロヴァキア語史で「スロヴァキア語化したチェコ語」と称される書記法で綴られていることから、彼がスロヴァキア系であった可能性が高いと考えている(9)。

七年戦争の軍歴に次いで、『回想録』には、ポーランド＝リトアニア共和国にいる王領地管理官（ポーランド語のstarosta スタロスタ）を務める叔父からその領地を継承するように求められたため、軍務を退いてリトアニアに向かったとある［B: 2］。しかし、一般にスタロスタの地位は高位の貴族にしか認められておらず、当時のポーランドの貴族名簿や紋章学辞典にベニョウスキー名の貴族は存在していない［Orłowski 1961: 13］。また、一九世紀以降に出版された一般の人名辞典にもそれらしい名は登録されていない（小論筆者の手元にある一八五一年刊行の人名辞典にもベニョウスキー本人以外には掲載がない）。そのことから、ポーランドの研究者の多くは、ベニョウスキーが終生ポーランド貴族を名乗ったとはいえ、ポーランドの血筋ではなかったと結論づけている。ちなみに、系譜学において祖先としてさかのぼれるのは、一五六六年にマクシミリアン二世が、一族の伝承地としてベニョウ（現西スロヴァキアの町ビッチャの一画）の領地を下賜したギリク・ベニョウスキー・フォン・ベニョウとされる(10)。

叔父の権利の継承後、父の死と義理の兄たちによる遺産の独占の知らせを受けて急きょヴェルボーに帰還したベニョウスキーが、武力により遺産を奪還したとの『回想録』の記述は事実に即したものである。母ローザは最初の夫との間に六人、ベニョウスキーの父との間に四人の子供をもうけている。遺産相続に関する諍いは、最初の夫の娘二人が嫁いだ家とベニョウスキーの間で起きた。後述の裁判記録によれば、具体的にはフソー（現西スロヴァキアの村ブズィンツェ・ポド・ヤヴォリノウに含まれる地区フショウ）の領地相続をめぐる出来事だった。『回想録』には、これを受けて義兄らが、ウィーンの裁判所にベニョウスキーが謀反人であり、公共の平和を乱す者であるとして訴えたとある。さらにマリア＝テレジアの勅令により財産が没収されるに至ったため、ポーランド領へ戻ることを余儀なくされたことになっている [B: 2-3]。しかし、ニトラ市にある古文書館に残る文書(11)によれば、実際に審理が行われたのはウィーンではなくニトラの裁判所だった。ポジョニの裁判官エステルハージ伯がベニョウスキーの行動に関心を寄せていたことも受けて、一七六五年八月二二日、ニトラの裁判官パールフィ伯はベニョウスキーの投獄と審問を命じている。しかも、相続をめぐる親族の諍い以上に注意が向けられたのは、背教の嫌疑であったことが文書からうかがえる。具体的には、ローマ・カトリックからプロテスタントのルター派への改宗、およびカトリック教会から異端とされていたヤンセニズムの書物の所有を咎められた。ハンガリー王国では、一七三一年のカーロイ三世の勅令により改宗、すなわち背教は世俗裁判所で裁かれる罪科であった。前年の一七六四年九月二四日にも、ベニョウスキーはローシェ（現東スロヴァキアの町レヴォチャ）で同様に背教の罪に問われた記録が残っているが[12]、そこで最終的にどのような審判が下されたのかは残存する文書に記載がない。また、この背教をめぐる訴訟について、『回想録』はいっさい言及していない。逆に、一人称による日記形式に移行すると、カトリック教信徒を想起させる記述（何度か言及される祈禱の箇所、奄美大島における信徒らとの親密な交流の様子など）が挿入されている[13]。

裁判所の審理は四回行われたが、ベニョウスキーはそのいずれにも出席していない。一七六六年一二月（日にち不明）、最終的に二カ月の入獄を言い渡されている。その時点ですでにベニョウスキーはハンガリー王国を出奔し、当時ポーランド領であったスピシ地方へ入っていた。軍籍を持つ貴族でありながら許可なく出国したことでも、さらに罪を負うことになったのである。その後、航海術を学ぶためにダンツィヒ（現グダンスク）に赴き、さらにハンブルク、アムステルダム、プリマスへと航海し、プリマスから東インド諸島に向かう途上、反ロシア抗争を展開していたバール連盟への参加を要請するポーランドの元老院議員らからの手紙を受け取ったと、『回想録』は語る［B: 3］。この参加要請の書簡は、存在が確認されていない。一七六九年にバール連盟軍に身を投じるまでのおよそ二年半、履歴に空白期間があるため、航海術を学んだというくだりについても真偽をめぐって論争がある。ハンブルクの海洋アカデミーに在籍していたと書くオルウォフスキに対して、ロシコは不確かな伝聞情報にもとづくとしてそれを斥けている［Orłowski: 20, Roszko 1989: 42］。一般に、奪い取ったロシア船に七〇人（この数は同行したロシア人官吏リューミンによる。『回想録』では出航時九六人）を乗せ、カムチャッカからマカオまで航海を指揮したことを、その証左と考える研究者が多い［Kajdański: 61］。

『回想録』には、一七六七年一二月にワルシャワに入り、その後再び遺産問題の解決を図ろうと故郷に戻るが不守備に終わり、オーストリアの所領を最終的に離れたとある。ワルシャワでは、バール連盟を唯一の法的機関として認めること、国王が合法的に選出されたと連盟が認めない限り現国王を認めないこと、ロシア軍と戦うため連盟の通告に応じて参集すること、連盟評議会の命令に忠実であること、という内容の四つの誓約に署名した、と記述は具体的である［B: 3-4］。このワルシャワ行についても、客観的な記録は見つかっていない。むしろ、後述するように、バール連盟への参加をあくまで自発的な、輝かしい履歴として描くために導入された創作である可能性が高い。

続く本人の結婚について触れた記述は、曖昧にぼかされている。一七六八年に現スロヴァキアの町スピシスカー・ソボタに滞在し、そこで食肉業を営むドイツ系のヘンシュ（『回想録』ではヘンスキ）家と親しくなり、その娘ズザナと結婚したという点は事実と違わない［B: 3-4］。彼女は終生の妻としてフランスやアメリカにも付き従った。ベニョウスキーがマダガスカルでフランス軍との戦闘により戦死したのち、アメリカのボルチモアに残された妻子が、フランクリンの援助を得てヨーロッパに戻ることができた経緯については、ズザナとフランクリンの往復書簡に詳しい(14)。しかし、『回想録』がこの結婚について語っているのは、ワルシャワ行の詳細さに比して不自然に短いワンセンテンスにとどまる。この後、各地でのロマンスに登場する女性たちは名前があげられ、その描写が細やかであるのに対して、妻は名前すら記されていない。スピシスカー・ソボタは伝統的にプロテスタントが優位な町であり、ヘンシュ家もプロテスタントであった。ベニョウスキーとズザナの結婚は、ルター派の教会で同年の四月二〇日に執り行われたことが明らかになっている［Roszko: 58］。これついても『回想録』は黙しており、彼がプロテスタントである事実、さらには背教の罪に問われた逃亡者であることを秘する意図があったと考えられないだろうか。

結婚後まもなく、バール連盟から召喚を受けてクラクフに向かった、という旨のやはり駆け足の記述の背後にも、隠蔽された事実があったようだ。そもそも、バール連盟はロシアがポーランドのカトリック貴族層の勢力を抑え込むために、プロテスタントの権利拡大を掲げたことへの抵抗を主な目的の一つに掲げていた。プロテスタントに改宗したベニョウスキーが、バール連盟に自発的に参加するのは理にそぐわない。ポーランドの研究者モデルスキがウィーンの軍事文書館で発見した義弟パヴェル・ヘンシュへの聴取書をもとに、スロヴァキアの研究者クニェツは、一七六八年六月二一日にベニョウスキーはクラクフに入ったと書く［Kunec 2008: 128］。聴取書によれば、それはバール連盟の招きによるものではなく、義弟ヘンシュに誘われての旅立ちであったという。この証言は、前述のワルシャワ行と連盟との誓約が虚構である可能性を濃厚にする。クニェッツは、ベニョウスキーがニトラでの裁判により資産を失って金銭的に困窮していたことを踏まえ、私益を求めてのクラクフ行きであったろうと推測している。

二　ポーランド転戦

三人称の記述部分において最も多くのページが費やされているのが、バール連盟軍時代の戦闘体験である（フランス語による手稿をもとにした一七九一年のフランス語初版には、この箇所に大幅な省略がみられる）。『回想録』には日付や地名、人名が具体的に記されており、手書きの戦場地図四枚が巻末に添えられている。日本ではいち早く最上徳内が、カムチャッカに流刑となった「はんべんごろう」はこの戦いに参加した「ポリシヤ」（ポーランド）の「大将」であった、と紹介した[15]。ただ、この一年に満たない従軍期間（一七六八年七月から翌年四月か五月）のベニョウスキーの行動履歴については、信頼できる客観的史料が少ない。しかし、エカチェリーナ二世治下のロシアとその支援を受けて王位についたポニャトフスキに対抗する軍事組織に、なぜハンガリー王国出身であるベニョウスキーが身を投じたのかが不明瞭なまま、その後長く彼の武勇が伝説化されてしまう。

ポーランド・ロマン主義を代表する詩人の一人、スウォヴァツキは長詩『ベニョフスキ』に、「私はベニョフスキ／バールへと乗り込む／我が祖国に剣と魂を捧げるために[16]」と謳いあげた。バール連盟の著名な研究者であるコノプチンスキは、ベニョウスキーが多くの絵空事を連盟の歴史に付け加えてしまったと厳しく批判し、『回想録』の叙述を信用せず、客観性の高い文書館史料にのみもとづく研究を推奨した［Konopczyński 1928: 46］。小論では、おもにロシコとクニェツの検証にもとづき、連盟軍時代の『回想録』記述を追ってみる。

クラクフがバール連盟軍の支配下に置かれたのは、一七六八年六月二一日から八月一八日と翌六九年九月五日から一一月八日の二回であった。初回の占領開始日とベニョウスキーのクラクフ入りは同日ということになる。ベニョウスキーは、ミハウ・チャルノツキ元帥に両手を広げて迎えられ、大佐、騎兵司令官、さらに主計総監に任命されたと回想するが［B: 5］、前出のヘンシュの証言によれば、到着早々にヴァヴェル城の塔に一三日間幽閉されていたという。ルター派であった彼は、バール連盟にとって疑わしい人物であったからである［Kunec: 128–129］。こののち、ベニョウスキーが解放されて軍に加わることができた経緯ははっきりしない。ロシコは、スピシ地方に数年滞在していた連盟軍将軍、ルボミルスキ公がベニョウスキーと面識があったからではないかと憶測する［Roszko: 129］。そもそも、祖国防衛者としてロマン主義文学が英雄化したバール連盟であるが、旧守的な貴族層による放漫な運動という一面も強かったとされる(17)。ベニョウスキーの唐突な釈放と登用は、連盟が内紛をくり返す弱体な組織であり、統率のとれた集団ではなかったことに、その一因が求められるのかもしれない。

『回想録』には連盟軍参加当初の華々しい戦果が綴られる。まず、七月六日、チャルノツキによりノヴィ・タルクの連隊をクラクフへ迎え入れる特使に任ぜられたベニョウスキーは、ロシア軍のクラクフ包囲網を突破して六〇〇名の隊員を入城させた。次いでルボミルスキ公がランツコロナへ出撃したことを知り、その失敗を予感するや一四〇〇騎を率いて出撃し、その要塞で捕虜になった公とその一行二〇〇人を奪い返す［B: 5–6］。この一節には、チャルノツキへの信頼と同時に、ルボミルスキの低い指揮能力にたいする疑念が表されているように読める。ロシア軍の手に落ちて悲惨な捕虜生活を送り、悲劇の英雄視されるチャルノツキに対して、ルボミルスキはハンガリーに逃亡して裏切りものの汚名を着せられることになった。『回想録』には、こうした後年の評価が取り込まれたのかもしれない。

続いて、ランツコロナからクラクフに帰還途中のヴィエリチカでもロシア軍と交戦してこれを撃破し、ヴィエリチカの岩塩からの国王収入分九八万ズウォティと三〇人のロシア兵捕虜を得て、七月二九日にヴィスワ川河畔に到着したとある［B: 7］。しかし、ルボミルスキの回想を含め、このような奮闘について触れた記録が残っていないため、初期の活躍については疑念が呈されてきた。いっぽうで、ベニョウスキーがいくつかの偽名を用いていたことも明らかになっているため、それらをいちがいに虚構として斥けられない。少なくとも二つの偽名が確認されている［Orlowski: 29］。一つ目はモーリツ・ハディク（Hadik）、二つ目はアウグストゥス・ビチェフスキ（Biczewski）である。また、ロシア流刑時にはベイスポスク（Бейспоск）と名乗っており、リューミンの記録にもその名で登場している。

以下の「武勇」には、捕われの身となるおまけがつく。ロシア軍によって包囲されたクラクフに兵糧を運び込むため、ベニョウスキーが二〇〇〇騎を与えられて出撃、獲得した物資を入城させるために、八月一〇日午前三時にアプラシキン将軍の包囲軍を攻撃したと書く。しかし、一六〇〇人以上の兵を失い、本人も負傷して敵の手に落ち、キエフに護送される寸前に身代金が支払われてクラクフに帰されたとある［B: 9–10］。この折に、エカチェリーナ二世の軍に対して再び武器を取らない旨の誓約書をロシア側に渡している。最終的にロシアの捕虜となった翌年春、取調書に偽名ビチェフスキを用いて答えたのは、誓約に反して戦い続けたことが発覚するのを恐れたためと思われる［Roszko: 67］。戦闘自体は史実として不確かながらこの誓約書への署名は事実であり、彼の行く末を左右する大きな要因になる。

その後、リブリオ（現東スロヴァキアのスタラー・リュボヴニャ）の城を攻略するため、八月二二日に六〇〇騎で出向いて再びロシア軍に捕えられ、護送途中に連盟軍の部隊に救出されたと『回想録』は書く［B: 11］。しかし、実際の目的は城の攻略ではなく、連盟軍加勢のために兵を募ることであったと、ヘンシュの調書にはある。いっぽう、城代を務めるエルスターマン少佐と交わした七月二六日付の契約書の内容は、ベニョウスキーの隊が城を守備するというものだったという［Kunec: 130］。契約書の日付は、『回想録』に記された出立の日付とは一カ月近いずれがある。そもそも八月二二日には、クラクフはロシア軍に占領されていた。ただ、一時ベニョウスキーが城内に幽閉されたことは記録に残る。それが彼の真の意図をめぐる城代側の疑心暗鬼ゆえであったのか、ほかに政治的、軍事的理由があってのことかは判然としない。クニェッツは、前出の誓約書は記録にない架空めいた戦いの結果ではなく、この時に城代が彼の身柄をロシア軍に引き渡し、その際に署名を強いられたと推考している［Kunec: 131–133］。

『回想録』は、解放されたベニョウスキーが、リブリオ近郊から各地の連盟軍にザモシチへの集合を呼びかけたと続ける。本人もそこへ向かう途上、クラスニスタフの町がロシア軍による襲撃の危機にあることを知り、一〇月一七日から一八日にかけ深夜行軍の末に駆けつけて戦闘におよぶが、一〇六人の兵を失って退却したという［B: 12］。一一月にはクラニスタフからベウチ、ソカル（現西ウクライナの町）、モスティ、リヴィウと転戦し、最終的にドニエストル川方面へと脱出していく様子が、日付とともに記されている［B: 13–17］。

翌一七六九年の記述には、ベニョウスキーとフランツィシェク・プワスキが共闘して、各地を転戦した様子が詳しい。ちなみにバール連盟創設者の一人であり連盟軍司令官であったフランツィシェクの兄カジミェシが、連盟軍の敗戦後、亡命先のフランスからアメリカ独立戦争へ参加して勇名を馳せたことはつとに名高い。ベニョウスキーもまたフランクリンの勧めにより、独立戦争へ参加すべく一七八二年にアメリカへ渡った（戦場での活動やカジミェシ・プワスキとの接点は不明である。ベニョウスキーの実弟であるフランチシェク・ベニョウスキーとプワスキがアメリカで戦いを共にしたことは記録に残っている）。

年が改まってロシア軍の攻勢がさらに強まり、連盟軍評議会はオスマン帝国へと退避した。ベニョウスキーとフランツィシェク・プワスキはそれぞれジヴァニェツ（現西ウクライナのジヴァネツ）とオコピ（現西ウクライナのオコピ・スヴャトイ・トリイツィ）の要塞を守備する指示を受けたものの撤退を余儀なくされ、各所でロシア軍と衝突しては敗退をくり返すことになる［B: 19–34］。『回想録』第一巻巻末に付された戦場地図五カ所中四カ所はこの時期の戦いのものであり、両軍の陣容が描かれて具体性が高い。最終的にベニョウスキーは、五月二〇日、ナドヴォルナ（現ウクライナのナドヴィルナ）近郊の戦闘で重傷を負い、キエフ（キーウ）へと運ばれたとある［B: 34］（ロシア軍指揮官ゴリーツィン公がワルシャワに送った尋問記録の日付が五月七日であることから、実際の戦闘は三月か四月のことであったと思われる［Kunec: 135］）。

この連盟軍従軍末期に、ベニョウスキーは偽名のハディクを用いていた。オルウォフスキは、一七六三年までポーランド国王であったアウグスト三世の子息、クサーヴァー・ザクセン公にワルシャワの密偵から届いた報告書をパリのポーランド図書館で発見した。そこには、ハディクが指揮をとって若いプワスキ（末弟のアントニ）とともにカミェニェツ・ポドルスキ（現ウクライナ南西部のカミャネツ・ポディリスキー）の郵便局を襲撃した旨が書かれている［Orłowski: 29］。七年戦争で活躍したハンガリー王国軍元帥ハディク・アンドラーシ伯の苗字を借りることにより、その親族のような印象を周囲に与えて敬意を集めようとしたのかもしれない。一七七二年、カムチャッカからマダガスカルを経てフランスへ上陸すると、ベニョウスキーはカジミェシ・プワスキに宛てて手紙を書いている。そこには、連盟軍への従軍からロシアの捕虜となってカムチャッカへ流刑に処せられた経緯と、彼のことを思い出すには准将ハディクを想起して欲しい旨が綴られている［Kajdański: 66］。また、バール連盟のフランス亡命組織からは、ベニョウスキーの要望を受け、その功績を称えて少将の地位と白鷲勲章が与えられている。一七七二年七月一六日の日付がある推薦状には、クラシンスキ（バール連盟創始者・元帥）とパツ（バール連盟元帥）が署名していた。カイダンスキは、ここで一階級昇進が認められたと考えれば、ベニョウスキーが『回想録』に記す連盟軍准将の地位は虚言ではないと主張する。戦歴の誇大化はあるとしても、連盟軍において一定の地位と活躍があったと考えてよさそうである。総じて『回想録』の信憑性に懐疑的な研究者も、連盟時代の記述がすべて作り話ではないことを認めつつ、諸事件が実際の日付と異なる、いわばベニョウスキーが作り替えた特別な暦に従って編集されていると留保をつけている［Orłowski: 33］。

三　ロシア捕囚から流刑の旅へ

シベリア流刑に至る経緯については、ほとんどの歴史家が、ロシアに残る公式の記録と照らし合わせて『回想録』にほぼ誇張がなく、事実に即していると考えている［Roszko: 74］。傷を負ったベニョウスキーはハディクとして、ゴリーツィン公からタルノポル（現西ウクライナのテルノーピリ）近郊の陣で尋問を受け、その後ポウォンネ（現西ウクライナのポロンネ）の地下牢で過ごしたのち、傷の癒えぬままキエフへ徒歩で送られた。傷については、一七七二年、ベニョウスキーがヨーロッパへの航海途中に寄ったイル・ド・フランス（インド洋上にあったフランス領フランス島）総督ド・ロシュが「この外国人は傷跡だらけである。いくつかの傷跡は彼の体を醜くし、動くことを困難にしている」と証言している［Kajdański: 72］。満足な食事を与えられず、収監されたキエフのペチェルシク修道院の牢の中で高熱に苦しんだというベニョウスキーは、ゴリーツィン公をはじめとするロシア側の取扱いの酷薄さに憤っている［B: 36］。

キエフからカザンへ流刑されると、そこには先着の囚人がいた。ロシコは、その一人であったホイェツキが一七八九年に出版した回想録を引いている。「……またもやポーランド人がカザンにやってきた。そのなかにはベニョフスキ大尉（kapitan）がいたが、ポーランドではハディクという名を名乗り、中佐（obersztlejtnant）の階級であった。この男は敵軍から持ち物を何もかも奪われたため、かなり悲惨な捕虜生活を送ることになった」［Roszko: 75］。しかし、カザンでは一般の住人に混じって生活することが許され、ベニョウスキーはスウェーデン系のヴェンディショフという名の金細工職人の家に住みついた。ホイェツキによれば、ベニョウスキーは化学に通じていたため、職人と共に働き、いくばくかの収入を得た。また。彼を通じて同地の福音派プロテスタントの共同体と接近し、その援助を受けたことが指摘されている［Roszko: 76］。やがて、プワスキ兄弟の末弟アントニやポトツキとアダム・チャルノツキの連盟両元帥もカザンに到着し、ベニョウスキーを含めて上流のサロンに出入りを許されるなど、流刑者であっても貴族にふさわしい扱いを受けるようになった。ではなぜ、こののちベニョウスキーはカザンからの逃亡を図ったのだろう。

『回想録』によれば、同地で捕虜たちが反乱を計画し、エカチェリーナ二世に不満を抱く自由主義的傾向をもつ貴族たちと協力するため、彼が両者の橋渡し役を担っていた。その件が発覚して捕縛される寸前に、バール戦争以来の盟友であるスウェーデン人将校（カイダンスキによれば、一七四一年から一七四三年にかけてのロシア・スウェーデン戦争後、ロシアの支配下に入った地域に生まれたフィンランド系）のヴィンブラトとともに逃走したことになっている［B: 39–41］。しかし、実際のところは、自分のサロンへもベニョウスキーらを招いていたカザンのクヴァシニン＝サマリン総督が、ベニョウスキーがハディクであり、またビチェフスキであることをペテルブルクへ報告したために、一七六八年の誓約書の一件が蒸し返され、再逮捕の命令が下されたようである［Roszko: 78］。ホイェツキは、二人がモスクワへの伝令を装ってカザンを脱出したと書いている［Roszko: 80］。ベニョウスキーはあえてペテルブルクという虎穴に飛び込み、そこから船で海外への脱出を企てた。その逃避行の過程で、論争を呼んでいる一つの出来事がある。

コノプチンスキは、カルーガにおいて、捕虜のクラクフ司教カイェタン・ソウティクとヘトマンらを逃がそうとしたスウェーデン人とマルコフスキ、ベトフスキという人物に言及している［Konopczyński: 378］。オルウォフスキはそのスウェーデン人がヴィンブラトではないかと考える。さらにカイダンスキは、マルコフスキが総領事であったことが判明していることから、ベトコフスキがベニョウスキーであったと推察している［Orłowski: 134–135, Kajdański: 86–87］。『回想記』はこの出来事に触れていないが、前出のイル・ド・フランス総督ド・ロシュはベニョウスキーから、カルーガで出会ったバール連盟指導者について聞かされている［Roszko: 79］。

ペテルブルクにたどり着いた二人は路上で出会った薬剤師の男性に、近々に海外に出航する船について訊ね、オランダ行きの船を紹介してもらった。この性急さが仇となった。翌日に出航を控えた船長はネヴァ川の橋の上で二人と落ち合うことを約するが、二人を待ち受けていた官憲に捕縛された。尋問にあたった警視総監のニコライ・チチェーリン伯は『回想録』によれば紳士的であり、八つの質問に答えるように求めた。その一番目は彼の出自、年齢、宗教を問うものだった。年齢の偽りを含めて、彼は『回想録』の記述と違わない回答をしている（宗教についてはキリスト教徒、と回答）。ほかになぜバール連盟への参加に署名したのか、連盟がフランス宮廷から援助を受けていることを知っていたか、捕虜仲間によるカザンの反乱の陰謀を扇動するように誰に命じられたか、連盟幹部の誰が陰謀に加担し、ロシア人賛同者はいたのか、なぜペテルブルクへやって来て、なぜオランダへ逃げようとしたのかなどということを問われている。ベニョウスキーは反乱に関しては情報提供者になることを拒絶し、反乱への自身の関与についてはその動機は自由を得るためであり、さらに牢獄で経験した残虐な扱いが彼を駆り立てたと答えている［B: 42-45］。

ペトロパーヴロフスク要塞の牢に収監されたベニョウスキーは、元老院の法廷で裁かれることになった。裁判長を務めたのは元老院議員で外務大臣を務め、ポーランドへの干渉を推し進めていたパーニン伯だった。パーニンは、チチェーリンの尋問にたいするベニョウスキーの回答がすべて真実である旨の宣誓をさせたという。そのうえで、ロシアには二度と逆らわない旨の誓約をさせた。ベニョウスキーはこれによって解放されると思っていた。ところが、一一月二五日（ユリウス暦で一一月一四日）に受けた判決はカムチャッカへの流刑であった。この判決に至る経緯は、ペテルブルク（ロシコはモスクワと誤記）のロシア国立歴史文書館（РГИА）に所蔵されている元老院法廷の文書で確認されている［Roszko: 82-83］。

足枷をつけられて冬のシベリアを横断することになったベニョウスキーは、一二月一三日にヴラジーミルに、一八日にニジニー・ノヴゴロドに達している。西シベリアの中心地トボリスクで、ペテルブルクの警視総監チチェーリン伯の弟である同地総督デニス・チチェーリンの配慮により足枷を解かれている。『回想録』によれば総督は兄同様に人間的であり、寒さと飢えに健康を害していた囚人たちの体力を回復させるべく一四日間町に滞在させ、食料や酒、タバコを与えてくれたという［B: 42-45］。しかし、概してロシアにおけるベニョウスキーの捕虜生活は悲惨だったようである。

一七七一年四月、カムチャッカで流刑者たちの反乱を主導した際、彼は元老院とエカチェリーナ二世に宛て、ロシア語とラテン語による書簡を送りつけた。ロシア語書簡は、ロシア人流刑者の元歩兵大尉スチェパーノフとの共作である。ロシアの現状一般への不満を訴え、不当な帝位簒奪者であるとエカチェリーナ二世を批判している。ラテン語文書は、ベニョウスキーによるものであり、上記の内容に加え、ポーランドの自由の侵害、自由を求めたバール連盟への武力弾圧を強く非難している(18)。このおよそ四カ月後、ロシアへの警戒を江戸幕府に促す「はんべんごろう」の書簡が、長崎出島のオランダ商館に送られる。両国の政治の中枢に宛てられた一連の書簡の背景には、ロシアへの敵愾心に加え、過酷な捕囚生活にたいする癒しがたい憤りがあったと思われる。

『回想録』導入部は、流刑途上の地であったトボリスクで、以下のように唐突に締め括られている。「我々は伯爵の冒険について集めたナラティヴをここで終えて、彼自身の手で書かれた続きを語ることとしよう」[B: 52]。

おわりに

『回想録』冒頭部の記述内容の真偽についておおまかにまとめるなら、次のようになるだろう。出自と生い立ちについては文書記録から確認可能な虚偽が多く、続くバール連盟従軍の前半部分にもおそらくフィクション、ないし事実の誇大化とみなせる記述が少なくない。ただし、現在それを立証する文書に乏しい。それにたいして、連盟時代の後半部分からロシアでの捕囚期に進むと、おおよそが実体験に即している。

三人称の記述に、実際の出来事との乖離や事実の隠蔽が目立つことが指摘されるようになると、冒頭部は第三者によって書かれたという説も唱えられるようになった。その第三者が、バール連盟以降ベニョウスキーに付き従ったヴィンブラトではないかともいわれる[Kajdański: 79]。しかし、冒頭部の修正の手跡（草稿の四部冊はそれぞれに手跡が異なる）はベニョウスキーのものであることが確実であるため、本人がその成立に関与しなかったとは考えられない。

そもそも、メモワールは実証的、客観的な歴史記述を目的としていない。むしろ、作者が何らかの思惑を社会で実現するために書くものであるだろう。[19] ベニョウスキーの場合にも、マダガスカルの権益を掌中に収めるという、明確な思惑があってのメモワール執筆であったと思われる。

執筆時期については、一七八〇年前後から一七八三年と推測される。一七八一年一二月二四日付フランクリン宛のベニョウスキーの書簡に、『回想録』の最初の部分およびカムチャッカへの旅の日録を献呈したいこと、引き続きマダガスカルに至る航海日録も渡す予定であることが書かれている。[20] また、『回想録』発行者のニコルソンによれば、イギリス王立協会やフランス科学アカデミーの会員であったジュアン・デ・マガリャンイス（初の世界周航で名高いフェルナン・デ・マガリャンイスの子孫）が一七八四年後半に彼を訪れ、マガリャンイスが完成稿と引き換えに多額の資金をベニョウスキーに貸した経緯を語ったという。[21] その資金を手に同年五月、ベニョウスキーはアメリカに渡って船を調達し、一〇月二五日、ボルチモアからマダガスカルへと最後の航海へ旅立っている。

全三九八ページの『回想録』第二巻巻末には、マダガスカルに関する報告とその植民地化構想、フランス海軍省への提案書とそれへの返信、イギリスの省庁に宛てた同様の提案書など、マダガスカル関連の補足が一一五ページにわたって掲載されている。また、ベニョウスキーは一七七四年から七六年にかけての二度目のマダガスカル滞在中に、諸部族の王を意味するアンパンサカベー（ampansakabé）の称号を得ていた。その後半生において彼が目指したのは、マダガスカルの支配と交易による財貨の獲得であったといっていいのではないだろうか。『回想録』はそれに必要な名声と支援、そして資金を得るために、何より効果的な手段であっただろう。ただ、ベニョウスキーは、フランス軍との戦闘により一八八六年にマダガスカルで死亡したため、『回想録』の出版を目にすることはなかった。

もとより、語り（＝言葉）は事実そのものとは異なる。特に三人称の語り手は、語られる事柄の場に現存しない曖昧な主体である。偽装された高貴な出自や秘匿された背教の罪といった経歴、さらにポーランドでのおそらく誇張された武勲について、メモワールとして異例な三人称の語りは、作りごとめいた記述の印象を和らげる効果があっただろう。その意味で、より事実に沿った一人称によるその後の冒険譚へとつなぐ、重要な機能を三人称の冒頭部は果たしているように思われる。

注

（1） L.L.K, *MAURITIUS AUGUSTUS BENYOWSZKY* , Notes and Queries, 8th S., vi., Dec. 22, 1894, p.483. L.L.K はクロプフ・ラヨシュの匿名。

（2） Keen. D, *The Japanese Discovery of Europe 1720-1830*, California, 1969, p.31.

（3） Benyowsky, *Memoirs and Travels, with maps & drawings.* Add MS 5359-5362 British Library Manuscripts Collection, London.

（4） Štátny oblastný archív v Bratislave. Matriky č. 2731; rímsko-katolícka matrika pokrstených 1741-1809, s.33.

（5） Bosák, L', *Predkovia a príbuzní Mórica Beňovského z matkinej strany*. In: Kocák, M. (ed.): *Móric Beňovsky´. Cestovatel', vojak, král'(1746–1786–1996)*. Martin, 1997, s.77.

（6） The Franklin Papers, vol. LXX No 24. American Philosophical Society, Philadelphia Pa.

（7） Bosák, L', Kýška, P, *Vrbové a Beňovsky´*, Vrbové, 2005, s.19.

（8） Štátny archív v Bratislave, Pobočka Modra. Fond piaristi. Matrika študentov piaristického gymnázia vo Svätom Jure, inv. č.91, s.164, 168.

（9） Musil,M, *Skutočný príbeh grófa Mórica Beňovského*, Bratislava, 2018, s.19, s.22.

（10） Lukačka, J, *Pôvod a predkovia Mórica Beňovského*. In: Kocák, M. (ed.): *Móric Beňovsky´. Cestovatel', vojak, král' 1746–*

1786–1996), Martin, 1997, s.82.

（11）Štátny archív Nitra, Nitrianska župa I., Šl'achtické písomnosti II., fasc. 80, č. 5.

（12）Štátny archív Levoča, Spišska´ župa, Acta Iuridica XXII/703.

（13）Holečko, M, *K náboženským prvkom v Beňovského Pamätiach*. In: Bosák, L', – Kýška, P,(eds.) *,Móric Beňovsky´ – legenda a skutočnost'*. Vrbové, 2007. ss.83-93.

（14）The Franklin Papers. vol. XLI No 137, zbiór blulioniów, folio 1579, folio 1594, American Philosophical Society, Philadelphia Pa.

（15）最上徳内『蝦夷国風俗人情之沙汰』の「異国人漂流の事」一七九〇年。

（16）Słowacki, J, Beniowski, Lipsk, 1841, s.114.

（17）Boroń, P *Kraków w dobie konfederacji barskiej*, ss.33-46. In: *Konfederacija barska (1768-1772) Tło i dziedziectwo*, Kraków, 2018.

（18）А.Б.Давидсон , В　А.Макрушин , Облик далёкой страны , Москва , 1975, сс.132-134.

（19）歴史研究者の嶋中はメモワールを、「さまざまな思惑を抱えた人びとが、読まれることを想定しながら、読者を通じて現実世界に何らかの作用を引き起こそうとした行為の痕跡、あるいは現に作用しつつある行為そのもの」（嶋中博章『太陽王時代のメモワール作者たち 政治・文学・歴史記述』吉田書店、二〇一四年、二七―二八頁）と書く。

（20）The Franklin Papers, vol. LXX No 24. American Philosophical Society, Philadelphia Pa.

（21）Nikolson, W, *The Editor's Preface*, i-ii. *In. Memoirs and Travels of Mauritius Augustus Count de Benyowsky*, London, 1790.

文献一覧

水口志計夫・沼田次郎編訳『ベニョフスキー航海記』平凡社、一九七〇年渡邊昭子『近代における宗教と教会をどう捉えるか――ウニターリウシュ教会への改宗の事例から』『東欧史研究』第四〇号、二〇一八年

Benyowsky, M, *The Memoirs and Travels of Mauritius August Count de Benyowsky, Magnate of the Kingdom of Hungary and Poland. One of the Chiefs of the Confederation of Poland. Consisting of his Military Operations in Poland, his Exile into Kamchatka, his Escape and Voyage from that Peninsula through the Northern Pacific Ocean, Touching at Japan and Formosa, to Canton in China, with an Account of the French Settlement, he was Appointed to Form upon the Island of Madagascar*, London-1790.

Beňovsky´, Móric, Pamäti a cesty, Bratislava, 2006.

Boroń, P, *Kraków w dobie konfederacji barskiej*, pp.33-46. In: *Konfederacija barska (1768-1772) Tło i dziedziectwo*, Kraków, 2018.

Dykcyonarz biograficzny powszechny, Warszawaa, 1851.

Kajdański, E.: *Tajemnica Beniowskiego. Odkrycia, intrygi, fałszerstwa*. Warszawa, 1994.

Konopczyński,W, *Konfederacja barska*, Kraków, 1928.

Kunec, P, *Účastˇ Mórica Beňovského v bojoch tzv. Barskej konfederácie v rokoch 1768–1769: . Sumarizácia historických faktov*. In:Historie/Historica, číslo15/2008, Filozoficka´ fakulta Ostravské univerzity v Ostravě, 2008.

Orłowski, L, *Beniowski*, Warszawa, 1961.

Roszko, J, *Awanturnik nieśmiertelny*. Katowice, 1989.

Рюмин, И, *Записки канцеляриста Ромина о приключениях его с Бениовским из Севернего архива на 1822 года*, Санкт-Петербург,1822.

Сгибнев, А, *Бунт Беньевского в Камчатке*, «Морской сборник», No4 и No7, 1869.

チェコ「国民」に形を与える
――パラツキーの『オーストリアの国家理念』――

篠原　琢

はじめに

もう多くの人々が目覚めたとはいっても、国民を代表する人々はチェコ国民の将来をまだ悲観していた。彼らが集まる部屋の天井が落ちてきたら、国民の努力は終わってしまうだろう、と。そのときから五〇年経った。そして昨日の祭典が示したように、天球が落ちてこようとも、もうチェコ国民は圧死することも葬られることもない。

［Kořalka 1996: 84］

一八六八年、国民劇場定礎式の翌日の宴会でフランチシェク・パラツキー František Palacký はこう挨拶した。これを引用しながらイジー・コジャルカは知識人の小さなグループが国民形成を支えるというイメージを批判して、国民社会形成論をこう総括している。「近代チェコ国民形成の本質は、それまで古い封建的身分制社会でほとんど権利をもたなかった都市・農村の人々の広汎な階層が経済的、社会的、文化的、そしてついに政治的に解放される過程である。チェコ国民運動はその社会的基盤を拡大し、一九世紀末に至る頃には、不十分で弱いところはあっても、ハプスブルク帝国という多国民的国家のなかで、市民社会のほぼ完全な構造を作り上げたのである」[Kořalka 1996: 84]。コジャルカのパラツキー論はこの前提に立っている。一九世紀のオーストリア帝国愛国主義はチェコの「民族的・言語的個性」を称揚さえしていたが、「完全な権利をもったヨーロッパ諸国民の一つ」となることを否定した。しかし「パラツキーはその生涯をかけた学術研究によって、過去にチェコ人はヨーロッパ諸国民の家族の完全に同等な一員であったし、将来またそうなるべきことを示そうとした。当時のチェコ国民運動は、国民として政治的な認知を受けないまま、民族的・言語的グループとして容認されることでは満たされない発展段階にすでに達していたのである」[Kořalka 1996: 205]。

マサリクはかつてチェコの「人間性の理念」に対してパラツキーは歴史叙述で内実を与えたと評価したが、コジャルカの大著『フランチシェク・パラツキー』のパラツキーはチェコ国民社会の現実に思想的、政治的な形を与えた偉大な人物として描かれる[Kořalka 1998]。伝記はこう結ばれる。「フランチシェク・パラツキーの学術的著作、組織活動、政治評論、予言は一体であり、ヤロスラフ・ゴルが評価したように、パラツキーは一九世紀の最も偉大なチェコ人である。今日でも彼が高く評価されるのは、チェコ国民の地理的範囲、一九世紀という時代をはるかにこえて、偉大なヨーロッパ人の一人だからである」[Kořalka 1998: 544]。

この後に刊行されたイジー・シュタイフのパラツキー伝は、パラツキーの事績だけでなく彼が国民社会の「父」として神話的機能を果たしうるようになった過程を社会・文化史的に検討する点で非常に興味深い[Štaif 2009]。シュタイフによれば、チェコ国民社会に対するパラツキーの「家父長的」な態度と、諸国民の同権を要求する普遍的・文明論的主張の二つの組み合わせがチェコ社会における「パラツキー神話」を支えている。そしてチェコ国民の自立を保障すべき帝国の連邦化構想は敗れ続けたため、「二つの組み合わせ」はバランスを崩し、晩年のパラツキーは「子どもたち（チェコ社会）」に対する父としての義務を強調し、みずからの意見に従わない者に対していっそう不寛容な態度をとるようになったという。シュタイフは、パラツキーを語る言説の生成を神話の象徴体系のレベルで分析しているが、この次元からみるとコジャルカの浩瀚なパラツキー伝は「神話的言説」の掉尾を飾るものともいえよう。

二つのパラツキー伝はそのアプローチの違いにもかかわらずチェコ国民社会の形成という発展史観を共有しているため、パラツキーの思想的・倫理的国民像と政治プログラムの間にある溝は軽視されがちである。パラツキーは国民を「道徳的、法的人格」とみなして「諸国民同権」の原理を導き出した。それでは彼はそれを政治的にどのように表現し、国制のうえでどのような形を与えようとしたのだろうか。本章では、パラツキーの最も包括的な政治論説『オーストリアの国家理念』（一八六五年）を中心に検討する。主な課題はパラツキーの帝国愛国主義を明らかにしながら、国民の「自然的権利」から「歴史的権利」への移行を跡づけることにある。

一　一八四八／四九年期のパラツキーの連邦制論

もしオーストリアが存在しなかったとしても、まことに人間性のため、ヨーロッパのためにすぐにでもオーストリアを創造しなければならないのです。[Palacký 1848: 20]

一八四八年四月、フランクフルト国民議会を準備する五〇人委員会の委員に招聘されたパラツキーはこれを拒否する返答をフランクフルトに送った。パラツキーによれば「諸国民の権利は真なる自然権」であり、「オーストリアの下に統合されているすべての諸国民、すべての信仰を同じように尊重し、同じように権利を与えること」こそがオーストリア国家の存在意義なのであった。これは強いオーストリア愛国主義の表明であった。一八四八年革命期のパラツキーの政治活動は、この理念にしたがって新しい帝国国制を作り上げることを最大の目標としていた［篠原二〇一二］。パラツキーによれば、世界史の集権化の結果、「身分制的・封建的原則」に則ったボヘミア王国の歴史的権利はいったん断絶するが、世界史には均衡を保つためにつねに両極の作用が働くため、集権化に対してやがて遠心力、つまり公論がこれに対抗する力となる。公論が発現するのはそれぞれ公共圏として個性をもった国民・国民性である。ボヘミア王国の諸身分が帝国に対して自律的な権利を要求するのであれば、王国議会を公論に開き、集権化への反作用として現れた「国民性の原理」に依拠しなければならない。パラツキーはこう述べて、「国民性の原理」を認め諸国民の同権を実現することがオーストリアの存在意義であると主張した。それが帝国の強固な一体性を支えるのである。

一八四九年三月、クレムジール／クロムニェジーシで開催されていた帝国議会は軍によって解散させられ、起草された憲法案は葬られて欽定憲法が発表された。中断した憲法論議を批判的に振り返り、パラツキーが改めて連邦制を論じたのが「オーストリアにおける集権化と諸国民の平等」である［Palacký 1849: 110-120］。パラツキーは欽定憲法の集権的性格を批判して「諸国民の同権」の重要性をこのように述べる。

> 自由な立憲国家では法はすべての市民に平等である。ある人の権利は同時に別の人の権利でもあり、誰も法と権利から除外されることがあってはならない。……オーストリアにおける諸国民のこれほどの多様性からして、諸国民の完全な同権は憲法全体に欠くべからざる前提であるばかりでなく、帝国の道徳的基礎だと認められなければならない。［Palacký 1849: 113］

欽定憲法はたしかに「諸国民の同権」を認めていたが、帝国議会に幅広い立法権を与えたため、領邦議会の権限はごく限られていた。パラツキーは帝国諸地域、諸国民の多様な問題を帝国議会で議論することは不可能だと指摘し、さらに諸国民が一堂に会すれば議会は「混乱したバベルの塔になる」という。そうなればドイツ語が事実上の共通言語となり、帝国諸国民の言語は議会政治から、そして帝国行政からも排除されることになるだろう。「このような不平等は諸国民の同権を空虚に語ることばをくつがえし、帝国の道徳的基盤を単なる幻想とし、諸国民に死の危険をもたらす。政治、議会活動を奪われた国民は遅かれ早かれ消滅する」[Palacký 1849: 115-116]。

パラツキーは帝国の一体性と連邦制とが両立することを強調する。それどころかそれは互いになくてはならないものである。「オーストリアでは、帝国中央権力か、あるいは領邦、国民権力のどちらが本質的で本源的なのか。こうした問いは無駄であり無益である。たとえば君主の主権か国民の主権のどちらが本源的か、と問うようなものだ。魂と肉体が切り分けられれば人は死するように、国家も二つが相反すれば死に至る。精神性と肉体性とを切り分けることはできない」[Palacký 1849: 117]。

パラツキーによれば帝国と帝国諸国民は「魂と肉体」のように有機的一体をなすものなのである。そのうえでパラツキーは帝国の中央権力・議会は帝国の一体性にかかわる案件のみを担うべきだと主張する。すなわち、一、皇帝・宮廷、二、外交、三、陸海軍、四、帝国財政、五、貿易、六、帝国内の通信・交通、である。内務、司法、教育関係をはじめそれ以外の広範な立法・行政案件については州議会、諸国民の自治に任されるべきだという。こうして「王冠諸領邦の大きな集合体、または国民グループ」のそれぞれの首都には一人の「大臣」の下に閣僚会議を置いて統治を行う。各州の大臣は上述の六つの業務を管轄する帝国政府の大臣と同等な地位で帝国行政に参与する。

パラツキーは連邦を構成する州として次の七つを想定した。一、ドイツ、二、チェコ・スラヴ（ボヘミア諸邦のスラヴ人地域）、三、ポーランド・ルシーン、四、マジャール、五、ルーマニア、六、南スラヴ、七、イタリア。こうして「領邦政府が統括する内務・国民的案件のすべては最終段階にいたるまでそれぞれの国民語で決せられ、諸国民の同権という原則は単なる幻想ではなくなる」。この構想は、帝国議会憲法委員会で発表した国制案にもとづきながら「国民性の原則」をより徹底したものであった。パラツキーは最後に「ほとんど同質で単一国民の国家であるフランスでも、啓蒙された愛国者たちの多くは脱集権化に唯一の救いを求めている」と書いて、「国民性の原則」からのみならず、多中心的な国制は帝国の安定と大国としての威信を保つためにも望ましいと指摘して論説を結んでいる。集権的国家は脆いというのである。

これが革命期のパラツキーの到達点であった。「生まれはモラヴィア人、国民としてはチェコ人 Rodem Moravan, národem Čech」とみずから称したパラツキーは、連邦制論のなかで言語を中心に国民という「道徳的・法的人格」をこのように表現し、諸国民が支える一体としてのオーストリア国家を構想したのであった。

二 『オーストリアの国家理念』

イタリア戦争の敗北後、ハプスブルク帝国は対外的にはプロイセン、ドイツ諸邦との関係の全面的な見直しを迫られ、国内的には金融・産業資本を担うドイツ自由主義者とハンガリー貴族とを帝国統治にどのように包摂するか、帝国を構成する諸領邦と帝国権力の関係をどのように再編するかという課題に直面した。そのため皇帝は擬似的な立憲体制を導入して、広く国制問題を論じることを認めざるをえなかった。その出発点が帝国の新しい国制像を示した一八六〇年の「十月勅書」である［Reichsgesetzblatt 1860］。

十月勅書は第一条で、皇帝は帝国評議会、領邦議会との協力によってのみ立法権を行使できることを定めている。第二条は帝国評議会の立法権の範囲を「すべての諸王国、諸領邦に共通する権利・義務・利害についての法制」とし、それを通貨・金融政策、関税・貿易政策、交通・通信、兵役義務などに限定している。第三条によれば、それ以外の分野は領邦議会の権限に属することになっていたので、領邦議会の立法権は広い範囲に及んだ。それらの案件は「ハンガリー王冠に属する諸王国・諸邦」については「これまでの国制」にもとづいて、それ以外の諸邦については別に定められる領邦条例 Landesordnung にもとづいてそれぞれの領邦議会で裁決されることになった。またハンガリー王国以外の諸王国・諸邦については「必ずしも全体帝国評議会の権限に属さない立法案件について」審議するための議会が設置されることになった（後に二月令で「狭義の帝国評議会 der engere Reichsrat」と呼ばれる）。こうして十月勅書は、帝国の一体性を維持しながら君主と諸議会の共同統治を定め、歴史的諸邦を構成単位とする連邦制の骨格を示した。

歴史的領邦への分権を「文明的進歩に反する」と考えるドイツ自由主義者が十月勅書に強く反対したため、一八六一年に発布された「二月令」は十月勅令とは逆に領邦議会の権限をわずかな範囲に限定し、帝国評議会に非常に広汎な立法権を与えた。二月令の附則にはハンガリー王国以外の一五の諸王国・諸邦について個々に領邦令・領邦議会選挙法が定められた［Reichsgesetzblatt 1861］。帝国評議会の代議員は領邦議会が選出することになっていたが、ハンガリー王国議会は二月令をそもそも認めず、帝国評議会に代議員を送らなかった。ボヘミア、モラヴィアのチェコ国民主義者たちも一八六三年六月以降これをボイコットした。「ボヘミア王冠の諸邦」の歴史的権利を掲げて「狭義の帝国議会」に代表される国制上の単位を認めなかったからである。ちなみに彼らはこれを「ツィスライターニエ Cislajtánie」と揶揄的に呼んだ。ハプスブルク帝国は国際的にはプロイセンの挑戦に直面しながら、普遍帝国の残滓を払拭して帝国の存在意義の再定義をはからなければならなかったのに、この時期、帝国の多様なアクターの間で合意を調達する国制上の回路は欠けていたのである。パラツキーの最大の政治論説「オーストリアの国家理念」はそのさなかに発表されたものであった［Palacký 1865、以下本節で出典ページのみ記す場合はみなここからの引用］。この論説はハプスブルク帝国の存在意義を近代の国民理念から演繹して示そうとする点で帝国愛国主義の表明であり、題名がそれを雄弁に物語っていた。

「オーストリアの国家理念」の第一章は現代におけるオーストリアの存在意義を問い直している。パラツキーによれば「ハンガリー、ボヘミア、オーストリアの三つの王朝が自発的に結びついた」のはオスマン帝国に対してキリスト教世界の防塁を築く必要があったからである。これがオーストリア国家の第一の使命であった。宗教戦争が起こると「ハプスブルク家の君主たちはローマが宣命する原則の第一の守護者」となった。これが二番目の使命である。ところがその結果、「オーストリアはその後数世紀にわたって、教会、世俗統治、さらには教養と文化の面でも近代精神の進歩に身を閉ざし、抵抗することになった」。「この体制の本質は単なる否定である」[212-213]。

そして一八四八年がやってきた。オーストリアが歴史的に果たしてきた二つの使命が失われたいま、「オーストリアの特別な使命、今日のオーストリアが実現すべき、そしてオーストリアだけが果たしうる理念と目的も失われたのか」[214-215]。こう問うてパラッキーは「諸国民の同権」を論じる第二章に進む。

パラッキーによれば「諸国民の同権という原則は自然権の教えと同様に古い。「汝みずからに望まぬことを他者になすべからず」、これが私人の法、個人間の法でまず認められ、全般的に通ずるようになった。一方、諸国民間の法は認められず、あからさまな暴力が数世紀にわたって決定的であったが、文明の進歩のなかでこの領域でも法の原則が形成され、今日では一般に認められている」。長年にわたって国家間の法と国民間の法は同じものとみなされてきたが、「世界的な集権化と脱集権化が進展した結果、「国家」と「国民」という概念は互いに重なるものではなくなってきた。複数の国家にわかれている国民もあれば、国家が複数の国民を含んでいる場合もよくみられる」[218]。

ポーランドやハンガリーのように「国民」が政治的特権をもった貴族たちだけを指すような語法は「身分制度が解体されてから時代錯誤的になった」。一方、フランスでは「かつてはただの「忠良な臣民」だった人々」が「ナシオン」となり、この語は「臣民たちが政治的権利を要求する努力を指すようになった」。しかし「わがくにではこれらの語は起源、種族的な意味、特に言語的相違について使われている」。ただしパラッキーはこの語を本源的に理解しているわけではない。国民は「集権化」と「遠心化」という両極が働いて形成されたものである。

鉄道と電信は、自然の距離を奇跡的なまでに縮め、諸国民、諸政府、文明世界の卓越した精神を一つにまとめ、……一方の端で表明された感情や思想は稲妻のように諸方に広がり、瞬く間に諸国民、諸階級のなかに賛同、共感をえるか、または反感を見出す。これこそが世界の巨大な集権化の現れである。しかし世界に永遠の法を課すかの不滅の魂は、そこに両極性の法もまた受け入れた。同類のものが結びつけばつくほど、多様なものが反発する。諸国民はともに接すれば接するほど、互いの相違を見出し、感じ、認める。……したがって国民性の原理は時代を超えて世界の制御にそれなりの使命を負っている。[219-220]

このような国民は「現実」であり「全体として道徳的、法的人格をなす」。パラツキーは国民の権利の中核に言語的権利を据える。「国民はみずからを守る自然権をもつ」が、それは義務でもある。「己のうちに神の火花をかきたて、燃えさかえさせること、誰もこの義務を免れない。言語を涵養せずに思想を涵養するなどというのはまったく無意味なことであり、言語を高貴にすることは高貴な精神生活の前提である」。こうして「国民性を守り育てることは道徳的命令であり法であり、それを否定できる命題は何もない」。「種族的」といいながら、カント哲学を基礎に構築されたパラツキーの国民像は高度に道徳的で文化的である。言語的権利は即自的に主張されるのではなく、「道徳的人格」である国民が精神的により高い次元に発展するために必要とされる。これと「汝みずからに望まぬことを他者になすべからず」という二つの定言命法から「諸国民同権の原則」が導かれる。「オーストリア国家が多様な国民性から成立しており、この国家は暴力ではなく正義と法（国家の全体意志）によって統治されるべきなのであれば、当然、ある国民が他の国民に不法を働き、その目的のために他の国民を道具のように扱ってはならない」。そうであるならオーストリアの存在意義は「諸国民の同権」を実現すること以外にはありえない［222］。

第三章では、一八四八年革命においてオーストリア国家の一体性を守る戦いを回想しながら、オーストリアの国家理念を論じている。「フランクフルトへの手紙」について「私はその正しさを一瞬たりとも否定しないし、今日でもそれを認めそれを自分の使命と言い切ることができる」[227]。そして論文「オーストリアの国家理念」は「手紙」の意義を後世に説明する義務を果たすものという。ただし革命当時、自分が望んだのは「諸国民にとって公正なオーストリア」だったはずなのに、いまになっても諸国民の言語的権利は認められない。「「あなたがた（スラヴ人やルーマニア人）は文化程度が低い国民で、より高度な文化を獲得するにはドイツ人またはハンガリー人を通じてでなければならない。……あなたがたの言語は洗練されておらず貧しいので、高次の文化には向かないのだ」。じつにみごとな詭弁である。国民的精神を通じて高い文化水準に達するための法的可能性をまず奪っておいて、それに達しないと難じるのだ！」[229]。これは一八六〇年代のドイツ自由主義者たちに対する批判であった。

第四章はオーストリアの立憲主義、議会政治には言語的同権が不可欠であると論じる。立憲政体の本質とは、「法が君主の意志によるものではなく、国家全体の意志、つまり君主と諸国民の意志をあわせて制定される、という点にある。諸国民は議会に送られる代議員を通じてその意志を表明する。議会は諸国民の望み、願望、意見だけでなく、意志を表明するもので、それが立憲政体の本質、基礎である」[230]。

それでは多言語的オーストリアの土壌に立憲制ははたして定着するのだろうか。パラツキーは帝国議会での審議をいくつものことばで進めるのは不可能であり、他方、ある言語に特権を与えることは諸国民の権利を侵害することになる、と指摘する。ところが「ウィーンの人々、ドイツ人たちは言語問題があたかも存在しないかのように振る舞う」。しかし「諸国民の必要とするところは、その教育、歴史的伝統、習慣、職業構成、あるいは地理的な条件によってさまざまである」から、「それぞれ多かれ少なかれ同質なグループに分かれて議会に参集し、たとえば三つ程度の言語で審議を進めれば、諸国民を一同に集めるより、多様な必要性に応じられる」[234]。ここでの連邦制論の骨子は一八四九年の論文とほぼ同じである。ただし連邦制の構成単位についての考え方には大きな変化があった。「基本となるのは言語か歴史か、または地理的状況か、精神的・物質的に必要とされるものの一致によって考えるのか」［234］。この問いについて一八四九年の論文では「思い切ってこのグループを純粋に民族的な基礎の上 na základě čistě etnografickém に設定してみた。そのときはこのような方法は比較的困難が少なく、ほかの方法より諸国民の現実の必要を満足させるものに思えたからである」［235］。

現在のボヘミア議会でも二つの国民が争っているし、ドイツ系の市民はそもそもボヘミア王国に対して歴史的な愛着をもっていない。それにマジャール人がハンガリー王国の歴史的政治的個性を守ろうとするのはマジャール的要素の優位を守るためである。パラツキーはこう述べて一八四九年の提案を正当化した。「多くの人々は、歴史家である私が、なぜこれほどまでに歴史的原則を否定し、オーストリアを諸国民性にグループ分けしようなどという明らかに革命的な行為を勧めるのか理解できなかった。たしかに私の提案は革命と結びついており、オーストリア国家をその根幹から揺るがし崩壊させるばかりだった直前の巨大な暴風があってこそ可能であった」。自分の提案はたしかに「革命的」だったが、その後の国制改革では「革命的、少なくとも歴史的権利を覆そうとする状況や提案が相次いだ」。たとえば「ボヘミアはその国王とともに完全に独立した立法権を維持しており、フェルディナント二世でさえそれを奪おうとしなかった」にもかかわらず、いまやボヘミア王国議会は帝国評議会の下に置かれたのである［235-236］。

革命時の認識と異なって、ここでは「ボヘミアの独立した立法権」の連続性を認めているが、まさにそうしてパラツキーは一八四九年の連邦制論を放棄する。「革命後帝国の地理的・歴史的基礎はふたたび安定し、エトヴェシュ男爵 Etövös József の歴史的政治的個性論は政府にもまた諸国民の大多数にも好意的に受け入れられる一方、一八四九年のわたしの提案は適切でないばかりか、不可能になったことは認めざるをえない」［236］。このころのパラツキーの現実的政治戦略は十月勅令に則って連邦制を実現することにあったが、後にみるように十月勅令はまさに「歴史的政治的個性」論を基礎としていたのである。

第五章は十月勅令と二月令とを比較しながら、二月令が含意する集権制を批判する。彼によれば十月勅令は絶対主義を君主が自発的に放棄し、プラグマティッシェ・ザンクツィオンにかかげられた国家の一体性を守るために、諸国民と君主が共同して相互理解のうえに立法権を行使することを宣言したものである。君主が諸国民との共同立法権を認め、その歴史的権利を認めるなら、集権化ではなく連邦制の方向に向かうべきだった。ところが十月勅令は集権制、二重制、連邦制という相容れないはずの観点からそれぞれに解釈できる余地があったために、実施規定として定められた二月令は集権的性格を示していた。こうして諸領邦から「議会生活が奪われれば国民はやがて犠牲にならざるをえない」[242]。

第六章は当時、ますます有力になりつつあった二重制論に対する反駁である。ただしパラツキーがハンガリー王国の「古い国制」を評価していることは重要である。「ウィーンによる帝国の集権化・平準化の試みは百年続き、王冠諸邦と呼ばれる諸邦の歴史的権利を軽視してきた。それに対する抵抗はハンガリーで最も断固としており、ヨーゼフ二世の死、さらにフランツ一世の統治下でも一貫して続けられた。ハンガリーだけが一八四八年に至るまでその国制と自治を形式だけでなく実質でも守ってきた。ボヘミアその他の諸邦では古い形態、古いタイトル、儀礼は残されたが内実において意味はなかった」[245]。しかも古いハンガリー国制の下では諸国民の権利が最も保障されていた[223]。しかし、今日、ドイツ自由主義者の間でも支持を得つつある二重制論はパラツキーにとっては「帝国全体にとって破滅的なもの、完全な集権化より破滅的なもの」である[246]。それは「二重の集権化」であり、一方でのゲルマン化、他方でのマジャール化という「二重の罪悪」を意味するからである。「(一八六〇年以降進められる)意図的で故意のマジャール化は、オーストリア帝国の身中にできた痛みに満ちた重篤な潰瘍である。もし治癒しなければ体全体の健康と命が損なわれるだろう」[223]。そして二重制に反対しながらパラツキーは帝国の保全を強く訴える。

私たちチェコ人は心よりオーストリアとその一体性の保全を要求する。私たちは自身の力で自らの主権国家を建設することを望めないし、歴史的政治的個性、独自の国民性と教育、自立した生をオーストリア以上によく確保できるところはない。つまり自由で自治的で同権的国制のオーストリアである。[249]

第七章は連邦制論だが、連邦構成単位についての考察が重要である。パラツキーによれば「オーストリア諸邦すべての統治機構の設置については古いハンガリー国制を例とするのが非常に有益である」。ハンガリー国制にはナティオ（政治的参加の権利を持つ貴族社団）と貢納民という身分的差別、県議会が「主権共和国のように振る舞う」傾向など否定的な点もあるが、「ハンガリー国制の核心はそれ自体として健全であり他の諸邦にも例となる」[254]。こうしてパラツキーはハンガリー国制に準拠して連邦構成単位を構想する。「感情と判断力からしてハンガリー王冠諸邦に認められるものを、他の諸邦に否定することはできない。ハンガリー諸邦に領邦行政、教育、司法などを委ねるなら同じように他の諸邦にも委ねるべきである。そうすればオーストリア諸邦すべてに国制の形態の統一がもたらされる」[255]。もちろん「歴史的政治的個性」を主張できる領邦を具体的に設定する課題は残る。「歴史的・地理的・民族的原則・状況にしたがって、オーストリア諸邦をいくつかのグループに分けることが連邦制には必要である。ボヘミア王冠の諸邦、ポーランド、イタリア諸邦についてはそれほどの困難はなかろう。しかしハンガリー王冠の諸邦については長らく論争が続いている……また古オーストリア諸邦にも論争がある。それは一つのグループをなすべきなのか、あるいは特にスロヴェニア地方は合体してふたたびイリリア王国に統合されるべきなのか」[256]。

第三章までパラツキーは、国民を「道徳的・法的人格」として論じ、言語的権利を国民の精神的、文化的、あるいは文明的発展の観点から要求してきた。第四章では立憲主義と諸国民の同権を論じ、言語的権利は多様な諸国民が暮らすオーストリア国家で立憲制を実現する前提であり、連邦制は諸国民が正当にその政治的意志を表明するべき回路であると語った。ここまでの議論には倫理的使命感が満ちて勢いがあるが、諸国民に政治的参加の圏域を設定する、つまり連邦構成単位を構想する段階になると議論は淀み、飛躍も目立つようになる。十月勅令と帝国国制の将来をめぐる同時代の政治闘争のなかで、一八四九年以来の思想的格闘にハンガリー王国を模範とした「歴史的政治的個性」論が接ぎ木されているからである。

最終章の冒頭は一八四八年革命期から三章までの議論をまとめたもので、人民主権・市民的権利の普遍性とその国民主義的外縁の矛盾を論じる。「立憲主義の原則から、諸国民は立法とその実施についてみずからの意志を表明するよう召命されている。しかし集権制と二重制は立憲主義の原則を市民的権利と政治的権利に限定して、国民の権利は恣意的に否定している。市民としては法に対して意志を表明することができるが国民としては自由意志をもたないというのであれば、それは立憲主義の基本思想の真実と両立するのだろうか」[261]。

けれども最終章ではやがてスラヴ主義が主旋律を奏ではじめ、議論は混乱してグロテスクな調子を帯びるようになる。「もしスラヴ人が隷属種族と宣言され、他の二つの国民の支配の具とされるなら、自然はその法のままに反動は避けがたく、国内の平和は不和に変わり、希望は絶望となり、紛争と戦いが生まれるだろう。二重制が宣言される日は、自然の必然から最も望ましくない汎スラヴ主義が誕生する日となり、その代父となるのは二重制の父たちである」[266]。

「フランクフルトへの手紙」ではロシアが「新たな世界帝国」になれば、それは「名づけようもない災い、破局」であり「人道のために深く嘆くべきこと」と記していたが、このころのパラツキーはロシアの「大改革」を高く評価し、ポーランド一月蜂起に対しては批判的であった。ポーランド分割は「ロシア人の目にはただ歴史的正義の実現に見えるだけで、けっして罪、不正ではない」一方、ポーランド蜂起は「自由」を求めるより、「元来ルーシの地」であるこれらの土地の支配をめざしているという[Palacký 1864 a: 195-197]。こうした歴史像はパラツキーが親交を結んだロシアの歴史家ミハイル・ポゴージンの影響を強く受けたものであろう。一八六七年春、パラツキーはF・L・リーゲル František Ladislav Riegerらをともなって、モスクワの「民俗学博覧会」を訪ね、ペテルスブルクでアレクサンドル二世に謁見した。「ロシア巡礼」として知られるこのできごとは、一般にチェコ国民運動の指導者が二重制の実現を牽制しようとしたものと考えられているが、いずれにしても政治的には無意味であった。晩年のパラツキーはチェコ兄弟団とロシアの古儀式派との精神的共通性を指摘するなど、ますますロシアへの共感を深め、スラヴ主義的傾向を強めていった［Palacký 1873: 312］。これはパラツキーの議論全体に一貫する帝国愛国主義からの逸脱であった。こうして「オーストリアの国家理念」は次のような不吉な一文で結ばれる。「（二重制が実現するなら）スラヴ人はオーストリアの行方を率直な痛みをもって、しかし恐れもなく見つめるだろう。私たちはオーストリアの前から存在し、オーストリアの後にも存在するのだから」［Palacký 1865: 266］。

「フランクフルトへの手紙」のなかの「もしオーストリアが存在しなかったとしても、すぐにでもオーストリアを創りあげなければならないのです」という希望に満ちた文と比べれば、この文章の悲壮感は際立ち「諸国民の同権」の夢に敗れた絶望の表明にもみえる(1)。実際、チェコ史学はパラツキーの連邦論を諸国民が共存する枠組みとして高く評価し、ハプスブルク帝国存続の可能性をそこに見出してきた［Kořalka 1996: 233］。またこの種の構想を実現できなかったために帝国は諸国民社会の統治に失敗しやがて解体した、という見方は帝国史研究に広く共有されている。ただし、たしかにパラツキーの国民論には一貫性があるものの、国民社会をハプスブルク帝国の国制のなかで現実の政治プログラムとして表現する試みは驚くほどの変化を遂げていた。国民社会はダイナミックに変化する現象なので、それに対する政治的参加の圏域の配分は時々に変化するのも当然であった。

パラツキーはプラハに赴いた一八二〇年代を回想して、晩年次のように語っている。

プラハで私が訪ねた町の名士の一家にはヨーゼフ二世以前の時代を知る年寄がいて、ドイツ語はほとんど話せなかったが、それでも国民感情とか思想には関心がないか無縁だった。孫たちが彼らと話をするのは一苦労だった。こうして古い世代が消えゆき、新しい世代はチェコ語の外側に生まれ育っていたのである。[Palacký 1873: 260]

その後「目覚め」「よみがえった」チェコ国民を、「諸国民の同権」を実現するハプスブルク帝国の国制のなかに表現すること、これが一八四八年以来のパラツキーの課題であった。ふたたび、ではどのように?

三 「歴史的・政治的個性」

一八六〇年五月、帝国国制改革を準備するために、皇帝の諮問会議である帝国評議会は諸王国・諸領邦の代表を加えて拡大された。「十月勅令」を作成したのはこの「拡大帝国評議会 verstärkte Reichsrat」である。(2) ここにはハンガリー王国をはじめとする諸王国・諸領邦から保守的貴族、企業家たちが新たに指名され、総勢六〇名あまりが参加した。主要な議題は立憲政体の構築、議会の設置であり、なによりもハンガリー王国の地位をめぐる問題だった。

歴史的権利にもとづいてハンガリー王国に自立した地位を求めたのは、ハンガリー保守派貴族のセーチェン伯 Szécsen Antal である。彼はハンガリー王国国制の独自性を「歴史的政治的個性」historisch-politische Individualität と呼び、全体国家のなかでハンガリー王国の権利を主張した。ボヘミア王国から選ばれたハインリヒ(インドジヒ)・ヤロスラフ・クラム＝マルチニッツ伯 Heinrich (Jindřich) Jaroslav Clam-Martinic は、この「歴史的政治的個性」論を援用しながら、評議会ではアルプス諸邦、ガリツィア代表とともに歴史的領邦にもとづく連邦的国制の構築を主張した。彼は歴史的領邦と帝国との関係を次のように述べる。

四肢それぞれが健康と力に恵まれるなら体全体が損なわれ危険にさらされることはない。体の一部が傷つけられ生命と力の髄が脅かされるとき、その傷を癒やす者は体全体を救うのである。……歴史的政治的個性への意識、愛着はハンガリーだけの資産ではない。このような意識と感情は大小を問わずすべてのオーストリア諸邦に固有のものであり、諸国民の心に深く根付いている。［Verhandlungen 1860: 63-66、以下、クラムの発言の出典は同じ］

クラムによれば「歴史的政治的個性」の意識と帝国愛国主義は相互に支え合っている。「領邦とその個性への愛着は団結の感情とわかちがたい。……ある領邦への愛着の意識と感情のなかに、領邦を越えたオーストリア君主国を一体にまとめあげる精神的絆があるのだ」。ナポレオン戦争中の帝国愛国主義は、帝国共通の市民法典がもたらしたものでも、法の下の平等でも集権的な帝国権力でもない。クラムによればそれは「諸国民の団結の黄金の果実である。諸国民は、諸邦の安全と盾、その存在と権利を全体国家に求め見出したのである」。

諸邦を諸国民と読み替えれば、クラムの連邦制論は驚くほどパラツキーの議論と親和的である。セーチェンの「歴史的政治的個性」論はハンガリー国制に特化した議論だが、クラムは帝国を構成するすべての諸邦にこれを認めて連邦化を見通しているからである。一方、クラムは現代的国民性の理念 die moderne Nationalität-Idee には批判的だった。「諸国民の権利、願い、要求を無視し抑圧することは、君主国固有の性格と相容れない。反対に現代の国民性の理念の濫用もまた相容れない。それを徹底して、方言分布にしたがって帝国内の境界を決めるなら、帝国の国境も帝国を構成する諸邦の境界も越えてしまうだろう」。

彼は間違いなく一八四九年のパラツキーの議論を念頭に置いているが、逆にここからはクラムがそもそもパラツキーの連邦制論を借用していることがうかがえる。

十月勅令はセーチェンやクラムが議論を主導した成果であった。パラツキーやリーゲルはそのようにして幕が上げられた立憲政治に対応しなければならなかったのである。一方、領邦議会の政治的権威の強化を求める保守的貴族は貴族社団を越えて、みずからの政治綱領を広く市民層にも訴えかけようとした。一八六〇年九月、クラムらを中心にボヘミアの連邦派貴族はウィーンで日刊紙『祖国』*Vaterland*を創刊したが、ボヘミアでもチェコ国民政治の指導者たちとの協力を模索した。[(3)] 帝国でも、ボヘミア政治のレベルでも両者は互いを必要としていたのである［Kazbunda 1927］。ただし身分制議会とボヘミア王国の歴史的権利の連続性に立脚する「歴史的政治的個性」論をパラツキーやリーゲルの国民主権論、議会制論と調和させることは難しかった。一八四八年革命時のパラツキーは、連邦制、議会政治を新しい帝国建設の文脈で構想し、ボヘミア王国の歴史的権利の連続性を否定的にとらえていたのであった。しかしいまや帝国の連邦化をめざすにあたっては十月勅令を出発点にすることが現実的であった。こうして一八六〇年末、歴史家W・W・トメク Wácslaw Wladivoj Tomek の仲介でクラムとリーゲルの接触が始まり、翌一八六一年一月六日、二人はトメクの家で密かに会談した。

パラツキー、リーゲルらが中心となって創刊した日刊紙『国民新聞』の綱領は、明らかにこの動向を反映している。創刊号の冒頭には新聞の目的が次のように宣言されている。

この新聞の目的はわが国民の政治・社会教育を助け、オーストリア諸国民の連合のなかで、国制上の自立を自ら成し遂げることにある。……私たちは一八六〇年一〇月二〇日の勅書が確実に実現されることを望む。……この勅令は私たちに歴史的権利を保障した。チェコ国民が歴史的正当性をもつ人格であることを表現するのがボヘミアの聖王冠である。古いボヘミア国家の権利も名誉も……すべてボヘミア王冠の地の住民全体に分け隔てなく共有されてきた。この歴史的人格は、……時代によって変化しながら本質を変えず、今日もその権利を確信し要求し、それ

を守る心と意志をもっている。［Program 1861］

綱領は「歴史的政治的個性」論を受け入れて十月勅令による連邦制の実現を政治目標に掲げる一方、「古いボヘミア国家の権利」は「王冠の地の住民全体に共有された」として、身分制にもとづく権利を開放し、人民主権論と接合することを試みている。パラツキーはさらに『チェコ国民の歴史』で論じた古代スラヴ人社会の民主的性格をボヘミア王国議会論につなげてこの議論を補強した。

中世になっても数百年の間、身分的隷属はスラヴ人には知られていなかったことは、スラヴ諸国民の歴史に明らかである。……一八六一年四月一〇日、ボヘミア王国議会でボヘミア貴族のもっとも開明的な指導者たちが声明を発表し、この議会（封建的でなく、新しい基礎に立った議会）を古来のボヘミア議会の末裔、継承者であると認めた。それは新しい変化のなかで歴史的基盤を守るばかりか、直近の過去ではなく、ずっと古い、いわば太古の政治体制への回帰にほかならなかった。［Palacký 1863b: 188-189］

こうしてボヘミア王国の「歴史的政治的個性」はきわめてフィクショナルな古代スラヴの民主制論を媒介としてチェコ国民を描く輪郭線として援用され、チェコ国民の権利を「ボヘミア王国の歴史的権利」として帝国国制のなかに位置づける戦略が姿を整えていった。チェコ国民政治はこのころからすでにクラムらボヘミア貴族との協調を進める老チェコ派と、地域の名望家のネットワークの上により平民的な政治路線を歩む青年チェコ派とにわかれていくが、「歴史的権利」にもとづいてチェコ国民の政治参加の圏域を実現しようという構想は強固に共有された。「道徳的・法的人格」としてのチェコ国民とボヘミア王国の「政治的歴史的個性」はもちろん一致することはなかったが、その矛盾は、ダイナミックに変化する一九世紀後半のハプスブルク帝国社会、チェコ国民社会のなかでくり返される国制改革はもちろん、政治的・文化的現象の細部にまで浸透することになった。

おわりに

「オーストリアの理念」における連邦制論が「歴史的・政治的個性」論に依拠するようになったことについて、T・G・マサリクはこう指摘している。

一八四八年においてパラツキーの目標は民主的であり、とりわけ国民性にもとづいていた。彼の当時の計画ではオーストリアは諸国民の連邦に改編されるべきであり、領邦は純粋に国民的なグループに新たに分けられるべきであった。……この連邦制についてパラツキーの一八六五年の構想は一八四八年革命時とは異なっていた。かつての純粋に国民性にもとづく綱領は革命の産物だと主張し、連邦制を国民だけでなく、歴史的、地理的に基礎づけようとした。オーストリアの連邦制は歴史的・政治的個性の結合となるべきだった。[Masaryk 1912: 27]

マサリクにとって重要だったのは、パラツキーのチェコ国民論がチェコの「宗教改革」の伝統につながること、その倫理的側面であった。政治的・倫理的に鋭く批判していた青年チェコ派、老チェコ派を念頭にマサリクはこう言う。「パラツキーの国法観（státoprávní názory）は、今日、彼の名前で語られる見解とは一致しない」。

「道徳的・法的人格」あるいは「文化的努力の総体」として観念された「チェコ国民」に国制上、具体的な形を与えるために、近世的国制の残滓を人民主権、市民社会の構想に接ぎ木しようすれば必ず矛盾が生じる。パラツキーの宗教的・倫理的な「道徳的・法的人格」としてのチェコ国民論を引き継ぎ、チェコ国民の実存を歴史哲学の上に実証することがマサリクの課題であったから、この矛盾は彼にとっては思想的にも政治的にも二次的なものであった。

一八四八年のパラツキーはフランクフルトに招かれ、帝国政府に閣僚として招聘され、帝国議会で帝国憲法起草を中心的に担った。彼は帝国の次元で活躍し、オーストリア帝国の存在理念について省察を重ねたのであった。一八六〇年代のパラツキーはチェコ国民に国制上の形を与えることを試みたが、諸国民の同権をめざす連邦化論は後景に退き、「ボヘミア王国の歴史的権利」の実現が最大の政治目標になった。「チェコ国民の父」として彼の権威は絶大だったが、それだけにその活動はいっそうチェコ国民社会に自閉していった。それはチェコ国民社会が政治的・社会的にいっそう現実となりつつあったことに対応していたのかもしれない。いずれにせよ「歴史的権利」論を貫徹するために選択された帝国議会ボイコット政策（受動的抵抗）のために、帝国愛国主義者としてのパラツキーの活躍の場は失われた。政治的立場の違いにもかかわらず、彼の国制論的課題はのちにオーストリア社会民主主義者たちに継承されていく。「道徳的・法的人格」としての国民に政治的形を与える挑戦を引き受けたのは彼らであった。

注

（1）シュタイフは「オーストリアの国家理念」について次のように評している。「パラツキーの議論は冗長になりもともとあった道徳的エトスは衰えた。パラツキーは内的な困惑をおそらく自覚していた。この国家の多民族性は近代の市民的政治には解きがたい判じ絵であり、そこで彼の改革案に合意を得ることは難しかったからである。……一八四八／四九年に比べると彼の見解からは歴史的楽観主義が消え、一八六五年には宿命論がこれに代わっている。歴史は、歴史の精神に逆行する者を必ず罰する。この場合は現代文明の理念としての諸国民の同権である」[Štaif 2009: 250, 252]。コジャルカの評価はシュタイフのいう「神話的言説」に統御されているようにみえる。「(「オーストリアの国家理念」は)、熟練の歴史家、政治的観察者が深刻に考え抜いた警告であった。彼は政治的決定に影響力をもたなかったが、それでも黙っていることはできなかった。このままでは中央ヨーロッパ諸国民の共存にとって破滅的な結末が訪れることに戦慄していたからである」[Kořalka 1998: 449]。

(2)「拡大帝国評議会」には新絶対主義期に評議会に参加していた人々に加えて、ハンガリー王国をはじめとする諸王国・諸邦から保守的な人々が任命された。帝国評議会という名称は立憲時代の議会にも引き継がれた。皇帝が帝国議会 Reichstag という語を嫌ったからである。

(3)『祖国』(*Das Vaterland. Zeitschrift für die österreichische Monarchie*)は一八六〇年九月一日に創刊号を発行し、一九一一年まで続いた。カトリック的価値を強調し、ボヘミア諸邦、ガリツィア、アルプス諸邦の保守的な連邦派貴族の政治フォーラムとなった。

文献一覧

篠原琢「ネイションの自然権から歴史的権利へ：フランチシェク・パラツキーのハプスブルク帝国国制論」『歴史学研究』一〇一五号(二〇二一年一〇月)

Kazbunda, Karel, „Otázka české korunovace r. 1861 (Podle nových archivních pramenů povahy úřední), in: *Český časopis historický*, roč.33 ,1927.

Kořalka, Jiří, *Češi v habsburské říši a v Evropě 1815-1914. Sociálně-historické souvislosti vytváření novodobého národa a národnostní otázky v českých zemích*, Praha, Argo, 1996.

Kořalka, Jiří, *František Palacký (1798-1876). Životopis*, Praha, Argo, 1998.

Masaryk, T.G., *Palackého idea národa českého*, Praha, Grosman a Svoboda, 1912.

Palacký, František, „O poměru Čech i Rakouska k říši Německé. Psaní do Frankfurta dne 11. dubna 1848), in: *Františka Palackého Spisy drobné I. Z oboru politiky*, B. Rieger (ed.), Praha, Bursík & Kohout, 1898.(以下、Spisy drobné)「フランクフルト国

民議会とパラツキー（一八四八年）」、『世界史資料』 第六巻、岩波書店、二〇〇七年、一七九頁。

Palacký, František, „O centralizaci a národní rovnoprávnosti v Rakousku", in: *Spisy Drobné*, pp.110-120. *Františka Palackého Spisy drobné I. Z oboru politiky*, B. Rieger (ed.), Praha, Bursík & Kohout, 1898. 初出は *Národní listy*, 21.prosince 1849.

Palacký, František, „Několik otázek časových II. Otázka Polská za naší doby", in: *Spisy drobné*, pp.195-197. 初出は *Národ*, č.44 (5.února), 1864.

Palacký, František, „Několik otázek časových I. O demokratii", in: *Spisy drobné*.

Palacký, František, „Idea státu Rakouského", in: *Spisy drobné*. 初出は日刊紙 *Národ* で一八六五年四月から五月にかけて八回にわたって連載された。ドイツ語版は Franz Palacký, *Oesterreichs Staatsidee*, Prag, Verlag von J.L.Kober, 1866. 以下、引用は *Spisy drobné* による。

Palacký, František, „Doslov", in: *Radhost, Radhost. Sbírka spisůw drobných, III.*, Praha, B. Tempský, 1873.

Program Národních Listů, in: *Národní listy*, 1.ledna 1861.

„Kaiserliches Diplom vom 20. October 1860, zur Regelung der inneren staatsrechtlichen Verhältnisse der Monarchie", in: *Reichs-Gesetz-Blatt für das Kaiserthum Oesterreich*, Jg. 1860, LIV. Stück, 226.

„Die Verfassung der österreichischen Monarchie nebst zwei Beilagen, Grundgesetz über die Reichsvertretung, Landes-Ordnung, Landtagswahlordnung", *Reichs-Gesetz-Blatt für das Kaiserthum Oesterreich*, Jg. 1861, IX. Stück 20.

Verhandlungen des österreichischen verstärkten Reichsrathes, Wien, Friedrich Manz, 1860.

Štaif, Jiří *František Palacký. Život, dílo, mýtus*, Praha, Vyšehrad, 2009.

プラハ造形芸術アカデミーの教授任命問題

中辻　柚珠

近代ハプスブルク君主国史において、教育機関における教授語の問題は重要かつ注目を集めてきたテーマである。とりわけ、初等教育における少数民族学校の建設運動については、研究の蓄積が豊富である［Malíř 1997, 大津留 一九九五：一二七―一五〇、京極 二〇〇六・二〇一〇］。かつてこのテーマの研究は、民族を本質的にとらえ、「ドイツ化からのチェコ人の権利の擁護」という観点から論じられる傾向が強かった[1]［Měchýř 1996］。対して近年では、ナショナル・インディファレンス論で知られるタラ・ザーラの研究を代表として、ナショナリストの規範の要請ないし強制という観点から再検討するものが出てきている［Newerkla 2003, Zahra 2008］。

他方、焦点からこぼれ落ちがちであるのが、教授語が特定の民族言語に規定されない教育機関の存在である。そもそも、シスライタニア（オーストリア＝ハンガリー二重君主国における非ハンガリー王国側）の一八六七年の憲法は、公的教育機関において他の民族言語の習得を強制されることなく、自分の民族言語で教育を受ける権利を保障しており、一九世紀末以降のハプスブルク君主国において、特定の民族言語に規定されない教育機関の存在は稀であった［大津留 一九九五：四二］。ターフェ政権下の一八八二年には、プラハ大学さえドイツ系のカール・フェルディナント大学とチェコ系のカレル・フェルディナント大学に分割された［Havránek 1996］。こうした文脈において、独特の地位にあったのがプラハ造形芸術アカデミーである。

現在も運営を続けるプラハ造形芸術アカデミーは、本稿が扱う二〇世紀転換期の当時からチェコを代表する造形芸術家養成機関であった。愛郷的芸術愛好家協会という貴族中心の団体の庇護下で一七九九年に設立され、一八九六年に国立化された［Kotalík 1979］。本アカデミーは、ハプスブルク君主国解体にいたるまで言語的に分かれず、戦間期においても、当時マイノリティの側であったドイツ系の教員を一定数雇用する規定が設けられたものの、機関自体の分割にはいたらなかった。しかし、本アカデミーにおいても言語的・民族的問題をめぐる論争は確かに展開されていた。本稿では、その議論が本格化する一九〇〇年以降の人事問題に焦点を当てる。

分析にあたり、当時プラハを拠点に活動を展開したチェコ語話者中心のモダニスト芸術家団体「マーネス造形芸術家協会」（以下「マーネス協会」）の資料を主な一次史料とする。本団体には同アカデミーに通う芸術家が多く所属していたこと、また、後述するように会員の一部がアカデミーの教員ともなっていったことから、本アカデミーに最も大きな利害関心を抱いた勢力の一つと言える。また、同時期の一九〇〇年に、当時設立の計画が進められていたプラハ王立近代ギャラリーの運営に関して、購入作品の選定や展示を民族別に分けることに反対するなど、芸術と民族問題の関係性についてもたびたび議論を展開しており、考察に適している［中辻　二〇二一：二六〜三二］。

マーネス協会の主張は時代を追うにつれ変化し、最終的に一九〇八年には「純粋にチェコ的なアカデミー」を求めるにいたる。この点だけをとらえれば、マーネス協会は国内の民族的分化に熱心だったようにみえかねない。しかし、事態はそれほど単純ではなかった。単一の団体の主張を通時的に辿ることで、プラハ芸術界における言語・民族問題をチェコ人・ドイツ人の二項対立ではないかたちでとらえたい。

一　軍事画家ルドルフ・オッテンフェルトの任命（一九〇〇年）

一八九九年、アカデミーの教授であった風景画家ユリウス・マジャークが亡くなり、翌年、軍事画家として知られるドイツ系のルドルフ・オッテンフェルトが新しい教授に任命された。プラハ生まれであるが、チェコ語はあまり喋れなかったとされる［*VS*, roč. 4. 1900: 106］。

先述のとおり、アカデミーの教授語は当時明確に定められていたわけではなく、一人の教員のもとでチェコ系とドイツ系の学生がともに学ぶことが通常であった。誰が何人であるか自体曖昧なものだが、たとえば、亡くなったマジャークの教え子には、「チェコ人」の学生と並んで「ドイツ人」のライムント・ヴォルフやヤン・ケップルがいたという指摘がある［*LN*, 1934/2/16: 3］。このような教育形態は、造形芸術という、言語を介さない事柄を扱う分野だからこそ可能となった側面がある。もっとも、理論系の授業では弊害が生じやすく、限界があった。美術解剖学や透視図法の講義は、かつてはドイツ語で開講されていたが、一八八九年からはチェコ語で開講したうえでドイツ語でも短い講義を行うというかたちをとっていた［*Almanach Akademie výtvarných umění v Praze* 1926: 41］。ただしこれに関しても、そのようにすべきとする学内の規定があったわけではないようである。

さて、オッテンフェルトの任命に関して、チェコの日刊紙から反対の声があがった[2]。たとえば、青年チェコ党系の日刊紙『ナーロドニー・リスティ』は、本人事に決定権をもった教授会のメンバーを次のように非難している。

彼らの各々が、自分たちには芸術的課題に並んで、自らのネイションに対する義務もあるのだということを明らかに忘れている。その義務は、外国の影響力や他のネイションの構成員との友好関係より下に位置づけられるものではない。［*NL*, 1900/2/16: 2］

マーネス協会の機関誌『自由な潮流』もまた、オッテンフェルトの任命に反対した。しかし、マーネス協会自身が明言するように、協会は上記のような日刊紙の論点とは異なる角度でこの問題を批判しており、同時に、種々の日刊紙が依拠した批判の観点にも反対であった。その観点というのがまさしく「ナショナルな／民族的観点 stanovisko národní/národnostní 」である。

議論は『自由な潮流』四巻の一九〇〇年初頭に出された号で展開された〔VS, roč. 4, 1900: 105-109〕。書き手は「編集部」となっている。記事は、「種々の日刊紙でオッテンフェルトに反対する叙述がナショナルな観点 stanovisko národní からなされている」ことを指摘し、そのうえで、そのような考え方には「同意できない」と主張する〔Ibid.: 106〕。

われわれにとっては、こうした重要な事柄において民族的観点 stanovisko národnostní は関係ない。関係あるのは主として、そして何よりも芸術的観点である。われわれは次のことを確信している。チェコ芸術とともにあり、誠実な感覚をもっている人々は皆、この芸術的な側面が何よりも気にかけられているときであれば、声を上げたりはしないだろうと。その結果、あえて外国〔ここではチェコの外を意味する――筆者補〕から誰かが招かれたとしてもそうだろうと〔Ibid.〕。

「民族的観点」は重要ではないと明言するとともに、芸術的観点に適切にもとづくのであれば、外国の芸術家が任命されることも問題ないと主張している。ただし、外国の芸術家の任命については、その後も『自由な潮流』の議論でくり返し論じられているものの、優れたチェコの芸術家がすでにいるのであれば、そうした人物が任命されるにこしたことはないと考えていたようである。もっとも、そこでいうチェコの芸術家とは、土地的意味合いも含むものであった点に注意が必要である。たとえば、オッテンフェルトの任命を「民族的観点」でとらえる国内のメディアの論調を批判する際、「オッテンフェルトがチェコ出身だと公言していること」を反論の根拠の一つにしている〔Ibid.〕。また同時に、オッテンフェルトが教育活動に必要なだけのチェコ語を身につけていないであろうことも認めつつ、「そのようなことは強い意志で補える」としている［Ibid.］。したがって、少なくとも任命時点における教員のチェコ語の運用能力はそれほど問題ではないというのがマーネス協会の見解であった。

しかし、以上の点を踏まえたとしても、マーネス協会にとってオッテンフェルトの任命は避けられるべきことであった。なぜなら、亡くなったマジャークが担当したコースは当時のアカデミーで唯一の風景画のコースで、軍事画を専門とするオッテンフェルトの任命は風景画のコース自体の廃止を意味すると考えられたからである。ゆえに、協会はオッテンフェルトだけでなく、任命を決めた教授会のメンバー、すなわちブロジーク、ヒナイス、ミスルベク、ピルネル、ジェニーシェクらを厳しく非難した［Ibid.］。なお、これらの教員は、いわゆる国民劇場世代を代表する芸術家たちである。この意味で、当時の教授会は一般的にチェコ人とみなされるところの芸術家に偏っていた。

教授会への批判は、その二年前のボフミール・ロウバリーク[3]の任命問題にも及んだ。ロウバリークは一八四五年生まれのプラハ出身の画家で、国民劇場のコンクールで受賞したアレシュとジェニーシェクの図案のいくつかを実際の作品に仕上げる手伝いに従事し、いわゆる国民劇場世代の一員に位置づけられている［Horová (ed.), II 1995: 694］。アカデミーに新たに絵画の準備コースが開設された一八九八年に、そのコースの担当者として助手のポストに就任することとなった［Kotalík a kol. (ed.) 1979: 23］。

『自由な潮流』は、アカデミーの人事で芸術的観点が優先されなかった事例として、ロウバリークのこの一八九八年の就任の事例をあげ、任命当時に沈黙したことへの後悔を述べた［VS, roč. 4, 1900: 106］。マーネス協会のロウバリークに対する評価は、その後彼がアカデミーの准教授 mimořádný profesor になった際にさらに熾烈なものとなる。この点は後述する。

いずれにせよ、国民劇場世代のロウバリークの就任も並べて非難されていることに鑑みれば、やはり協会によるオッテンフェルトの就任への反対は、協会自身が言うように「芸術的観点」に照らした判断として理解されるべきである。彼が「ドイツ人」ないしドイツ語話者であることは、少なくともこの時点で協会にとっては大きな問題ではなかった。

二　二人のモダニスト画家の就任と沈黙

一九〇一年四月、アカデミーの教授であったヴァーツラフ・ブロジークが亡くなり、後任を探す必要が生じた。最終的には、ポストの増設をともないつつ、ウィーンのモダニスト芸術家団体「ハーゲン同盟」の設立者の一人フランツ・ティーレが准教授に、ウィーンで経験を積んだチェコ系画家ハヌシュ・シュヴァイゲルが教授に任命されることとなった［Kotalík a kol. (ed.) 1979: 76］。

最終的な任命までを含め、『自由な潮流』は本件についてほとんど何も言及しなかった。代わりに当時同誌で論じられていたのは、先述のプラハ王立近代ギャラリーの件であった。ギャラリーの件に対するマーネス協会の議論の特徴は、主に二点に分けられる。一つは、ギャラリーの運営を民族別に分けずに両民族協働で行いたいと考えていたこと、もう一つは、協会のこの主張にチェコ系・ドイツ系双方のジャーナリズムだけでなく、ドイツ系芸術家たちも賛同せず、むしろドイツ系芸術家たちが独立した芸術制度の構築をめざしていることに憤りを感じ、その試みを「ナショナリズム」だと非難していたことである［中辻　二〇二一：二六―三二］。当時のプラハにおいて、数のうえのマイノリティはドイツ系の側であったことを忘れるわけにはいかない。しかし他方で、純粋に芸術的問題を扱ううえでなぜ民族の問題を優先しなくてはならないのかという根源的問いは、確かに協会にとって切実なものであった。

この文脈の下で出された論考の一つに、「芸術のなかのナショナリズム Nacionalismus v umění」というものがある。ここで、限定的ではあるがアカデミーの人事の問題も論じられている。なお、この論考が出版された時点では、ティーレとシュヴァイゲルの任命は決まっていなかった。

〔ドイツ語の〕ウィーンの国立アカデミーとは対称的に、〔文化教育省は〕ウトラキズム〔二言語併用主義の意〕のチェコのアカデミーを正しいものとみなしている。ブロジークの後任としてチェコドイツ人[4]を探している。すでに幾度か『自由な潮流』において、われわれはあらゆる問題を常に純粋に芸術的なものとみなすと述べてきたし――それはわれわれを苛立たせるようなものではないだろう――、またそれについて、教授には場合によっては外国の芸術家たちが任命されるようにとも書いてきた。つまり、ドイツ人にせよフランス人にせよスラヴ人にせよ、その芸術的意味において偉大な人物が任命されるようにと。しかし、この問題を、その土地のあちらの種族 kmen に属しているのかこちらかの種族に属しているのかという帰属を基準に解決しようとすること、いわば芸術的観点についてはほんの少しのことしか認めないというようなことは、未来にとって致命的誤りだとわれわれは考えている。しかし、このようにドイツ人側から集中的な働きかけ〔ドイツ系だけの芸術制度構築の試み〕が生じるのであれば、チェコ人の立場の擁護に向けてあらゆる力が結集されるほかない［VS, roč. 5 1900-1901: 239］。〔（ ）内は原文ママ〕

ここでのマーネス協会の立場は両義的である。前節で「ナショナルな／民族的な観点」として論じられていたものは、ここでは「種族」の問題として論じ直されており、いずれにせよ、そのような観点に固執することはアカデミーの人事においてふさわしくないという立場を示している。また、あえて「チェコドイツ人」をアカデミーに就任させようとする文化教育省への疑念自体もそれには矛盾しない。しかし一方で、ウィーンのアカデミーがドイツ語で、プラハのアカデミーがウトラキズム、すなわち二言語併用主義で運営されていることへの指摘には、言語的権利の非対称性への不満が現れていることは否定しがたい。また、「ドイツ人側から集中的な働きかけ」があるのであれば、すなわち、ドイツ人のためだけの独立した芸術機関が要請されるのであれば、「チェコ人の立場の擁護」もめざさざるをえなくなるという。ただし後者の議論は、マーネス協会自身が進んで主張したかったことではなく、ドイツ系芸術家の対応に対してやむなく生じたものであることも無視できない。

以上は後任が確定していなかった頃の議論であるが、一九〇二年のティーレ、シュヴァイゲルの准教授、教授就任について、『自由な潮流』はほとんど何も述べなかった。しかし、この沈黙は協会の無関心を意味するものではない。一九〇二年五月以降、マーネス協会は青年チェコ党系の日刊紙『ナーロドニー・リスティ』との間で激しい論争を展開していた。論争は、チェコ語社会の種々の団体が後援したマーネス協会主催のロダン展の祝賀会において、マーネス協会が出した招待状を発端とした。祝賀会にあたり、チェコ系文化人にはチェコ語の招待状が送られたが、同時に、マーネス協会はドイツ系関係者に向けてドイツ語の招待状も送付していた。このドイツ人宛ての招待状送付が「ナショナルなスキャンダル」を引き起こしたとして、『ナーロドニー・リスティ』は、その送り主であるマーネス協会を糾弾したのである [NL. 1902/5/28: 2][5]。同紙からすると、チェコ人によってフランスの偉大な彫刻家が招かれるという記念すべき行事に、ドイツ人をドイツ語で招待するということは、チェコ系のナショナルな諸団体がこの展覧会に抱いた期待を裏切るものであった。実際、この件が理由で祝賀会への参加を見送るチェコ系関係者が出てきたため、同紙はその参加撤回を取りやめるよう同記事において訴えた。マーネス協会はこの『ナーロドニー・リスティ』の主張を「ナショナルな排外主義」だと論難したが[6]、受けた批判は少なからず協会の円滑な活動の妨げになったに違いない。

そしてティーレの就任が決まった同年秋、『ナーロドニー・リスティ』はティーレの就任自体を非難するとともに、批判の矛先をマーネス協会にまで向けた。なぜなら、当時マーネス協会は、ティーレが代表を務めるウィーンの「ハーゲン同盟」と展覧会を共催する予定であり、ティーレの就任にも反対しないのだろうと目されたからである [NL. 1902/10/2: 2]。加えて同紙は、マーネス協会を擁護するトマーシュ・G・マサリクとの論争のなかで、マーネス協会を

「ウィーン分離派のマーネス・グループ die Manesgruppe der wiener Secession」と形容して、協会のチェコ的性格を否定するような主張さえ展開した［NL, 1902/10/3: 2］。

このように、一九〇二年時点のマーネス協会は、ロダン展の際のドイツ語の招待状の送付やハーゲン同盟との展覧会の共催を理由に『ナーロドニー・リスティ』から非難されていた。このことは、『自由な潮流』が一九〇二年の人事について沈黙していたことと無関係ではないだろう。その背後にある感情が、ジャーナリズムの排外的論調への軽蔑なのか、協会への非難がこれ以上増えることへの警戒心だったのかまではわからない。しかしいずれにせよ、マーネス協会の発言は当時のナショナリストに見逃されずに済むものではなかった。

三　クロアチア系画家ブコヴァッツの就任とチェコ系画家ロウバリークの就任

一九〇三年と一九〇四年に、ドイツ系以外の芸術家が新たにアカデミーの教授会に加わった。本件について『自由な潮流』がどのように論じたかをみることで、アカデミーの人事に関するマーネス協会の見解の主眼がなお「芸術的観点」にあったことを裏づける。

まず一九〇三年、ザグレブ出身のクロアチア系画家ヴラホ・ブコヴァッツがアカデミーの准教授に任命された［Kotalik a kol. 1979: 76］。この件について、当初『自由な潮流』は任命の事実を述べるにとどまっていた［VS, roč. 8 1903-1904: 31］。しかし、一九〇四年に先述のボフミール・ロウバリークがアカデミーの准教授の職位を付与された際、それまでほとんど触れられることのなかった過去の人事についても言及した記事が『自由な潮流』内の「情報と所見」欄で出されることとなった。なお、本記事は「J. L.」という署名付きで書かれたものであるが、本記事の内容は、後述するように当時の日刊紙でマーネス協会の主張としてとらえられるものであったこと、そしてそのこと自体に対するマーネス協会の否定がないことから、マーネス協会の見解に準じるものととらえる。なお、マーネス協会が公式で出している歴代の通常会員一覧を見ると、この時期に在籍していたもののなかに「J．L．」がイニシャルとなるものはおらず、人物の具体的な特定はできなかった〔Kotalík 2014: 160-169〕。

ロウバリークの准教授就任に対する、J．L．なる人物のコメントは次のようなものであった。

ボフミール・ロウバリーク氏が造形芸術アカデミーの〔准〕教授に任命された。――芸術活動について世間に証明できるもののない造形芸術家にこんなにも重要で影響力のある役割が任されるとは、これ以上ないくらいに残念だ。ボフミール・ロウバリークは、八〇年代の芸術家世代に属する。将来に大いに期待がもてたあの世代は、チェコ芸術の再生に貢献する国民劇場の装飾のコンクールに参加した。――これがこの新しい教師について言いうる最も良い点であり、おそらくは彼がポストを得るにいたらしめた主張の最も主だった点でもある。〔VS, roč. 8 1903-1904: 226〕

ロウバリークの評価できる点は、世代的な点にしか見いだせないというわけである。続けて、大衆向け雑誌『黄金のプラハ』に掲載されていた彼の作品について振り返り、それらを「古いチェコの巨匠たち〔の作品〕を怠惰に線でなぞったコピー作品」という表現で非難している。そのような模写中心の活動や、大衆雑誌への挿絵以外に目立った実績がないことが、「芸術活動について世間に証明できるもののない造形芸術家」という評価につながっているようである。

続けて、記事はオッテンフェルト以降の人事についても言及した。

ユリウス・マジャークの死後、アカデミーには――段階を踏んで――オッテンフェルト、ブコヴァツ、ロウバリークが任命された。ティーレについては語るまい。ドイツ人らの要求に応えるかたちで仕事を任されたのだろう。ハヌシュ・シュヴァイゲルの任命だけが、いかにアカデミーの水準がそれ以前の幾年かに逆行して下がっているかを知るすべての者に喜びを与えた。［VS. roč. 8 1903-1904: 226］

初めてティーレの就任が言及されたかたちである。とはいえ、その主張はあまりはっきりしない。シュヴァイゲルの就任を賞賛する主張との対比で、相対的にネガティヴな評価をされていることは理解できるが、芸術家としてのティーレ自身に対する評価は不明瞭である。また、シュヴァイゲルに対比される存在として、クロアチア系のブコヴァツもあがっている。スラヴ人かドイツ人かという対立軸は、この批評のなかには見いだせない。

さて、『自由な潮流』に掲載されたJ．L．による厳しいロウバリーク批判に対し、一九〇四年八月三日付の『ナーロドニー・リスティ』の記事が反論した［NL. 1904/8/3: 2］。それは、「あの芸術家一派が彼に強いた痛ましい恥辱の払拭」を求める「芸術界からの通達」を受けて書かれたものであった。同記事は、J．L．による『自由な潮流』上の記事を「あの芸術家一派」、すなわちマーネス協会という一団体の主張として受け取っていたことがわかる。

記事は、ロウバリークがアカデミーで新たに得た称号は、ロウバリークのそれまでの功績に対する当然の評価であると訴えた［Ibid.］。加えて、今回のロウバリークに対する非難の激しさについて、「近代ギャラリーの分割の際にも、アカデミーにドイツ語しか話せない教授が任命された際にもあの一派から聞こえることがなかったような辛辣な声のトーン」だと嘆いた［Ibid.］。青年チェコ党は、近代ギャラリーが「チェコ民族」だけの機関とならず、「ドイツ民族」も含むものとなったことに不満を覚えていた［NL. 1902/9/27: 2］。対してマーネス協会は、先述のとおりギャラリーの民族別運営に反対していたが、その観点は青年チェコ党とは異なり、「ドイツ民族」との協働を基調としていた［中辻二〇二一：二九―三〇］。近代ギャラリーへのドイツ系の参加や、「ドイツ語しか話せない教授」（ティーレ）の就任に対し、マーネス協会が異論を挟まなかったことは、ナショナリストに確かに記憶されていたのであった。

四　「ドイツ人」ゆえに任命する——ウトラキズム批判へ

一九〇八年発行の『自由な潮流』一二巻において、再びアカデミーの人事の問題が論じられることとなった。ここで、マーネス協会の主張はアカデミーのチェコ語化を求めるものへと急進化する。ただしそれは、それ以前の議論との完全な断絶を意味せず、一定の連続性を有してもいた。

一九〇七年秋以降、プラハのドイツ語の日刊紙『ボヘミア』で報じられたニュースをきっかけに、アカデミーに新たに「ドイツ人教授」が二名就任するという噂が広まった［Čas, 1907/10/13: 6］。新しい二名は、当時アカデミーで開講されていなかった宗教画と版画をそれぞれ担当すると噂された［Ibid.］。これを受け、『自由な潮流』一二巻全体で本件に抗議する記事が立て続けに掲載されたのであった。

まず、第一号の「情報と所見」欄内に一つの論考が掲載された［VS, roč. 12 1908: 38-39］。その論考は、アカデミーのウトラキズム（二言語併用主義）が中途半端なものであると論難する。

アカデミーがウトラキズムを掲げるべきであるならば、決心してやり通さなくてはならない。さらに、ドイツ人学生もチェコの芸術アカデミーで学び、教師らが彼らのことを理解できるようにという意味でウトラキズムが理解されるならば、ウィーンの議員らもこの前提を妥当なものとして扱い、この教義に依拠すべきだ。〔……〕〔しかし、〕実際のところ、〔チェコで〕強いられたのは五〇パーセントのウトラキズムであった。ティーレの際のドイツ系の特別扱いがチェコのアカデミーの規則を破壊したときにはもうそうなっていたのである。［Ibid.: 38］

「ティーレの際のドイツ系の特別扱い」とは、アカデミーの他の教員が二言語併用可能であるのに対し、ティーレだけがドイツ語しか喋れないという状況を指す。したがって、ここでの「五〇パーセントのウトラキズム」とは、かたやチェコ人教員が両言語を用い、かたやドイツ人教員がドイツ語のみを話すという教育形態を認める状況を意味する。先述のとおり、言語的権利の非対称性への不満と思しき発言はすでに以前にもみられたが、それでも教授語の問題がここまで全面的に論じられたのはマーネス協会ではこれが初めてであった。

しかし協会の議論はなお民族の純化をめざすような動きには対立するものであった。同論考は次のようにも述べている。

はっきりと強調しておくが、われわれはウトラキズムではなくチェコ的な芸術アカデミーを欲している。〔……〕ただし、われわれが欲しているのは、チェコの芸術的なアカデミーである。〔……〕教授会は卓越した質を有し、一流の人物から構成されるものでなくてはならない。〔……〕卓越した外国人〔ここではチェコ外の人々を指す〕をそこに送ることは、かえって必要かつ利益に富むことである。その任命がわれわれのチェコの環境に芸術的利益をもたらすことが示される限りは。[Ibid.]

留保付きではあるが、能力あるチェコ人以外の芸術家が教員に任命されることが推奨されている。

また、協会が「民族的な嘆き」を訴えるに至ったことについては、アカデミーの教授会が芸術的観点を投げ出したことにこそ由来すると訴えた。

こうしてウトラキズム化は、これまで進められてきたように、芸術的な脆弱さ・停滞と手に手を取り合って進んでゆくのである。厳格な審査と芸術的指標に照らしていれば、ブコヴァッツとロウバリークだけでなく、ティーレとオッテンフェルトもアカデミーで教鞭を執ることはなかっただろうし、民族的なnárodnostní嘆きにいたる要因もなかっただろう。しかしわれわれは、現在の教授会にはもはやいかなる行動も期待できない。将来においても、その選出はウィーンに決定づけられ、政治的観点に縛られることになるだろう。しかし自らのためにもう一度強調しておきたい。われわれは新しい教授をチェコ的なアカデミーに望む。ただし、それに関してはただ芸術的観点と芸術的指標だけが決定権をもつよう望む。[Ibid.: 39]

『自由な潮流』はその後も「チェコの芸術学校の浄化に向けて」と題した記事を掲載した。そこでは、あらためてウトラキズムがドイツ語だけを優遇するかたちで再解釈されていることが指摘され、このような半端なウトラキズムを脱し、「新しい、純粋にチェコ的なアカデミーの設立」にいたることが求められた［VS. roč. 12 1908: 203-206］。

以上をまとめると、マーネス協会がアカデミーの人事に求めたことは、第一にはやはり「芸術的観点」に違いなかった。それは、もともとは「ナショナルな／民族的観点」あるいは「種族」の問題と対置されて論じられるものであった。しかし、「芸術的観点」の軽視が「ドイツ人」芸術家を「ドイツ人」であるがゆえに任命するという立場に結びついたとき、マーネス協会はアカデミーの純粋なチェコ語化を求めざるをえなかったのである。

マーネス協会の論調の変化は、同時代の他の芸術家たちにも認識されていた。それまでのマーネス協会の立場を知る造形芸術家連盟（以下JVU）[7]とウムニェレツカー・ベセダ（以下UB）[8]は、連名で『ナーロドニー・リスティ』に文書を送り、「ティーレや、後のクラットナーとテシュナーの任命に際して冷静を保っていたような、それどころか（ティーレのときそうであったように）その任命を支持さえしていたような」勢力がアカデミーの「純粋なチェコ性のために熱を上げてきた」としてマーネス協会を揶揄した［NL. 1908/7/19: 3］。

両団体のマーネス協会への批判は、同時期にフランツ・ヨーゼフ即位六〇周年に合わせて計画されたチェコ諸邦の芸術の回顧展〔Štěpánová〕への参加をマーネス協会が見送ったことにも由来した。マーネス協会の考えでは、その開催場所のルドルフィヌムは以前から芸術的に衰退しており、「いかなる基準も抜きに最大限さまざまな作者を一か所に集める」だけの場であった［VS. roč. 12 1908: 160］。ゆえに、このプラハでの六〇周年記念行事に参加する代わりに、マーネス協会はウィーンの「ハーゲン同盟」が企画する展覧会にクラクフの団体「芸術」と一緒に参加することを選んだ(9)。このハーゲン同盟の展覧会もまた、皇帝即位六〇周年を記念するものであった。

ＪＶＵとＵＢは上述の抗議文において、マーネス協会がルドルフィヌムでの回顧展をボイコットし、「われわれの「お友達」であるドイツ人らと連携することのほうを望み、記念行事への自らの忠誠心を示しにウィーンのハーゲン同盟のところへ行った」ことを非難した［NL. 1908/7/19: 3］。

これに対し、マーネス協会は「オーストリアのドイツ人に対するスラヴ芸術の「数量的・価値的優位性を示すこと」」を求めてハーゲン同盟と展覧会を開くのだと反駁した［VS. roč. 12 1908: 210］。ハーゲン同盟がウィーンの団体であることからして言うまでもないが、この発言は「ドイツ人」に対する嫌悪を表明するものではない。ＪＶＵとＵＢの批判は、マーネス協会が「ドイツ人」と展覧会を共催することに向けられていたが、マーネス協会にとっては、民族的帰属の異なる者同士の交流は何ら否定されるべきものではなかった。同じ文章において、マーネス協会は、「まさに誇りをもって言うが、われわれは、政争や妥協ではなく、芸術的真実への関心が問題となる場面においては、ドイツ人と協働することに反対したことなど一度もなかった」と述べ、マーネス協会と「芸術」との共催において、ハーゲン同盟が「ともに暮らす市民たちのショーヴィニズムの声に立ち向かい、ウィーンで最初のチェコの造形芸術展を開催する勇気をもっていた」ことを高く評価している［Ibid.］。協会内の論調が変わったとはいっても、それ以前の発言からすべてが断絶されたわけではなかった。むしろ、純粋な芸術性の追求という点において、協会の立場は一貫していた。

一九一〇年、チェコ系芸術家に位置づけられるヤン・コチェラとマクス・シュヴァビンスキー、そしてドイツ系に位置づけられるカール・クラットナーとアウグスト・ブレームスがアカデミーの新たな教員に任命された［Čas, 1910/9/30: 5］。四人の教員のうち、コチェラとシュヴァビンスキーはマーネス協会の会員であり、また、シュヴァビンスキーは『自由な潮流』一二巻の編集委員でもあった。

この決定までに、マーネス協会と文化教育省や政治家たちの間でどのようなやり取りがあったのかは現在のところ不明である。『自由な潮流』はこの件に関してシュヴァビンスキーとコチェラの就任のみを報告し、その後は再び口を噤んでしまっている［VS, roč. 15 1911: 30］。

一九〇〇年からの約一〇年に及ぶマーネス協会の芸術アカデミーに対する議論の展開は、マーネス協会の言語＝民族的権利の要求よりは、言語＝民族的規範に翻弄されることの葛藤のほうをより物語っているように思われる。「ドイツ人とチェコ人の闘争」の二項対立を超えた民族問題の把握が今後求められる。

注

（1）なお、民族の本質主義的理解には慎重な態度を示しつつも、言語問題をチェコ人の権利の擁護に大きな比重を置いて理解し、結果チェコ人とドイツ人の二項対立に終始する論調は近年の著作にも見られる［Hlavačka a kol. 2016］。

（2）複数の日刊紙で批判の声があがったことについては『自由な潮流』が指摘している。具体的にどれだけの記事があったのかは不明であるが、少なくとも『ナーロドニー・リスティ』に記事があることは確認できた［NL, 1900/2/16: 2］。

（3）文献によっては Bohumír Roubalík という表記がなされているが［Horová (ed.), II 1995: 694］、『自由な潮流』では Bohumil Roubalík という表記が用いられている。本稿では便宜上、前者の発音に合わせた「ボフミール・ロウバリーク」の表記で統一する。

（4）本稿では一律に český を「チェコの」、Čechy を「チェコ」と表記したため、čechoněmec も「チェコドイツ人」という表記にしたが、ここで意味するのは一般的に「ボヘミアドイツ人」と呼ばれるところのものである。

（5）ロダン展については別稿で再度論じる予定のため、ここでは詳細は割愛する。

（6）『自由な潮流』六巻九号の付録として書かれており、ページ数はない。

（7）一八九八年にウムニェレツカー・ベセダから分離して結成された造形芸術家団体。初期の会員には、国民劇場世代として有名な画家ミコラーシュ・アレシュや彫刻家ヨゼフ・ヴァーツラフ・ミスルベクのほか、後に《スラヴ叙事詩》を制作することとなる画家アルフォンス・ムハ（ミュシャ）がいる［Horová (ed.), I 1995: 318-319］。

（8）一八六三年設立の芸術家団体。音楽、文学、造形芸術の三部門で構成されており、同様の三部門構成をもった一八七一年設立のドイツ系の芸術家団体コンコルディアと対の関係にあった［Horová (ed.), II 1995: 878］。

（9）同展覧会については、ドイツ語のカタログが出版されている［*25. Ausstellung des Künstlerbundes Hagen: Katalog der Kaiser-Huldigungs-Ausstellung* 1908］。

文献一覧

新聞・雑誌・同時代資料

Čas

Lidové noviny (LN)

Národní listy (NL)

Volné směry (VS)

25. Ausstellung des Künstlerbundes Hagen: Katalog der Kaiser-Huldigungs-Ausstellung ; Hagenbund - Manes – Sztuka, Verlag des Künstlerbundes Hagen, 1908.

研究文献

大津留厚『ハプスブルクの実験――多文化共存を目指して』中公新書、一九九五年、一二七―一五〇頁

京極俊明「「ブルノ学校協会（Matice školská v Brně）」による「少数民族学校」建設運動（一八七七～一八八九）」『東欧史研究』二八、二〇〇六年、四五―六四頁

京極俊明「二重帝国期のオーストリアにおける言語境界地域での初等教育と民族問題――イヴァンチツェ市におけるドイツ系少数民族学校の建設問題より」『歴史学研究』八七四、二〇一〇年、一―一一頁

中辻柚珠「二〇世紀転換期プラハにおける芸術界とナショナリズム――マーネス造形芸術家協会を中心に」『史林』一〇四、六、二〇二一年、一―三五頁

Almanach Akademie výtvarných umění v Praze. K stodvavátémupátému výročí založení ústavu, Praha: Akademie výtvarných umění v Praze, 1926.

Havránek, Jan, „Budování české univerzity a její působení jako centra české vzdělanosti (1882-1918)“, Jan Havránek (ed.), *Dějiny Univerzity Karlovy III, 1802-1918*, Univerzita Karlova, 1996, s. 183-206.

Hlavačka, Milan a kol., „Proměny korektivní identity: Národ, jazyk a veřejnost“, Milan Hlavačka a kol., *České země v 19. století: Proměny společnosti v moderní době*, II, Historický ústav AV ČR, 2016, s. 9-133.

Horová, Anděla (ed.), *Nová encyklopedie českého výtvarného umění*, I, II, Praha: Academia, 1995.

Kotalík, Jiří a kol. (ed.), *Almanach Akademie výtvarných umění v Praze: k 180. výročí založení (1799-1979)*. Akademie výtvarných umění v Praze ve spolupráci s Národní galerií v Praze, 1979.

Kotalík, Jiří, *Spolek výtvarných umělců Mánes. Zámek Holešov 2014*, Spolek výtvarných umělců Mánes, 2014.

Malíř, Jiří, „Od jazykové rovnoprávnosti k národnostnímu rozdělení: K jazykové otázce na Moravě v letech 1848-1918“, *Dějiny a současnost*, 6, 1997, s. 12-16.

Měchýř, Jan, „České menšinové školství v Čechách 1867-1914“, Zdeněk Kárník (ed.), *Sborník k problematice multietnicity: České země jako multietnická společnost: Češi, Němci a Židé ve společenském životě českých zemí 1848-1918*, Filozofická fakulta Univerzity Karlovy, 1996, s. 67-84.

Newerkla, Stefan „Habsburská jazyková politika a diglosie v Čechách“, Bohemistyka, 3, 1, 2003, s. 1-32.

Štěpánová, Tereza, „Jubilejní výstava Krasoumné Jednoty“, https://databazevystav.udu.cas.cz/cz/detail/jubilejni-vystava-krasoumne-jednoty（最終閲覧日：二〇二四年七月二七日）

Zahra, Tara, *Kidnapped Souls: National Indifference and the Battle for Children in the Bohemian Lands, 1900-1948*, Cornell University Press, 2008.

死者の「国民化」
――チェルノヴァー事件の解釈をめぐって――

井出　匠

一九〇七年一〇月二七日（日曜日）の朝方のことである。ハンガリー王国の北部地方（上部地方）に位置するリプトウ県（Liptov/Liptó：以下、地名についてはスロヴァキア語／ハンガリー語の順で原語を併記する）のチェルノヴァー（Černová/Csernova）という小集落で、当日予定されていた教会堂の聖別式を実力で阻止しようとして集まった現地住民に憲兵隊が発砲し、多数の死傷者を出す事件が発生した。なかば偶発的に生じたこの惨劇の要因については、その発生直後からさまざまな政治的立場の新聞によって論じられたが、そのいずれもが、それをスロヴァキア国民主義[1]に関連づけて説明する点において一致していた。本章ではまず、それらの議論に共通してみられる、事件についての国民主義的な解釈の特徴を比較検証する（第一節）。つぎに、そうした支配的な解釈枠組みにたいするオルタナティヴとして、教区教会の自治的運営をめぐる問題に光をあてる（第二節）。そのうえで、その後の時期に国民主義的解釈が浸透していった背景について、死者の「国民化」という観点から考察する（第三節）。

一　チェルノヴァー事件の国民主義的解釈

1　行政当局の見解

はじめに、チェルノヴァー事件の具体的な状況について、リプトウ県行政当局の公式見解を紹介しておきたい。事件発生翌日の一〇月二八日に同県の副県令が内務大臣あてに送った報告によれば、その経緯は以下のとおりであった[SNA UMV, kart. 12, i. č. 76]。

リプトウ県西部の都市ルジョムベロク（Ružomberok/Rózsahegy）の教区司祭A・フリンカは、同教区に属する近郊の集落チェルノヴァーの出身であり、彼の主導により、同地に新たな教会堂（**写真1**）が建設された。この教会堂の聖別式は一九〇七年秋に予定されており、チェルノヴァーの住民（大部分がローマ・カトリック信徒）はフリンカがそれを執りおこなうことを期待していた。しかし彼は、その精力的な政治活動を問題視したスピシ（Spiš/Szepes）司教S・パールヴィにより、この前年に聖務停止命令を受けており、そのため聖別式に出席できない状況であった。そこで住民たちは、ひとまず司教自身による聖別を要請したが、司教はこれを拒否した。そして、フリンカの前任の教区司祭であった司教座聖堂参事会員A・クリムスキーに聖別式の挙行を委任したうえで、その期日

写真1　チェルノヴァーの教会堂
（聖処女マリア教会：2023年筆者撮影）

を一〇月二七日と定めた。もとよりフリンカによる聖別を希望するチェルノヴァー住民は、彼にたいする聖務停止措置の撤回を求めたが、司教にはその意思がないことが明らかとなった。さらに聖別式の期日まで定められたことに反発を強めた住民たちは、その妨害を画策するようになった。聖別式の当日、クリムスキーが最終的にチェルノヴァー訪問を断念したため、彼の代わりに聖別式の挙行を委任されたリプトウ県リスコヴァー（Lisková/Liszkófalu）の司祭M・パズーリクが、式の延期を決定した。そして彼は、この決定をチェルノヴァー住民に伝え、不穏な空気を鎮静化させる目的で、ルジョムベロクでフリンカの代理司祭を務めていたJ・フィッシャー、郡判事のZ・ペレスレーニらをともない、憲兵隊に護衛されてチェルノヴァーに赴いた。しかし、一行を乗せた数台の馬車が集落の入口に差しかかったところで、そこに集まった大勢の住民に行く手を阻まれた。そして、群衆から一行にたいして投石がなされたのに加え、おそらく威嚇する目的で銃弾が発せられた。憲兵隊は群衆を解散させるべく、空中に向けて威嚇射撃を行ったが、人々はかえって激昂し、憲兵隊のほうに迫ってきた。そこで憲兵隊は自衛のための発砲を余儀なくされ、その結果九名がその場で死亡したほか、一五名が負傷し、うち三名が翌日までに死亡した（最終的な死亡者数は一五名に達した）。

翌年三月に実施された刑事裁判（後述）におけるパズーリクの証言によれば、彼がチェルノヴァーを訪問したのは、聖別式の延期を住民に伝えるためではなく、フリンカの私信による容認を踏まえ、式を挙行するためであったという［NN, r. 39 (1908), č. 31: 2］。いずれにせよ、住民たちがパズーリク一行の来訪目的を聖別式の強行であると認識し、これを実力で阻止しようとしたことは確かである。では、住民たちのこの行動の背後には、はたしてどのような動機が存在したのだろうか。これについて前述の副県令報告は、「チェルノヴァーにおける大規模な騒擾は（……）フリンカとスロヴァキア民族(2)の新聞による破廉恥な扇動の必然的結果にほかならない」と述べている［SNA UMV, kart. 12, i. č. 76］。すなわちここでは、住民たちの行動は、ハンガリー王国の統治理念に異議を唱えるフリンカからのスロヴァキア国民主義に直接影響されたものである、という見方が示されているのである。以下ではこの点について、各種新聞における議論を確認していく。

2　スロヴァキア国民主義派新聞の見解

まず、スロヴァキア国民主義派の新聞からみてみたい。彼らの拠点であったトゥリエツ県のトゥルチアンスキ＝スヴェティー＝マルティンにおいて週三回発行され、購読部数は五〇〇程度と少ないながらも国民主義派のなかでは重きをなしていた『国民新聞』Národnie noviny は、事件翌日の一〇月二八日に、「チェルノヴァーの虐殺」と題する号外を出した［*NN*, r. 38 (1907), č. 127: 1］。そこでは「いまや国民 národ は銃弾で根こそぎにされはじめ」、「ハンガリー化はその最高の勝利を祝している」と述べられており、同紙がこの事件をハンガリー王国における「スロヴァキア国民」の抑圧の極点に位置づけていることがわかる。さらに同月三一日号に掲載された論説は、憲兵隊に発砲命令を下したとされる郡判事ペレスレーニについて、その年の七月にルジョムベロクに異動してきたばかりの、スロヴァキア語をまったく解さない「よそ者のハンガリー人」であり、「チェルノヴァーにおけるこのおぞましい出来事は、〔外部から〕リプトウに投入されたハンガリー人によって引き起こされたのである」としている［*NN*, r. 38 (1907), č. 129: 3］。

同じくスロヴァキア国民主義派の週刊新聞である『人民新聞』Ľudové noviny は、一一月一日号第一面の「チェルノヴァーにおけるパールヴィの犠牲者へ！」と題する追悼記事のなかで「はるかのちの世代が、（……）〝**我々のこのスロヴァキア語のために！**〟という〔スロヴァキア国民主義の〕スローガンにたいする、あなたたちの忠節を語り伝えるだろう」（強調は原文）と書いた［*ĽN*, r. 58 (1907), č. 44: 1］。また、これと同じ号の「チェルノヴァーの教会の血塗られた聖別式」と題する記事は、事件における死者について、「その死のあとに、神によって与えられたスロヴァキア語の権利がつづく」、「その血をもって、スロヴァキア国民の自由という至宝を購った」と述べている［Ibid.: 2］。さらに、同じく『人民新聞』の一一月一五日号の記事「チェルノヴァーの殺人」では、「今なすべきは、（……）〔犠牲となった〕一四名のチェルノヴァー住民が、罪なきままに、スロヴァキア国民への愛と父祖の信仰ゆえに、自らの命を、生の未知なる運命の祭壇に捧げたという事実を、世界に知らしめることである」と述べられている［*ĽN*, r. 58 (1907), č. 46: 3］。

このようにこれらの新聞には、事件における死傷者を、かれらが構想する「スロヴァキア国民」という集合的主体のなかに取り込もうとする明白な意図が認められる。それによれば、チェルノヴァーの住民たちは、地元出身の教区司祭にして国民主義の唱導者であるフリンカによる教会堂の聖別が拒否されたことに抗議し、実力行動に訴えた。そしてこのことが、「ハンガリー人」当局者の武力行使により、多くの死傷者を出す結果につながった。それゆえ彼らは、「スロヴァキア国民」の権利要求にたいする統治権力による暴力的弾圧の、尊い犠牲者にほかならないとされるのである。では、これとは異なる政治的立場からの、事件にたいする見方はどのようなものであったのだろうか。以下で検証していく。

3　カトリック人民党機関紙および主要ハンガリー語紙の見解

当時の北部ハンガリーにおいて、スロヴァキア国民主義派と対立関係にあった政治勢力の一つが、カトリック人民党である。同党は、自由党政府が進めた世俗化政策（民事婚の導入など）に反対するカトリック勢力により、一八九四年に結成された。その後、自由主義や大資本による圧力からの農民・労働者・小規模自営業者の保護（社会的カトリシズム）を掲げて、おもに北部ハンガリーにおいて支持を拡大していった。その当初のプログラムには言語的少数派の権利擁護が含まれており、それゆえ一九〇一年のハンガリー王国議会選挙にさいしては、同党とスロヴァキア国民主義派との協力関係が成立した。しかしその後、同党は自由党に対抗するために、より強硬なハンガリー国民主義を掲げる独立党とともに野党連合を形成した。その結果、スロヴァキア国民主義派との協力は解消された［井出　二〇一五：

六]。

早くから社会的カトリシズムに傾倒していたフリンカは、このカトリック人民党の活動家として政治的キャリアをスタートさせた。しかし前述の経緯から、一九〇五年に同党を離脱し、その後はリプトウ県におけるスロヴァキア国民主義派の中心的存在として頭角を現していった。翌一九〇六年四月に実施された王国議会選挙において、国民主義派の医師V・シロバールがルジョムベロク選挙区から立候補したさいには、彼の友人でもあるフリンカが選挙運動を取り仕切ることとなった。一方で前述のパズーリクは、シロバールの対立候補であるカトリック人民党のÖ・ベニツキーを支援していた。選挙はベニツキーの勝利に終わり、フリンカは同年六月にシロバールおよびその支持者たちとともに扇動罪で逮捕され、同年一一月の裁判で有罪となった。また同年五月には、フリンカにたいする前述の聖務停止命令が司教パールヴィにより下されている[井出 二〇一五：一四―一五]。チェルノヴァー事件は、フリンカをめぐるこうした政治状況のさなかで発生したのである。

カトリック人民党は、北部ハンガリーでの支持拡大のためにスロヴァキア語の週刊新聞『キリスト教徒』Krestanを発行し、同党を支持する聖職者などを介してその普及に努めていた。同紙一九〇七年一一月二日号の「チェルノヴァーにおける流血の反抗」と題する論説は、チェルノヴァー事件に関して、「カトリックの民衆が自らの聖職者たちに反抗し、銃を手にして世俗権力の代理人たちに手向かったのである！」と述べている[*Krestan*, r. 14 (1907), č. 44: 1]。すなわちここでは、憲兵隊の発砲を招いた責任は、暴徒化した住民の側にあるとされたのである。また、同年一一月一六日号の「誰が原因か？」と題する記事は、「チェルノヴァーで行われた殺人の原因は、盲目的な国民主義勢力の狂信以外の何物でもない」と述べ、『人民新聞』などスロヴァキア国民主義派の新聞による「扇動」が住民たちに及ぼした影響を強調している[*Krestan*, r. 14 (1907), č. 46: 3]。このように『キリスト教徒』の記事は、憲兵隊による発砲は住民側からの攻撃への不可避の対応であったとしつつ、住民たちの暴力行為の要因をスロヴァキア国民主義への傾倒に求めており、この点で行政当局の見方を踏襲するものとなっている。

これと同様の見解を、首都ブダペシュトで発行される主要なハンガリー語新聞も示している。たとえば、当時ハンガリー王国における有力紙の一つであった『ペシュト新聞』*Pesti Hírlap* 一九〇七年一〇月二九日号の、「流血の教会聖別式」と題する記事は、チェルノヴァー事件を「上部地方のパンスラヴ扇動〔スロヴァキア国民主義を指す―注2参照〕の、最新の恐るべき結果である」として、前述のベニツキーが事件について王国議会で行った説明を紹介している。それによれば、住民たちが憲兵隊に発した「ハンガリーの犬め！」などといった暴言が、「チェルノヴァーの、完全にパンスラヴ扇動の影響下にあるスロヴァキア人住民が、いかに狂信的でハンガリー人を憎んでいるか」を示しているという［*PH*. 1907, október 29.: 9-10］。また、保守系の有力紙『ブダペシュト新聞』*Budapesti Hírlap* 一九〇七年一〇月三〇日号は、事件発生翌日にチェルノヴァーに派遣された同紙の通信員による「チェルノヴァーの暴動」と題する記事を掲載し、そのなかで彼と住民たちとの次のようなやりとりを紹介している。

「あなた方は、なぜこのような恐ろしいことをしたのですか?」と私〔記事の筆者〕はそこに居合わせた一団に尋ねた。

「**我々の言語と信仰、ハンガリー人たちが我々から奪い去ろうとしているもののためだよ。**主キリストが苦しんだように、我々もまた自分たちの真実のために苦しむのだ」〔と彼らは答えた〕。

これは、フリンカのよく知られたフレーズである。［*BH*. 1907, október 30.: 9］〔強調は原文〕

このように、これらの記事もまた行政当局の見方にしたがって、住民側の「暴動」が憲兵隊の発砲を招いたとしつつ、その背景にフリンカらによるスロヴァキア国民主義の影響があることを示唆している。

こうして、カトリック人民党の『キリスト教徒』や首都発行の主要なハンガリー語紙は、フリンカのもとでスロヴァキア国民主義に感化された住民たちによる、反ハンガリー的性格を帯びた暴力行為こそが、チェルノヴァー事件の要因であると指摘した。ここには、ハンガリー王国の公式理念である「ハンガリー国民」の単一不可分性を脅かす「パンスラヴ扇動」(スロヴァキア国民主義)と、行政当局者にたいする暴力的反抗を直接結びつけることによって、これを国民主義派の封じ込めに利用しようとする統治権力側の意図が、そのまま反映されているといえる。これについて、ハンガリー社会民主党のスロヴァキア語月刊紙『前進』*Napred* 一九〇七年一一月号の論説は、「ハンガリーでは、その内部で資産家たちの特権が永久に保護されるような、単一国民国家 jednotný národný štát が求められている。国内で行動し、民衆の権利を要求する者は、その存在自体が資産家たちの不公正な国家を脅かすがゆえに、祖国の裏切り者とされるのである」と指摘している [*Napred*, r. 2 (1907), č. 2: 1]。こうしてみると、結果として死傷者を出した衝突の責任の所在をめぐって、スロヴァキア国民主義派の新聞と行政当局寄りの新聞の見解は真っ向から対立しているにもかかわらず、住民たちの行動の要因としてスロヴァキア国民主義の影響を強調する点、あるいは事件の性格を「国民」をめぐる政治の問題として提示するという点において、両者は一致しているといえる。すなわちここには、チェルノヴァー事件をめぐる〝異榻《とう》同夢〟——衝突の責任問題については見解を異にする論者が、事件に関する国民主義的な解釈の枠組みは共有しているという、錯綜した関係を見いだしうるのである。

それでは、フリンカ以外の聖職者による聖別を阻止しようとしたチェルノヴァー住民の行動は、じっさいに国民主義的な信念あるいは「スロヴァキア国民」としての権利意識にもとづくものであったのだろうか。じつのところ、この点を確実に示すような証拠——特に当事者である住民側から提示されたもの——は、ほとんど存在しないのである。そうであるならば、住民たちの行動の要因として、これとは別の可能性を探っていく必要があるだろう。次節では、この点を検証していく。

二　チェルノヴァー事件と教会自治をめぐる問題

チェルノヴァー事件の発生後ほどなくして、騒擾に参加したとされる住民五九名が、行政当局にたいする暴力的反抗および個人にたいする暴力行為の罪で起訴された。その大半を農民および工場労働者（ルジョムベロク近郊の繊維工場の従業員）が占め、半数近くが女性であった［SNA FAH, i. č. 855, Obžalobný spis a súdne predpisy černovského procesu］。彼らを被告とする裁判は、翌一九〇八年三月二日から一〇日にかけてルジョムベロクの地方裁判所において実施され、その模様は主要なハンガリー語新聞やスロヴァキア国民主義派の『国民新聞』において詳細に報じられた。その内容は、検察による起訴状および起訴理由、被告人および関係者の証言、弁護人の弁論などを含むものである。それらから得られる情報をもとに、事件にかかわる住民の行動を検証するならば、そこに浮かび上がってくるのは、前節でみたような国民主義的な解釈の枠組みには必ずしも回収しえない側面である。以下では、この点をみていきたい。

ここでまず言及しておく必要があるのは、チェルノヴァーで教会堂が建設された経緯である。これについては、起訴された住民の一人で、当時四三歳であったS・カリアルという人物が残した手記にやや詳しく述べられている［SNA FAH, i. č. 970, Poznámky Štefana Kaljara: Krvavá posviacka kostola v Černovej］。それによると、ルジョムベロク教区に属するチェルノヴァーにはもともと小さな礼拝堂があったが、集落の住民を収容しきれなくなったため、教区司祭であったフリンカの主導のもと、より大きな教会堂を新設することとなった。建設工事は一九〇六年四月に開始され、その費用は祭壇・鐘・ベンチ・旗などの内装や備品を含めて八万コルナ以上と見積もられた。当初は、そのうち二万コルナをルジョムベロク市が援助する約束であったが、前述の王国議会選挙でフリンカに敵対した市の当局者がこれを拒否したため、チェルノヴァー住民は自力ですべての建設費用を捻出しなくてはならなくなった。そこで、フリンカ自身や住民による寄付に加え、フリンカが『人民新聞』で募金を呼びかけるなどして［ĽN, r. 58 (1907), č. 13: 5-6］、どうにかこれを賄った。その結果、教会堂は一九〇七年の夏に完成し、その聖別が待たれるのみとなった。

そこから事件にいたるおおよその経緯については、第一節ですでに述べた。ここで問題となるのは、チェルノヴァー住民がフリンカによる聖別に強くこだわったのはなぜなのか、という点である。もちろんフリンカは地元出身の教区司祭であり、その彼が教会堂の建設事業を主導したこと、また精力的な社会活動により人望を集めていたことは、その大きな理由であったといえる。ただ、これに加えて考慮に入れるべきは、自分たちが属する教会の運営のあり方についての、住民たちの認識である。それについては、前述の裁判におけるいくつかの証言のなかに端的に示されているので、以下ではそれらを取り上げてみたい。

裁判に出廷した被告人の大多数が、フリンカが出席しない聖別式を望まないゆえにその阻止を試みたと供述するなかで、その一人であるカリアル（前述）は、さらに次のように述べた。――住民たちは、教会堂は自分たちの資産であり、教区民が望んだ日に聖別されるべきであると考えていた。それにもかかわらず、司教が住民たちに知らせないまま勝手に聖別式の日取りを決めたので、彼らは憤激した――［NN, r. 39 (1908), č. 28: 2］。また、同じく被告人のK・レメニョヴァーという女性の供述によれば、住民たちが聖別式を阻止するために教会堂から持ちだした祭服と旗を憲兵隊が発見したさい、彼女は憲兵隊にたいして、「それらの品は教会〔組織〕ではなく住民たちの資産であるから、彼らに返すように」求めた［NN, r. 39 (1908), č. 29: 2-3］。一方、証人として出廷したパズーリクは、次のように証言している。――教会堂の聖別式に先立ち、その維持費をチェルノヴァーの住民が賄うという確約がなされる必要があった。住民たちの代表は、確約書に署名するためにルジョムベロクの市庁舎を訪れたが、教会保護権 patronát が司教に属するとされた点を不満として、署名を拒否した。住民たちは、教会堂の建設費と維持費を賄う自分たちこそが、教会保護権を保持すべきであると主張した。住民たちはさらに、教区司祭であるフリンカの聖務停止を解除し、彼に聖別式を挙行させるように要求した――［*NN*. r. 39 (1908), č. 31:2］。さらにルジョムベロクの警察署長B・クロネルも、チェルノヴァーの住民たちが、「自分たちが教会保護権を保持しフリンカが聖別式を挙行する場合に限り、確約書に署名する」と宣言したと証言している［*NN*. r. 39 (1908), č. 31:3］。そして、パズーリクのチェルノヴァー訪問に同行した司祭フィッシャーの証言によれば、住民たちがチェルノヴァーの教会保護権を要求したのは、フリンカの助言によるものに違いなく、そうした状況のもとで、彼らは教会堂の維持費を自分たちで賄うつもりでいたという［*Pesti Napló*, 1908, március 5.: 15］。

以上の証言から浮かび上がってくるのは、次の事実である――教会堂の建設・維持費をみずから負担することとなった住民たちは、それを自身の「資産」であるとみなし、それゆえ自分たちこそが教会保護権を保持すべきであると考えるようになった。ここで問題とされている教会保護権とは、教区の設置および教会施設の建設・維持に出資する者にたいして与えられる、教区聖職者を選任する権利である。(3) ルジョムベロクは一三一八年以来これを保持してきたが、一八〇〇年以降はその権利が部分的に制限され、教区司祭はスピシ司教が推挙した三名の候補者のなかから市の委員会において選出されるようになった［Svrček　2009: 166］。いずれにせよ、ルジョムベロク教区に属するチェルノヴァーの教会堂の保護権は、ほんらい司教ではなくルジョムベロク市が有するはずのものであった。ところがチェルノヴァーの住民たちは、前述の経緯からむしろ自分たちがそれを取得すべきであると主張し、それゆえ彼らにとっては外部の権力にほかならない司教によって派遣された聖職者による聖別を拒否したものと考えられる。そこにはフリンカの助言があったともされるが、じっさいに彼は一八九九年に偽名で執筆した『ハンガリー王国におけるカトリック自治』と題する小冊子のなかで、国王や司教、貴族ではなく唯一「人民」ľud のみが教会保護権を保持し、教区教会の運営や資産管理、そして教区司祭の選出・任命にかかわるべきである、と主張していた［Pravdomil (Hlinka)　1899: 33］。教区教会の運営における自治の導入は、フリンカが当時所属していたカトリック人民党の要求項目の一つであったが、ここでの彼の議論は、それをいっそう先鋭化させたものであったといえる〔井出　二〇一二〕。

このようにみると、チェルノヴァー住民がフリンカによる教会堂の聖別に固執し、パズーリクらの来訪を実力で阻止しようとした背景には、教会の自治的運営を求める気運が存在したと考えることができよう。その一方で、行政当局や各新聞が強調したような国民主義的な動機については、彼ら自身の供述から直接うかがい知ることは難しい。これに関連して、裁判における興味深い一幕が『国民新聞』のレポート記事に記録されている。それはスロヴァキア語の národ にかんするもので、被告人である前述のカリアルがこの言葉を「民衆」ないし「人々」という意味で使ったのにたいし（カリアルの供述――「〔事件当日の〕二七日に人々 národ は学校に集まった」）、裁判長のG・フドウスキーはその使用を禁じた〔NN. r. 39 (1908), č. 28:2-3; č. 29: 2〕。フドウスキーはこの národ という語のなかに、権利主体としての「スロヴァキア国民」、すなわちハンガリー王国の公式理念である「ハンガリー国民」の単一不可分性に対抗する政治的含意をみてとり（注2参照）、これを禁じたと考えられる。この一件から垣間見えるのは、チェルノヴァー住民の言動を国民主義的観点から把握しようとする統治権力側と、そこまで明確な政治意識をもっていなかったと思われる住民たちとのあいだに存在した、認識のずれであるといえる。

しかしながら検察官Gy・ベロポトツキーは、住民の妨害行動はあくまでスロヴァキア国民主義派の新聞とフリンカの扇動によって引き起こされたものであると主張し、それを国民主義的な動機と結びつけようとした〔PN. 1908, március 10.: 16〕。これにたいし被告弁護人のJ・ムドロニは、次のように反論した。――チェルノヴァー住民の行動にたいし、検察側は「パンスラヴ的暴動」というレッテルを貼りつけようとしているが、これは彼ら当局者が「スロヴァキア人のハンガリー人にたいする反抗の拡大」という強迫観念に囚われているためである。チェルノヴァー事件の原因は、ひとえに「教会問題」、すなわち聖別式の問題を解決するにあたって生じた行き違いであった――〔NN. r. 39 (1908), č. 33: 2〕。また、同じく弁護人のJ・カーライは、教会堂建設のためにフリンカと住民たちが払った多大な努力を考慮するならば、人々が教会堂を自分たちのものであると認識したこと、また聖別式にかんする彼らの要求が認められること は正当である、と主張した［*NN*, r. 39 (1908), č. 32: 3］。裁判におけるこうした議論を踏まえ、『国民新聞』は事件についての「考察」と題する論説を掲載し、そこに「政治的モメント」が存在したのかどうかを問うた。そして、住民たちの「暴動」を「国民主義的扇動の所産」であるとすることで、事件の政治問題化を図ろうとする行政当局の思惑に反し、チェルノヴァーでは「国民的意識の覚醒はいまだ始まっておらず」、「住民たちの抵抗はもっぱら宗教的性格のもの」であって、けっして「国民的意識」に由来するものではない、と結論づけている［*NN*, r. 39 (1908), č. 37: 1-2］。裁判の結果、被告のうち四〇名に有罪判決が下され、それぞれ数カ月から三年の禁固刑および罰金刑が課せられることとなった［*NN*, r. 39 (1908), č. 31: 3］。

三　死者の「国民化」

以上にみたように、この裁判を通じて、チェルノヴァー住民の行動の国民主義的性格を否定し、その要因を教会の自治的運営をめぐる問題に求める見方が、弁護人の弁論や『国民新聞』の論説において提示された。そこには、スロヴァキア国民主義派の扇動が住民の暴力行為を招いたという筋書きを立てることで、チェルノヴァー事件を政治的に利用しようとした、行政当局や検察の主張を覆す意図があったものと思われる。ただしこうした見方は、『国民新聞』を含むスロヴァキア国民主義派の新聞が当初示していた、事件についての国民主義的な解釈をも否定するものであった。では、じっさいに住民たちの行動のより大きな要因をなしていたのは、①スロヴァキア国民主義の影響と、②教区教会の自治をめぐる問題の、いずれであったのだろうか。あるいは、③両者はもとより互いに絡みあっており、明確に区別することができないものなのだろうか(4)。かかる問いにたいして、限られた史料から確実な答えを導くことは困難である。さしあたりここでは、②（ないし③）の可能性について、けっして度外視しえないものであるということを指摘しておきたい。

しかし、その後の歴史的展開のなかで支配的となっていったのは、特に①を重視する立場、すなわちチェルノヴァー事件の国民主義的解釈であった。その背景としてまずあげられるのは、フリンカの政治的戦略である。事件の責任の一端がフリンカ自身にあることは明らかだが、憲兵隊の発砲による死傷者の発生は、むしろ彼を利する結果となった。第一節でみたように、すくなくとも事件の直後には、あらゆる立場の議論が住民の行動におけるスロヴァキア国民主義の影響を強調していた。それゆえその唱道者としてのフリンカは、統治権力による弾圧への抵抗を象徴する存在として、国民主義派の内部での評価を格段に高めたのである［Holec 2019: 94-95］。彼はその後、前述の扇動罪による二年余りの収監を経て、特にカトリック系の国民主義者のなかで指導的地位を確立していく。そして一九一三年には、それまで国民主義運動の中核を担ってきたスロヴァキア国民党から離脱するかたちで、カトリック系の国民主義政党であるスロヴァキア人民党(5)を独自に立ち上げ、その議長に就任した［井出 二〇一八：一五六―一五九］。同党はその後、一九一八年に成立したチェコスロヴァキア第一共和国において「スロヴァキア国民」の自治権を要求しつづけ、スロヴァキアで最大の政治勢力となっていった。

こうした状況のもと、チェルノヴァー事件の記憶は、スロヴァキア国民主義の指導者としてのフリンカの権威を正統化するための手段として利用されていくこととなる。事件の二五周年にあたる一九三二年一〇月二七日、フリンカはチェルノヴァーの教会堂にて犠牲者のための追悼礼拝を行い、翌二八日にはルジョムベロクで開催された記念式典にスロヴァキア人民党の国会議員らとともに出席した。この式典では、事件での死者を追悼するために、チェルノヴァーの教会堂の傍らに設置された記念碑（写真2）の除幕式も行われた［Holec 1997: 252-253］。国民主義的な文化団体であるスロヴァキア連盟 Slovenská liga が建立したこの記念碑の前面には、一五人の死者の名とともに、「主よ、こ

写真２　チェルノヴァー事件の追悼碑（2023年筆者撮影）

の者らがその命を捧げた、我らが国民を祝福し給え」という文言が刻まれている。

その二日後、一〇月三〇日付のスロヴァキア人民党機関紙『スロヴァキア人』*Slovák* に、「一〇月三〇日に」と題するフリンカの論説が掲載された。そのなかで彼は、一九一八年一〇月三〇日に発せられたいわゆるマルティン宣言(6)をチェルノヴァー事件の延長線上に位置づけ、「一九〇七年一〇月二七日〔チェルノヴァー事件〕と一九一八年一〇月三〇日〔マルティン宣言〕なくしては、〔チェコスロヴァキア〕共和国は存在しなかっただろう」と述べている［*Slovák*. r. 14 (1932). č. 247: 1］。ここから垣間見えるのは、チェルノヴァー事件を、〝ハンガリー王国における抑圧からのスロヴァキア国民の解放〟という歴史的プロットを構成する不可欠な要素として取り込むことで、そこで果たした自身の主導的役割をも強調しようとするフリンカの意図である。この筋書きに説得力をもたせるためには、当然ながら、チェルノヴァーの住民たちは「国民的意識」に目覚めた存在でなくてはならず、フリンカもその点は十分に意識していたと思われる。たとえば彼は、事件三〇周年を記念した『スロヴァキア人』一九三七年一〇月二七日号の論説において、前述の『ブダペシュト新聞』

の通信員記事および一九〇八年三月の裁判における検察側の主張に言及し、「これこそが、一九〇七年一〇月二七日の悲劇にさいしての、わが同胞であるチェルノヴァー住民の国民的意識および振る舞い národné povedomie a vystupovanie についての最も明白な証拠である」と述べている［*Slovák*, r. 19 (1937), č. 243: 1］。いわばフリンカは、死者を「国民化」することで、自身の政治的立場の強化のために利用しようとしたのである。

なお、フリンカの七二歳の誕生日である一九三六年九月二七日にチェルノヴァーを訪問し、彼と面会したE・ベネシュ大統領は、フリンカが一九一八年に「チェコスロヴァキア〔国家〕的方向性」を支持したことを称賛し、「チェコ人なきスロヴァキア人は、チェルノヴァー〔事件〕をその運命とする国民であった」と述べた［Slovenský denník, r. 19 (1936), č. 224: 3］。すなわちベネシュは、チェルノヴァー事件を引き合いに、「チェコ人」と「スロヴァキア人」があらためて結束していく必要性を訴えたのである。じつはこの当時、前年五月の国会選挙におけるズデーテンドイツ党の躍進を受け、スロヴァキア人民党にたいする連合政権への参加交渉が進められていた（けっきょく実現せず）［中田二〇一二：三五五］。こうした状況がベネシュの言動の背景をなしていたと考えられるが、ここにもまた、事件の記憶を政治的に利用しようとする意図が認められるだろう。

このようにして前面に押し出されたチェルノヴァー事件の国民主義的解釈は、やがて歴史叙述のなかにも浸透していくこととなる。スロヴァキア人民党がナチ・ドイツの保護下で一党支配体制を敷いていた、独立スロヴァキア国期を代表する歴史家であるF・フルショウスキーは、その『スロヴァキア史』のなかで、「敬虔で国民的意識に目覚めたチェルノヴァー住民」が犠牲となった事件は、「スロヴァキア国民にかけられたくびきについて警告する血塗られた感嘆符である」と述べた［Hrušovský 1939: 338-339］。その後、社会主義体制初期の一九五〇年代には、スロヴァキア国民主義が「ブルジョワ的」であるとして批判され、またスロヴァキア人民党がナチ・ドイツに協力した「教権ファシズム」政党として断罪されたことにより、その指導者であったフリンカと直接結びつくチェルノヴァー事件はほぼ無視される存在となった［Letz 2007: 16］。一九五五年にスロヴァキア科学アカデミー歴史学研究所が刊行した概説書『スロヴァキアの歴史』は、フリンカを「宗教的偏見に満ちた最も後進的な農村大衆」の獲得に唯一取り組んだ「人民党教権主義者」を代表する人物と評しているが、チェルノヴァー事件への言及はない［Holotík 1955: 173］。しかし一九六三年に「ブルジョワ国民主義者」の公的な名誉回復が開始されると、その影響は歴史学にもあらわれ、国民主義運動はふたたび歴史研究の重要なテーマとなっていった［Hudek 2010: 185-189］。一九八六年に歴史学研究所から刊行された『スロヴァキアの歴史Ⅳ』では、チェルノヴァー事件について次のように述べられている――「チェルノヴァーにおける流血の惨事は、社会的・国民的抑圧者 sociálny a národný utláčateľ の機能を果たしていた暴力的な地主＝資本家体制にたいする、人民の抵抗の感嘆符となったのである」［Cambel 1986: 273］。ここにみられるのは、社会主義体制の公式イデオロギーである唯物史観と、前述のフルショウスキーの叙述に奇妙に類似した国民主義的観点との結合であり、階級闘争と一体視された「スロヴァキア国民（＝人民）」の解放プロセスという文脈に、チェルノヴァー事件が取り込まれていることがわかる。そして一九八九年の体制転換後には、ここから社会主義的要素が取り除かれ、「国民」的モチーフのみが強調された歴史叙述が復活することとなる。この潮流を代表する歴史家であるR・レッツは、二〇〇七年にチェルノヴァー事件の百周年を記念して開催されたシンポジウムにおいて、以下のように述べている――「重要なことは、チェルノヴァーが国民の歴史的記憶のなかに生きているかどうか、である。〔チェルノヴァー事件は〕悲劇的な、しかし我々を分断するのではなくむしろ結合させる出来事として、（……）我々の自由がチェルノヴァーの殉教者の多大な犠牲のうえに成り立っているという事実を、こんにちもなお想起させるのである」［Letz 2007: 19］。

このように、チェルノヴァー事件の発生直後に開始された死者の「国民化」は、一部の歴史家によっていまなお続けられているのであるが、こうした傾向は、林志弦が近年提唱している「犠牲者意識ナショナリズム」の方向性に合致するものである。林によれば、「非業の死を遂げた受け身の被害者が、私たちの記憶の中で国家と民族のために喜んで命を投げ出した崇高な犠牲者に変わる瞬間、犠牲者意識ナショナリズムへの門が開かれる。被害者は自発的に決断した犠牲者へと美化され、意味のない死が大義のための死へと神聖化され、偶然の事故が運命的な悲劇だったと神秘化され、現実だった被害者が記憶の中の犠牲者となる時、犠牲者意識ナショナリズムは運命論的な超越性を帯びる」とされる［林　二〇二二：四二］。前述のレッツの言明は、まさにこれを体現したものであるといえよう。

一方で、こうした傾向にたいする批判が、スロヴァキアにおける主導的な社会・経済史家であるR・ホレッツによって提出されている。ホレッツは一九九七年に、事件の歴史的背景を詳細に跡づけたモノグラフ『チェルノヴァーの悲劇とスロヴァキア社会』を著し、特に急速な工業化・都市化にともなうさまざまな社会的緊張や政治的対立を抱えていたルジョムベロクの地域的文脈から、フリンカの台頭と事件発生の経緯を説明した［Holec 1997］。ただし同書の叙述には、地域内の多面的な社会関係を「ハンガリー人」のエリートと「スロヴァキア人」の民衆との対立構造に還元するなど、なおも実践的な（＝非分析的な）国民主義的解釈の枠組みにとどまる傾向が認められる。しかし二〇一九年に刊行された『アンドレイ・フリンカ――国民の父？』では、ホレッツは「我々の目的は〝ハンガリー的〟見解と〝スロヴァキア的〟見解を対立させることではなく、幅広い解釈の可能性に目を向けることにある」と述べ、チェルノヴァー事件の解釈に固着する国民主義的視点を克服する必要性を訴えている［Holec 2019: 94］。本章は、ホレッツのこの問題提起にたいし、実証的な分析を通じて応じることを試みたものである。そこから朧げながらもみえてくるものは、権力や言葉など、他者に影響を及ぼす効果的手段を有する政治的・文化的エリートの手によって、当人の意思や主体性などとはおおよそかかわりなく、否応なしに「国民化」されていった死者の姿であろう。[7]

注

（1）スロヴァキア国民主義とは、スロヴァキア語を母語とし、「スロヴァキア人」Slováci と総称される住民を、集合的かつ一体的な権利主体としての「スロヴァキア国民」slovenský národ とみなし、その利害を代表することをめざす政治理念である。二〇世紀初頭には、ハンガリー王国の言語的同化政策である「ハンガリー（マジャル）化」に対抗しつつ、教育や行政におけるスロヴァキア語の公的使用権を確立していくことを、その目標としていた。なお本章では、集合的な権利主体を意味する場合の národ の訳語として、「国民」を使用する。

（2）史料原文では tót nemzetiség。二重制期のハンガリー王国の公式理念においては、政治的権利主体である「国民」nemzet として存在するのは単一不可分の「ハンガリー国民」magyar nemzet のみであるとされ、この立場からスロヴァキア語住民 tót など王国内の言語的少数派を指す語として、特に nemzetiség（民族）が用いられた［Szarka　2008: 63-66］。行政文書やハンガリー語新聞においてスロヴァキア国民主義に言及するさいには、tót nemzetiségi izgatás（スロヴァキア民族的扇動）や pánszláv izgatás（パンスラヴ扇動）などの語が使用された。

（3）教会保護権は初期中世の私有教会制度に由来するとされ、ハンガリー王国では一二世紀頃に定着した。王国内の全教区にたいする保護権（最高保護権）は原則的に国王に属していたが、それらは特権として領主、王国自由都市、王領地の市場町などに与えられてきた。また、都市にたいする特許状に教会保護権が含まれることもあった。その場合、都市は教区を自ら設置し、自身の財力により教会堂を建設することができた［Völgyesi　2010: 125-129; 飯尾　二〇〇八：一七］。

（4）スロヴァキア国民主義と教会自治問題の関係については、［井出　二〇一二］。

（5）スロヴァキア人民党 Slovenská ľudová strana は、もともと一九〇五年にフラス派やカトリック系などスロヴァキア国民主義の新たな潮流が糾合して形成された党派で、一九〇六年の王国議会選挙において六名の当選者を出した。それらの議員は国民党の会派に組み入れられたが、本文にあるようにカトリック系の国民主義者がそこから離脱し、一九一三年に独自の党派としての人民党を設立した［井出　二〇一八］。なお同党は、一九二五年以降はフリンカの名を冠した「フリンカ・スロヴァキア人民党」Hlinkova slovenská ľudová strana を正式名称としている。

（6）一九一八年一〇月三〇日にトゥルチアンスキー＝スヴェティー＝マルティンに集まったスロヴァキア国民主義派の指導者たちが、「スロヴァキア国民評議会」の名で発表したもので、正式名称は「スロヴァキア国民の宣言」。「スロヴァキア国民」は

「チェコ・スロヴァキア国民」の一部分を構成するとしたうえで、後者による「無制限の自治権」（独立）の行使を要求した［中澤　二〇一四：一五二―一五三］。

（7）桐生裕子は、いわゆるナショナル・インディファレンス研究に関して、人々の主体性と「国民化」の圧力ないし暴力との関係性を検証していく必要性を論じている［桐生　二〇二三：三九一］。本章ではこれを踏まえ、統治権力に限らず、言語や事象の意味を構築し、統合し、支配することで「国民化」を推進しうるような、広い意味での「権力」を問題としている。

参照資料・文献一覧（括弧内は本文中で使用した略記）

文書館資料

Slovenský národný archív（SNA）

- Fond Andrej Hlinka（FAH）
- Uhorské ministerstvo vnútra v Budapešti（UMV）

新聞・同時代資料

Budapesti Hírlap（*BH*）

Kresťan

Ľudové noviny（*ĽN*）

Napred

Národnie noviny（*NN*）

Pesti Hírlap（*PH*）

Pesti Napló（*PN*）

Slovák

Slovenský denník

Pravdomil. A. (Hlinka, Andrej), *Katolícka autonomia (samospráva) v Uhorsku*, Kníhtlačiareň Karla Salvu, 1899.

研究文献

飯尾唯紀『近世ハンガリー農村社会の研究――宗教と社会秩序』北海道大学出版会、二〇〇八年
井出匠「二〇世紀初頭の北部ハンガリーにおける政治意識の「国民化」――ルジョムベロクにおけるスロヴァキア国民主義運動の例を中心に」『歴史学研究』九三一、二〇一五年
井出匠「二〇世紀初頭のスロヴァキア国民主義運動における「国民」と「宗派」――一九〇五年のスロヴァキア人民党設立と一九一三年の再編」森原隆編『ヨーロッパの政治文化史：統合・分裂・戦争』成文堂、二〇一八年
井出匠「一九・二〇世紀転換期の北部ハンガリーにおけるカトリック政治運動とスロヴァキア・ナショナリズム運動――その共通性と差異」『西洋史研究 新輯』五〇、二〇二一年
林志弦・澤田克己（訳）『犠牲者意識ナショナリズム――国境を超える「記憶」の戦争』東洋経済新報社、二〇二二年
桐生裕子「ナショナル・インディファレンス研究と中東欧」マールテン・ヴァン＝ヒンダーアハター＆ジョン・フォックス（編著）、金澤周作・桐生裕子（監訳）『ナショナリズムとナショナル・インディファレンス――近現代ヨーロッパにおける無関心・抵抗・受容』ミネルヴァ書房、二〇二三年
中澤達哉「二重制の帝国から「二重制の共和国」と「王冠を戴く共和国」へ」池田嘉郎編『第一次世界大戦と帝国の遺産』山川出版社、二〇一四年
中田瑞穂『農民と労働者の民主主義――戦間期チェコスロヴァキア政治史』名古屋大学出版会、二〇一二年
Cambel, Samuel (ed.), *Dejiny Slovenska IV*, Slovenská akadémia vied, 1986.
Letz, Róbert, "Význam Černovej v slovenských dejinách", in: Kucik, Štefan (ed.), *Mýtus a realita*, Katolícka univerzita v Ružomberku, 2008.
Holec, Roman, *Tragédia v Černovej a slovenská spoločnosť*, Matica Slovenská, 1997.
Holec, Roman, *Andrej Hlinka. Otec národa?*, Marenčin PT, 2019.

Holotík, Ľudovít (ed.), *Dejiny Slovenska* , Slovenská akadémia vied, 1955.

Hudek, Adam, *Najpolitickejšia veda: Slovenská historiografia v rokoch 1948-1968*, Slovenská akadémia vied, 2010.

Huršovský, František, *Slovenské dejiny*, Matica Slovenská, 1939.

Svrček, Peter (ed.), *Monografia mesta Ružomberok*, Štúdio HARMONY, 2009.

Szarka, László, "Pojem *politického národa* v uhorskom národnostnom zákone z roku 1868", in: Ábrahám Barna (ed.), Maďarsko-slovenské terminologické otázky, Pilíšska Čaba-Ostrihom, 2008.

Völgyesi, Levente, "Városi kegyúri jogok az újkori Magyarországon", in: *Iustum Aequum Salutare* VI. 2010.

※本章は文部科学省科学研究費補助金（20H01338）による研究成果の一部である。

ロシアの金塊問題をめぐって（一九一八年八月―一九二〇年三月）

長與　進

はじめに

ロシア内戦中の一九一八年八月、同年五月末に「反ボリシェヴィキ武装出動」に踏み切ったチェコスロヴァキア軍団は、同年六月に組織された憲法制定議会議員委員会（コムーチ）のサマーラ政府の国民軍とともに、ヴォルガ河沿岸の街カザンで、ボリシェヴィキ派政府からロシアの正貨準備金[1]を奪取した。その後、オムスクでA・B・コルチャーク政府の手にわたった金塊が、一九一九年暮れの同政府の崩壊後に、どのような運命をたどることになったのか。本稿では、日本においても「金塊疑惑」と関係づけられて、センセーショナルに語られることの多いこの問題を、『チェコスロヴァキア日刊新聞』における関連報道、最近ロシアで出版された『チェコスロヴァキア軍団史料集』第二巻での言及と、同じく近年チェコで出されたD・ブラードレロヴァーの著作中の記述などを照らし合わせることで、金塊問題をめぐる「歴史的事実」の、史料にもとづいた確認と再構成を試みたい。時期的には、この問題がチェコスロヴァキア軍団と関係する一九一八年八月から一九二〇年三月に限定する。

一九一七年末から一九二〇年七月まで、ロシア・シベリア・ロシア領極東の各地で刊行されていた『チェコスロヴァキア日刊新聞』(以下、『日刊新聞』と略称)[2]には、金塊問題を扱った記事が散見される。概算だが、全部で二七編の記事と論説がこの問題に触れている。事実関係を伝えるだけのもの、より大きなテーマのなかで断片的に言及しているものも多いが、一九二〇年三月一日のイルクーツクにおける金塊引き渡しについて報告する、軍団側責任者の長文のレポートなど、貴重な証言も掲載されている(このレポートについては後述)。

二〇一八年にモスクワで出版された『チェコスロヴァキア軍団史料集』第二巻[3]に収録された編者E・П・セラピオーノヴァの序論「ロシアのチェコスロヴァキア軍団(一九一八―一九二〇年)」では、同史料集にもとづいて検討できる七つのテーマのひとつとして[4]、「正貨準備金の話」があげられている。確かにこの序論には、金塊関連の記述が目立つ。六カ所でこの問題について言及されて、特に結論部では一頁半(二五―二七頁)にわたって、金塊関連の記述が続く(序論全体が二四頁なので、少ない分量ではない)。アンバランスな印象も受けるが、セラピオーノヴァが序論で、金塊のテーマを強調している理由は、結論部で明らかにされる[5]。

チェコの歴史家ブラードドレロヴァーが、二〇一九年にプラハで刊行した著作『軍団の経済活動と資金調達活動』[6]は、ロシアにおけるチェコスロヴァキア軍団の経済活動と資金調達活動に焦点を絞った、はじめての本格的モノグラフである。「序論」、全七章[7]、「結論」から構成されて、第七章「裁きのとき」の第一節は、「軍団兵士はツァーリの金塊を奪い、コルチャーク提督を裏切ったのか?」という、センセーショナルなタイトルが付されているが、内容は手堅い実証的記述である。同書は現段階でのこの問題についての、チェコ歴史学の到達点といっていいだろう。

本稿では、セラピオーノヴァとブラードドレロヴァーの記述を比較対照しつつ、『日刊新聞』の報道を参照して、金塊をめぐる出来事の流れの年代順の再構成を試みる。内容的にみてこの時期の出来事は、次の四期に分けることができる。

一　カザンからオムスクへ（一九一八年八月―一〇月）

イギリスの歴史家J・D・スメーレが作成して、ブラードレロヴァーが引用しているリスト「一九一四―一九二〇年の帝政ロシアの正貨準備金の逸散」[8]によれば、第一次世界大戦勃発前の一九一四年一月一日段階でのロシア帝国の正貨準備金の総額は、一六億九五〇〇万金ルーブリ（以下、ルーブリと略称）だった。大戦中（一九一四年一〇月―一九一七年一〇月）に外国（大英帝国とスウェーデン）に、売却あるいは戦時信用貸しのために六億四三三六万ルーブリが搬出された。一九一七年一一月一日、つまりボリシェヴィキ派が権力を掌握した時点での収支は、一一億一六九万ルーブリだった。ソヴィエト政府はこのなかから、一九一八年三月三日付けのブレスト＝リトフスク条約と、同年八月二七日付けの補足的経済条約（ベルリン協定）に従って、同年九月にドイツ政府に戦時賠償金として、総額一億二〇七九万九〇〇〇ルーブリの金塊を支払った。

一九一八年夏にソヴィエト政府は、正貨準備金の残額の三分の二にあたる六億五一五三万二〇〇〇ルーブリを、カザンの国立銀行支店に移送した。ブラードレロヴァーによると、「カザンへの準備金の輸送は、ドイツ・オーストリア軍が〔ロシア――筆者補、以下同〕内陸部に進出した場合のための、安全保障上の理由から命じられた。皮肉なことにまさにこの地方が、反ボリシェヴィキ運動の震源地、最初の軍事作戦の中心地になった……」（三〇一頁）。

一九一八年八月六―七日に、チェコスロヴァキア軍団（J・J・シヴェッ中尉指揮下）とサマーラ政府の国民軍（B・O・カーペリ中佐指揮下）はカザンに入城して、同市に保管されていたロシアの正貨準備金を奪取した。戦況は流動的だったので、八月中旬に、奪取した金塊をサマーラに移動することが決定された。送り出しは八月二二日に完了した。その額面価格は六億五七〇〇万ルーブリ以上と算定された。[9] 金塊の総重量はおよそ五〇〇トンである。

同年八月二六日付けの『日刊新聞』の記事「カザンの国庫準備金」には、カザンからサマーラへの金塊の輸送に関連して、次のような情報が掲載されている。─「カザン、八月二〇日。軍事部門行政官補佐〔B・И・〕レーベジェフは、ロシアの正貨準備金の輸送が完了した、と通告している。カザンからサマーラに運ばれたのは─一）名目価値で六億五〇〇〇万ルーブリの正貨準備金全体、二）一億ルーブリの紙幣、三）まだ数えられていない巨額の有価証券、四）プラチナと銀の予備、である」。

一九一八年九月に、国民軍とチェコスロヴァキア軍の東方への退却がはじまり、彼らはカザンとシンビールスクを放棄した。赤軍の軍事的脅威がサマーラに差し迫ったので、さらにそこから正貨準備金を運び出す必要が生じた。急いだために正確な目録は作成されず、荷物の概数だけが記入された。文書によると、サマーラからウファーとチェリャービンスクを経由してオムスクに、五つの梯団に積まれた八三九九の木箱、二四六八の大袋、一八の小袋の金塊が送り出されて、梯団は一〇月一三日に目的地〔オムスク〕に到着した。(10)

二　オムスクにて（一九一八年一〇月─一九一九年一一月）

第二期は一九一八年秋から翌年秋までの、オムスクにおける一年間である。一九一八年一〇月一三日にオムスクに移転された正貨準備金は、同年一一月一八日の政変によって権力を掌握したロシア最高執政官コルチャーク提督の管理下に移った。セラピオーノヴァによると、オムスク政変を認めなかったウファーの所轄官庁全権代表審議会は、一一月二八日付けの決議によって、正貨準備金を将来、憲法制定議会と「一般に認められた」全ロシア政府に引き渡すことを条件に、チェコ人の庇護下に置くことを決定した。(11)だが結局、金塊はコルチャーク政府の管理下に置かれた。─「コルチャークは数ヶ月間、金塊をきわめて慎重に取り扱い、初期にはそれを消費する決定を下さなかったが、もっともその後は正貨準備金を、みずからの軍隊の補給のために利用することになった」（セラピオーノヴァ、一八頁）。

『日刊新聞』の報道によると一九一九年五月二二日に、正貨準備金の公開検査が実施された。「国家の正貨準備金の検査」という記事は、次のように報じている。—「オムスク、五月二二日。本日午後に、国立銀行の地下倉庫に保管された国家の正貨準備金の検査が行われた。外務大臣（И・И・スーキン）・大蔵大臣（И・A・ミハーイロフ）・銀行総裁以外に、検査には（モーリス・）ジャナン将軍（フランスの軍人で、ロシアのチェコスロヴァキア軍と西部シベリア駐留連合軍の最高司令官）と、オムスク駐在のすべての連合国の軍事・外交代表が招待された。訪問者たちは銀行の広間で、キエフとモスクワとその他の準備金から、ここに運びこまれた分を検査した。正貨準備金の総額は六億五一五三万二一一七ルーブリ八六コペイカになる[12]」。

一九一九年後半の時期についてセラピオーノヴァは、「コルチャーク政府には、武器・弾薬・装備・軍服を手に入れるための外貨が、破局的に不足していたので、金塊の一部をこれらの需要に充てる決定が採択された。その際に金塊は販売されるのではなく、武器と弾薬の支払いの担保として、諸外国の銀行に供託されるかたちを取った。こうして金塊は、外国のロシア外交代表たちの出費と、ロシア亡命者援助に回された[13]」と書いている。

スメーレのリストによれば、一九一九年五月から九月までの時期に、コルチャーク政府によってオムスクからウラジヴォストークに搬出されたのは—一）軍事物資購入のために諸外国政府（フランス、イギリス、日本）に売却された分（六八二六万一〇〇〇ルーブリ）、二）軍事物資確保のための貸付の元金として、外国の諸銀行（日本、アメリカ、国際借款団）に納入された分（一億二六七六万五〇〇〇ルーブリ）、総計一億九五〇二万六〇〇〇ルーブリである（一三一九頁）。

三　オムスクからニジニェウジーンスクへ（一九一九年一一月―一二月）

第三期の一九一九年一一月―一二月に、西方からのシベリア鉄道沿いの赤軍第五軍の接近による、オムスク政府の東方への疎開と崩壊という事態が起こる。セラピオーノヴァによると―「一〇月二九日にコルチャークも、オムスクを立ち去る決定を下した。赤軍が接近していた。閣僚評議会はイルクーツクに疎開した。一一月初頭に外国の軍事使節団がオムスクを放棄した。一一月八日に最後のチェコスロヴァキア梯団がオムスクを捨てて、一一月一三日にコルチャークは司令部と正貨準備金とともに、イルクーツクに向けて出発した」[14]（二三頁）。翌一一月一四日には赤軍がオムスクに入城する。

この混乱した時期の直前（九月）に、アタマン・セミョーノフによる金塊の「差し押さえ」事件が発生した。『日刊新聞』に関連記事「金塊はいかに管理されているか」が掲載されている。―「最近オムスクから、〔香港〕上海銀行での保管に定められた二車両分の金塊が送り出された。荷物はじゅうぶんに警備されていなかったとかで（警備兵の数は八人だった!）、チタでセミョーノフによって差し押さえられた。これについての情報は、オムスク政府層のなかで不興を呼び起こした。セミョーノフは政府の質問に対して、金塊については良かれと思っていて、金塊が信頼できる警備のもとに置かれたら、先に通すと答えた」。スメーレによれば、このときセミョーノフによって差し押さえられた金塊の総額は、四二二五万一〇〇〇ルーブリである（一三一九頁）。

さらに『日刊新聞』の記事「セミョーノフの手中に」は、補足的にこう報じている。―「ウラジヴォストークの消息筋では、セミョーノフが二車両分の金塊以外に、国立銀行ウラジヴォストーク支店に送られた一億ルーブリ分のシベリア紙幣を差し押さえた、と語られている。同銀行の手元にはいま現金がないが、満州で補給省が発注した穀物代として、五〇〇〇万ルーブリを支払わなければならない。〔С・Н・〕ローザノフはセミョーノフに、最も必要な出費を埋め合わせるために、差し押さえた金銭のせめて一部を、国立銀行ウラジヴォストーク支店に送るように、緊急に依頼している」。

四　ニジニェウジーンスクからイルクーツクへ（一九二〇年一月―三月）

最後の第四期は、コルチャークの梯団が運んでいた金塊が、チェコスロヴァキア軍団の管理下に置かれた時期にあたる。この時期の概況をセラピオーノヴァは、次のように記述している。

一九一九年末―一九二〇年初頭に〔赤軍によって〕戦線は突破されて、コルチャーク軍は無秩序状態で退却し、唯一戦闘能力を保持した勢力は、В・О・カーペリ中将指揮下の――彼の死後〔一九二〇年一月二六日〕は―С・Н・ヴォイツェホフスキー少将の――部隊だった。コルチャーク軍の銃後では蜂起が燃えさかった。反コルチャーク蜂起が一二月二一日にチェリョームホヴォで、三日後〔一二月二四日?〕にはイルクーツクの郊外グラスコーヴォで勃発した。最高執政官〔コルチャーク〕の列車は先に進むことができなかった。一九一九年一二月二七日に司令部の列車と金塊を積んだ列車は、ニジニェウジーンスク駅に到着し、協商国の代表たちはコルチャークに、ロシア最高執政官の権利を放棄する命令に署名して、正貨準備金を積んだ梯団を、チェコスロヴァキア軍の管理下に引き渡すことを余儀なくさせた。コルチャーク自身と金塊を積んだ車両は、妨げられない〔東方への〕出発の権利をめぐるチェコスロヴァキア人〔と蜂起軍のあいだ〕の両替金に変わった。（二一五頁）

『チェコスロヴァキア日刊新聞』の有力な「論説委員」の一人ヨゼフ・クデラはこの間の事情を、もう少し詳しく説明している。それによると―一九二〇年一月一日にイルクーツク駐在の連合国高等政務官会議（アメリカ代表ハリス、イギリス代表ラムプソン、フランス代表モグラス、日本代表加藤〔恒忠〕、チェコスロヴァキア軍代表〔ヤン〕グロス博士）は、コルチャークの金塊が連合軍の警備下に置かれて、ウラジヴォストークまで運ばれなければならない、と決議した。この決定は、ロシアのチェコスロヴァキア軍と西部シベリア駐留連合軍の最高司令官ジャナン将軍と、日本軍司令部に伝えられた。―「だが日本人は、自国の兵士をニジニェウジーンスクまで派遣することを拒否したので、ジャナン将軍はこの決定の遂行を、チェコスロヴァキア軍司令官シロヴィー将軍に委ねた」（一二頁）。一九二〇年一月四日に、コルチャークの金塊の警備はチェコスロヴァキア軍に委ねられた。

この直後の時期に、有名な金塊の盗難事件が発生する。クデラは次のように報告している。―「一月一一日から一二日にかけての夜半に、盗難事件が発生した。このとき金塊を積んだ列車はすでに、その先のイルクーツクに向けて移動中だった。一月一二日の朝方にトゥイレーチ駅（イルクーツク西方二〇〇キロメートル）で、金塊に同伴していた〔ロシア〕国立銀行の官吏の一人が偶然に、一両の車両の封印が引きちぎられていることを発見した。この車両が検査された際に、一月四日付けのリストと比べて、一三箱が欠けていることが判明した。この盗難が起こった車両には、その夜はロシア人警備隊がいた。この事件について二通の文書が、一通はチェコスロヴァキア軍守備隊司令官〔正しくは警備隊司令官ボフスラフ・エムル〕によって、もう一通は金塊に同伴していたロシアの官吏たちによって作成された」[15]。

この盗難事件に関連する一二点の史料が、『チェコスロヴァキア軍団史料集』第二巻に収録されている。[16] そのうちの一点（第五〇八文書）は一九二〇年二月一六日付けの、国立銀行の「金塊」梯団の責任者A・Д・アルーバッキーの、国立銀行主任H・C・カザノーフスキー宛ての、金塊盗難の審理経過についての報告書で、連合軍最高司令官ジャナン将軍に、事件当時のチェコスロヴァキア軍団側警備責任者エムル大尉らの動向と所在を訊ねて、本件に対する対応を求めている。[17] エムル大尉について、ブラードレロヴァーの著作ではほとんど触れられておらず、『日刊新聞』でも（さしあたり）同大尉への言及は見つかっていない。[18]

セラピオーノヴァの記述によると、一九二〇年一月一五日にチェリョームホヴォ炭田のパルチザン部隊の革命軍事評議会は、連合軍司令部に最後通牒を手渡して、もしもコルチャークと「ロシアの正貨準備金」が引き渡されなければ、連合軍をウラジヴォストークから切り離す、と脅した。同日コルチャークとB・H・ペペリャーエフは、ジャナンの命令によって、チェコスロヴァキア軍司令部の手で、形式上蜂起の司令部を指導していたイルクーツクのエスエル派〔社会革命党〕とメンシェヴィキ派の政治センターに引き渡された。一週間後〔一月二二日?〕に市内の権力は、ボリシェヴィキ派の軍事革命委員会の手中に移行した。〔東方に退却中の〕B・O・カーペリ派部隊の市内への突入を危惧して、ボリシェヴィキ派委員会は取り調べを終了しないまま、コルチャークとペペリャーエフの銃殺命令を下して、それは一九二〇年二月七日に執行された（二五頁）。

いっぽう『日刊新聞』の側はこうした事態の急展開を、どのように報じていただろうか。同紙の論説記事「コルチャーク提督の運命――正貨準備金」をみてみよう。

コルチャーク提督は二八両分の車両で、国有資産である正貨準備金と、その他の国有財産〔家具など〕を運んでいる。護衛団の四散と、金塊を土地の「ベドノター」〔貧民〕のあいだで分配するように、という現地のある種の分子の扇動活動にかんがみて、そしてこれまで中部シベリアの領域に、統一した反ボリシェヴィキ政府が形成されていないことにかんがみて、〔連合国〕外交団は、連合軍がこの全ロシア国民の財産を、みずからの警備下に置くように決定した。／ジャナン将軍は、ニジニェ＝ウジーンスクにいる〔チェコスロヴァキア軍の〕突撃部隊に〔金塊の〕輸送を委ねた。……／これは我々〔チェコスロヴァキア軍〕の沿ヴォルガ集団が、〔一九一八年八月に〕カザンでボリシェヴィキ派から奪った正貨準備金の約三分の一〔実際には三分の二〕であるという。そうすると、すでに三分の二〔三分の一〕が「引き渡された」ことになる。もしも去年〔正しくは一昨年〕に、正貨準備金の警備が我々に委ねられていたら、今日全体が残っていたはずだ。もちろん我々がカザンの正貨準備金を、ウファーの審議会で合法的に全ロシア政府として選出された、民主主義的な執政政府〔ジレクトーリヤ〕に引き渡したとき、この執政政府が維持されずに、ロシア国民がそれを、かくも平然と排除させるとは、だれも予感していなかった……。／今日我々はふたたびロシア国民のために、昨年〔一昨年〕みずからの血によって獲得し、私心なく彼らに引き渡したものの、せめて一部を保護しているのだ。

この間の一九二〇年一月一三日にボリシェヴィキ派は、チェコスロヴァキア軍団に対して、休戦締結の条件として五点の要求を提出した。その第五点は「コルチャーク提督が奪った正貨準備金と、ロシア・ソヴィエト共和国の財産であるその他の資産を、我々〔ソヴィエト軍〕に引き渡す目的をもって、みずからの保護下に置くこと」で、「この命令が遂行されたら、チェコ人に完全な不可侵性と、祖国帰還の際のあらゆる援助が保証される」と通告してきた……。[19]それに対して『日刊新聞』は論説「ボリシェヴィキ派の「命令」」で、「シベリア軍に対する安価な勝利は、どうやらシベリアのボリシェヴィキ派に目眩を引き起こしたようだ。……〔金塊についての〕我々〔チェコスロヴァキア軍〕の立場は、正貨準備金は人民革命政府に引き渡す、である。……ジャナン将軍は飛行船の操縦士のようにふるまって、必要な高度に上昇することで、飛行船とその乗務員を救うために、金塊もバラスト〔調節荷重〕として放り出すだろう」という意味深長なことを述べている。言うまでもないが、「飛行船」とはチェコスロヴァキア軍団を暗示している。

結局、一九二〇年二月七日にシベリア幹線鉄道沿線のクイトゥーン駅で、チェコスロヴァキア軍とソヴィエト軍のあいだで休戦協定が署名され、[20]その第六条で、チェコスロヴァキア軍団は金塊の引き渡しを約束した。ブラードレロヴァーによると、クイトゥーンでの二月七日の休戦協定にもとづいて、軍団兵士にはウラジヴォストークへの自由な出発が可能になった（三二・四頁）。なお停戦協定が締結された二月七日に、イルクーツクでコルチャークらが処刑されているが、両者の出来事のあいだに直接の因果関係はない。

「三月一日に最後のチェコスロヴァキア梯団が、正貨準備金を積んだ列車をイルクーツク革命委員会に引き渡して、イルクーツクを退去した。……チェコスロヴァキア人はボリシェヴィキ派に、金で四億九〇〇万ルーブリを返却した」とセラピオーノヴァは書いている。(21) なおスメーレは、軍団が引き渡したのは四億九五〇万ルーブリだとしている（一三二〇頁）。

同年五月の『日刊新聞』に、チェコスロヴァキア側の金塊引き渡し責任者アントニーン・ミクラーシ・チーラ中佐（一八八三―一九八三）の詳細なレポート「談話室：金塊」が、二回にわたって掲載された。チーラ中佐は引き渡しの際の細かなエピソードを、現場からの報告として臨場感たっぷりに伝えている。

私〔チーラ中佐〕は一九二〇年三月一日一三時にイルクーツク駅で、ロシア国家の正貨準備金を引き渡したことを声明する。それは一〇両のアメリカ製車両と八両の貨物車両に、全部で五一四三の木箱と一六七八の兵嚢に、完全な秩序とまとまりをもって収納されて、イルクーツクの現在の現地ロシア政府の代表と合法的活動家たちに引き渡された。……これによって、ロシア社会主義連邦ソヴィエト共和国政府とチェコスロヴァキア軍のあいだで、一九二〇年二月七日にクイトゥーン駅で締結された休戦条件の第六条が、双方の側によって完全に最終的なかたちで、誠実かつ良心的に遂行された。

ちなみにチーラ中佐は、列車の内部を点検した際の様子について、「「黄金の輝きと宝石のきらめき」が、あたり一面に広がるようなことはなかった。――我々が目にしたのは、約一アルシーン（約七一センチメートル）の長さの頑丈な板でできた低い木箱と、いくつかのしっかりと封印された緑色の兵嚢だけだった」（六七九号）と報告している。

五　セラピオーノヴァの総括をめぐって

セラピオーノヴァの金塊問題についての記述は、結論として以下の五点を指摘している（二六―二七頁）。これらは、この問題に関する現時点でのロシア歴史学の共通認識と考えていいだろう。

一）「ソヴィエト時代には、ボリシェヴィキ派はすべての金塊を〔国家に？〕返却したとみなされていた。差額はA・B・コルチャークに「押しつけられた」。ロシア社会主義連邦ソヴィエト共和国財務人民委員部は、一九二一年六月に調査資料を作成したが、その結論によると、コルチャーク提督の統治期に、ロシアの正貨準備金は二億三五六〇万ルーブリ、すなわち一八二トン分減少した。コルチャークは自軍用の武器と軍装購入のために、六八〇〇万ルーブリを費やした。一億二八〇〇万ルーブリ分の金塊が、彼の手で諸外国の銀行に抵当として預けられた」。

合計金額は一億九六〇〇万ルーブリになるが、前述したようにスメーレは、コルチャーク政府がこの目的のために使用した正貨準備金を、一億九五〇二万六〇〇〇ルーブリと算定している(22)。

二）「外国でのコルチャークのいくつかの支払いが知られている。そのなかで大きな部分の金塊を手に入れたのは、フランス・イギリス・日本・アメリカ合衆国である。……四四〇〇万〔ルーブリ〕分の二両の「金塊」車両を、ザバイカル地方のアタマンΓ・M・セミョーノフが横領して、金銭の一部を自軍の必要のために使い、一部は日本総司令部代表イオソメ大佐に、「保管」のために引き渡した」。

セラピオーノヴァは日本も金塊を入手したとして、具体的な人名をあげている。「イオソメ」と表記されているが、

井染禄朗（一八七八―一九三〇）のことである。この人物については、「まとめに代えて」であらためて触れる。(23)

三）「チェコの歴史家たちは、〔金塊の完全な引き渡しについての〕この解釈を支持していたし、いまも支持している。金塊の入った一三箱の、最大規模の有名な盗難でさえ、ロシア人警備隊のせいにされた。本史料集で引用された、この盗難の状況の細部に関する文書群は、チェコスロヴァキア警備隊と指揮官の、盗難に対する完全な無関係を疑わせている（第五〇八文書）」。

この記述は、前述した一九二〇年一月一一―一二日の盗難事件に関連しているが、当該の文書だけで、盗難事件についての軍団の関与を証拠立てることには無理がある。文書史料にもとづいた追跡作業が必要である。

四）「すでに一九二〇年代にロシアの亡命者たちは、金塊の一部の盗難と、巨大な量の天然資源と商品のロシアからの搬出の咎で、チェコ人を非難する著作を刊行しはじめた。(24) この解釈の基礎になったのは、チェコスロヴァキアで最大の銀行のひとつになった、軍団兵士によるレギオバンカ〔軍団銀行〕の創設である。チェコ歴史学はその資本を、ロシアにおける軍団兵士の積極的な商業活動と企業活動によって説明している(25)」。

これに呼応するかのようにブラードレロヴァーは、『軍団の経済活動と資金調達活動』の「結論」で、「〔軍団〕銀行の株式資本と生産資本が、どのような起源からきたかという問題に、意見表明すべきならば、保管されている文書史料は、同銀行が徴発と盗みなどではなく、軍団兵士の貯金と控除された給料に基づいて生まれたことを、じゅうぶんに証明している」（三六一頁）と述べている。

つまりセラピオーノヴァが『チェコスロヴァキア軍団史料集』第二巻の序論で、正貨準備金問題について詳しく言及した意図は、前記の三）と四）で述べられたように、おもにチェコスロヴァキア軍団にまつわる「疑惑」を、念頭に置いていたからである。いっぽうブラードレロヴァーの著作『軍団の経済活動と資金調達活動』は、こうした「疑惑」の「蒸し返し」に対する、学術的反論という意味ももっている。

五）「ポスト・ソヴィエト期になって出現したいくつかの史料によると、正貨準備金からさらに三五〇〇万ループリが、ボリシェヴィキ派への引き渡し後に、イルクーツクからカザンへの運搬の際に消え失せた（つまりボリシェヴィキ派による「犯行」の可能性）。しかし大部分の情報は推測にもとづいていて、文書によって裏づけられていない」。「歴史的事実」は推測、憶測、伝聞ではなく、文書史料によって裏づけられなければならない、という指摘は「正論」であろう。とはいえ特に「金塊問題」のような、デリケートな「機密」事項にあたるものは、文書として残されていない、あるいは残されていても、当該の文書にアプローチできない等々、という事情を容易に想定できる。文書が残されている場合でも、他の文書と比較対照して、「史料批判」を行う必要があることは言を俟たない。こうした事情のために、ある程度は推測、憶測、伝聞に頼らざるをえない、という負のスパイラルが起こるのかもしれない。

まとめに代えて――日本における金塊問題に寄せて

最後に、日本における金塊問題をめぐる議論について、簡単に触れておきたい。

同時代の日本語文献では、山内封介『出兵より撤兵まで　シベリア秘史』（日本評論社版、一九二三年）が、一九一八年八月に金塊がカザンで奪取された前後の事情を、詳細に記述して、オムスクに運び込まれた金塊の、具体的な数値まであげている（金貨と外國貨と金塊、合計、六億五千百五十三萬五千八百三十四留〔ループリ〕六十四哥〔コペイカ〕）。だが一九一九年秋以降については、「輸送中各地で過激派やチエック軍に奪われたり〔して〕……、六億の露國の正貨は、極東へ来て全く散逸し、其姿を消したのである」としている（二〇三―二〇七頁）。

ソ連／ロシアのジャーナリストИ・A・ラーティシェフは、著書『ロシア金塊の行方　シベリヤ出兵と銀行』（新読書社、一九九七年）[26]で、日本がシベリア出兵の渦中で「略奪した」とされるロシアの金塊について、「コルチャークの金塊」（九六頁）、「セミョーノフの金塊」（九六―九七頁）、「ポトチャーギンの金塊」（九七頁）、「ペトローフの金塊」（九七頁）、「ロマノフの金塊」（九七頁）の五つのケースを列挙している。さらにラーティシェフによれば、両大戦間期の日本で金塊をめぐって――Ⅰ）一九二二―一九二九年、セミョーノフのポトチャーギンに対する民事訴訟（一〇〇―一〇二頁）、Ⅱ）一九二六年、日本の国会での「金塊疑惑」の追求―中野正剛代議士（憲政会）が、田中義一政友会総裁に対して、シベリア出兵に関連する金塊関連のスキャンダルを糾弾[27]（七五―八一頁）、Ⅲ）一九三二―一九四〇年、ペトローフが金塊返還訴訟を起こしたが、一九四〇年に公式に却下（一〇三―一〇四頁）という三つの出来事があった。

ラーティシェフによれば、「ペトローフの金塊」とは、П・П・ペトローフ将軍（元コルチャーク軍将官）が一九二〇年一一月二二日に満州里で、「日本軍諜報将校」井染禄朗大佐に、金塊の入った二二箱を引き渡したことが発端になっている（九七頁）[28]。井染禄朗は、日本と金塊問題を結ぶ「キーパーソン」として、現代のイギリス、ロシア、チェコの学術文献においても名前があげられる「有名人」だが、しかるべき文書史料にもとづいて、彼についての過不足のない記述を提供することは、日本側の研究者の課題だろう[29]。

スメーレのリストのなかで日本に関係するとされているのは、次の三点である（一三一九頁）。

一）コルチャーク政府によって、オムスクからウラジヴォストークに搬出された分のなかで、軍事物資購入のために日本政府に売却されたという一三五五万九〇〇〇ルーブリ（一九一九年八月）と、一〇五五万ルーブリ（同年九月）の、合計二四一〇万九〇〇〇ルーブリ。

二）同じくコルチャーク政府によって、オムスクからウラジヴォストークに搬出された分のなかで、軍事物資確保のための貸付の元金として、日本に提供された三一六八万一〇〇〇ルーブリ。

三）一九二〇年九月―一一月に極東軍軍事評議会に搬出されたもののうち、一二七万ルーブリが、一九二〇年一一月に満州里駅で、極東軍少将ペトローフによって、日本軍事使節団員R・イゾメ〔井染禄朗〕大佐に引き渡された。ラーティシェフが「ペトローフの金塊」と呼んでいるものが、おそらくこれに相当する。

スメーレはロシアの金塊と日本との関わりについて、おもにロシア語史料にもとづいて、一九二〇年代から一九九〇年初頭までの動向を踏まえて、「冷静に」記述している。[30] これらの金塊のその後の行方について、日本側の文書史料にもとづいて明らかにする作業も、日本側の研究者に委ねられた重い課題というべきだろう。

注

（1）訳語について一言。ロシア語で золотой запас、チェコ語で zlatý poklad, あるいは státní poklad、英語では gold reserves と呼ばれるものは、日本語では「正貨準備金」、あるいは「国庫保有金」という訳語を当てることにする。俗称として「金塊」という言葉も使用する。

（2）『チェコスロヴァキア日刊新聞』については、さしあたり拙著『チェコスロヴァキア軍団と日本』（教育評論社、二〇二三年、一二一―一六頁）を参照。

（3）この史料集の正式タイトルは、『チェコ＝スロヴァキア（チェコスロヴァキア）軍団、一九一四―一九二〇年。文書と史料、第二巻、チェコスロヴァキア軍団とロシアの内戦、一九一八―一九二〇年』（モスクワ、二〇一八年、一〇二四頁）。以後は『チェコスロヴァキア軍団史料集』第二巻と略称。

（4）一）チェコスロヴァキア軍団の反乱、その素早い勝利と、それに続く敗北の諸原因、二）軍団の補給組織と生活保障組織、三）正貨準備金の話、四）ロシアにおけるさまざまな政治勢力、土地の住民と連合国の、軍団兵士との関係の性格、五）軍団内部の規律と相互関係、六）〔シベリア〕幹線鉄道警備に関する部隊の活動、七）祖国への撤収など（セラピオーノヴァ、六頁）。

（5）本稿一四一頁の記述を参照。

（6）正式タイトルは『兵士か、それとも企業家か？　ロシアとシベリアでのアナバシス〔大遠征〕の時期の、チェコスロヴァキア軍団の経済活動と資金調達活動』（プラハ、二〇一九年、四三二頁）。以後は『軍団の経済活動と資金調達活動』と略称。

（7）第一章「ロシアのチェコスロヴァキア軍の軍事・政治活動」、第二章「財政」、第三章「兵站確保」、第四章「資金調達組織」、第五章「原料調達作戦」、第六章「経済的清算」、第七章「裁きのとき」。

（8）Smele, J. D.: White Gold: The Imperial Russian Gold Reserve in the Anti-Bolshevik East, 1918 - ? (An Unconcluded Chapter in the History of the Russian Civil War). Europe-Asia Studies, Vol. 46, No. 8, 1994, pp. 1319-1320. / D. Brádlerová: Vojáci nebo podnikatelé? …, s. 298-299. ちなみに、金ルーブリは、〇・七七四二三四グラムの純金に相当する。

（9）セラピオーノヴァ、一五頁の記述にもとづく。カザンにおける金塊奪取の詳細は、ヨゼフ・クデラ『ロシアの正貨準備金とチェコスロヴァキア軍団について』（プラハ、一九二二年、六―七頁）も参照。なおカザンで鹵獲された金塊の総額については諸説ある。たとえばスメーレは、六億五一五三万二〇〇〇ルーブリという数値をあげている（一三一九頁）。いっぽうクデラは、Ан・Я・ガン＝グートマンの著作『ロシアとボリシェヴィキ派』第一巻 **Ан. Я. Ган-Гутман :** ***Россия и большевики*****, том I** の記述に依拠して、カザンから運び出された正貨準備金の総額を、六億五一五三万五八三四ルーブリ六四コペイカとしている（九―一〇頁）。この数値は、山内封介があげたものとぴったり一致している（本稿一四二頁の記述を参照）。

（10）セラピオーノヴァ、一六頁の記述にもとづく。オムスクへの到着日については異説もある（ブラードレロヴァー、三〇六頁）。

（11）セラピオーノヴァ、一八頁の記述にもとづく。クデラによると、サマーラ政府とオムスクのシベリア自治政府のあいだで、正貨準備金の管理問題をめぐって論争があり、一時的にチェコスロヴァキア警備隊が、金塊を乗せた列車の警備を担当した（八頁）。

（12）セラピオーノヴァもこの点検のエピソードに触れて、「貴重品の総額は六億五一五〇万ルーブリ」としている（二〇頁）。

（13）セラピオーノヴァ、二〇頁。なお彼女が「金塊は外国のロシア外交代表たちの出費と、ロシア亡命者援助に回された」と述べているのは、一九二〇年以降の歴史的展開を踏まえた表現である。このテーマについてはブドニーツキーの詳細な研究がある。О・В・ブドニーツキー『ロシア移民社会の金銭――コルチャークの金塊、一九一八―一九五七年』（モスクワ、二〇〇八年）。

（14）スメーレのリストによれば、このとき「金塊列車」に積み込まれた金塊の総額は、四億一四二五万四〇〇〇ルーブリ（一三二〇頁）。ブラードレロヴァーによれば、コルチャークのオムスク出発日については、一一月一四日、一一月一五日説もある（三一一頁）。

（15）クデラ、前掲書、一三頁。なおスメーレによれば、このとき盗難にあった金額は七八万ルーブリ。彼はこれを、「タイシェトとジマー駅のあいだでの列車の脱線のとき」の出来事としている（一三三〇、一三三四―一三三五頁）。この金塊盗難事件の詳細については、拙論「ロシアの正貨準備金をめぐる諸問題に寄せて　点描――一九二〇年一月一一日から一二日にかけての深夜に、シベリア鉄道沿線のトゥイレーチ駅でなにが起こったのか？」『スラヴ学論集』第二八号（二〇二五年三月刊行予定）を参照。

（16）第四五五文書（七二五―七二六頁）、第四五六文書（七二六―七二八頁）、第四六一文書（七三二頁）、第四六六文書（七四四―七四六頁）、第四六七文書（七四六―七四七頁）、第四七五文書（七五六―七六〇頁）、第四七六文書（七六〇―七六一頁）、第四八二文書（七六八―七六九頁）、第四八三文書（七六九―七七〇頁）、第四九五文書（七八八―七九三頁）、第五〇八文書（八二五―八二七頁）、第五一二文書（八三〇―八三一頁）。

（17）「ジャナン将軍はエムル大尉が、自分を金塊盗難への関与の疑惑から解放するはずだった取り調べの実施を要求しないで、どのようにしてイルクーツクから退去したかを調査したのか」同右、八二六頁。

（18）ブラードレロヴァーは、事件の現場を目撃したという軍団兵士〔エミル・ククス〕の孫から受け取ったセンセーショナルな「真相」を伝える二〇一二年付けの手紙を、コメントを付さずに紹介している（三一九―三二〇頁）。この手紙については、注（15）の拙論で詳述した。

（19）その他の要求は――「（一）武装解除すること、（二）平和な市民の立場に移行すること、（三）すべての武器をソヴィエト政府代表に引き渡すこと、（四）ロシア人民の裏切り者である自称最高執政官コルチャーク提督と、彼の大臣たちと司令部全体を、ソヴィエト政府の手中に委ねること」「ボリシェヴィキ派の最後通牒」（一九二〇年一月一八日、五八五号、イルクーツク）。

（20）休戦協定の内容については、報道記事「休戦」（一九二〇年二月一一日、六〇三号、ムイソヴァヤ）を参照。

(21) セラピオーノヴァ、二六頁。なおセラピオーノヴァは、……で省略した個所で、「同日〔三月一日〕に、イルクーツクから北西に三二〇キロメートルのクフトゥーン〔クイトゥーン?〕駅で、チェコスロヴァキア軍と赤軍間で休戦が締結された」（二六頁）と書いているが、これは事実誤認で、前述したように休戦締結は二月七日。

(22) 本稿一三三頁の記述を参照。

(23) 本稿一四三—一四四頁の記述と注（29）を参照。

(24) 代表例として、K・B・サーハロフ中将の著作『白いシベリア（内戦、一九一八—一九二〇年）』（ミュンヘン、一九二三年）をあげることができる。特に同書の第五章「チェコスロヴァキア軍団」には、軍団に対する「怨念」が入念に記録されている。興味深いことに同書は、モスクワで二〇一七年に「ロシア国立公共歴史叢書」から、同じくモスクワで翌二〇一八年に「ヴェーチェ」出版社から、相次いで復刻版が出された。後者にはサーハロフの論考「チェコの裏切り」Чешское предательство も併載されている。

(25) ここでセラピオーノヴァは、参照文献として二〇〇一年のブラードレロヴァーのある論文をあげている。

(26) Латышев, И. А.: *Как Япония похитила российское золото*. Москва 1996. 原タイトルを直訳すると、「日本はいかにしてロシアの金塊を略奪したか」となる。

(27) 『田中義一傳記』下巻（田中義一伝記刊行会、昭和三五年〔一九六〇年〕）の第五篇第二章「機密費問題　三百万円問題　金塊問題」（四四一—五二九頁）では、ロシア内戦時の「金塊問題」についても触れている。ここで言及されているのは、多くは「カルニコフ／カルミコフ〔カルムイコフ〕の金塊」についてである（四九七—五〇四、五一五—五一七頁）。なお同書には、中野正剛（四五〇—四六三頁）と清野一郎（四八七—五〇四頁）の、田中義一「糾弾」演説も収録されている。

(28) 白鳥正明『シベリア出兵九〇年と金塊疑惑』（東洋書店、二〇〇九年）にも、同様の記述がある（五三—五四頁）。

(29) 沢田和彦『白系ロシア人と日本文化』（成文社、二〇〇七年）に、「井染禄朗」と「パーヴェル・ペトローフ」についての記述が見いだされる。井染については同書一二九頁の注六〇で、経歴がまとめられている。金塊関連の記述としては、「一九二〇年にチタ特務機関長となり、満州里駅でセミョーノフ、ヴェルジュビーツキーと交渉を行っていたまさにその時に、ペトロフの汽車が到着したというわけである。この金塊引き渡し事件の後、井染は陸軍大佐に昇進した」とある。沢田が関連文献のひとつとしてあげている『復刻新版　陸軍中将樋口季一郎回想録』（啓文社書房、二〇二二年）中の「井染機関長の大岡裁き」（九九―一〇四頁）、「井染機関の人々」（一一五―一二二頁）は、井染の人柄について比較的詳しく言及しているが、金塊問題については触れていない。ペトローフについて沢田は、前掲書で四頁にわたって伝記をまとめ（一一一―一一四頁）、一九二〇年の金塊引き渡し事件と一九三〇年代の金塊返還訴訟について、詳しく言及している。

(30) スメーレ、一三三六―一三三九頁を参照。

文献一覧

沢田和彦『白系ロシア人と日本文化』成文社、二〇〇七年

白鳥正明『シベリア出兵九〇年と金塊疑惑』東洋書店、二〇〇九年

長與進『チェコスロヴァキア軍団と日本』教育評論社、二〇二三年

山内封介『出兵より撤兵まで　シベリア秘史』日本評論社版、一九二三年

ラーティシェフ『ロシア金塊の行方　シベリヤ出兵と銀行』新読書社、一九九七年

『田中義一傳記』下巻、田中義一伝記刊行会、昭和三五年（一九六〇年）

『復刻新版　陸軍中将樋口季一郎回想録』啓文社書房、二〇二二年

Brádlerová, Daniela : *Vojáci nebo podnikatelé? Hospodářské a finanční aktivity československých legií během jejich anabáze v Rusku a na Sibiři.* Praha 2019, 432 s.

Будницкий, О. В.: *Деньги русской эмиграции: колчаковское золото. 1918-1957*. Москва 2008.

Kudela, Josef : *O ruském zlatém pokladě a československých legiích*. Praha, 1922. 18 s.

Сахаров, К. В.: *Белая Сибирь (Внутренная война 1918-1920 гг.)*, Мюнхен 1923.

Smele, J. D.: White Gold: The Imperial Russian Gold Reserve in the Anti-Bolshevik East, 1918 - ? (An Unconcluded Chapter in

the History of the Russian Civil War), *Europe-Asia Studies*, Vol. 46, No. 8, 1994, pp. 1319-1320.
Чешско-Словацкий (Чехословацкий) корпус. 1914-1920. Документы и материалы. Том 2, Чехословацкие легионы и Гражданская война в России. 1918-1926 гг., Москва, 2018, 1024 стр.
『チェコスロヴァキア日刊新聞』*Československý denník*
「カザンの国庫準備金」Kazaňské státní poklady（一九一八年八月二六日、一六〇号、エカチェリンブルク）／「国家の正貨準備金の検査」Prohlídka zlatého státního pokladu（一九一九年五月二九日、三九一号、イルクーツク）／「金塊はいかに管理されているか」Jak se hospodaří se zlatem（一九一九年一一月六日、五二六号、イルクーツク）／「セミョーノフの手中に」V rukách Semenových（一九一九年一一月二三日、五四一号、イルクーツク）／「コルチャーク提督の運命―正貨準備金」Osud adm. Kolčaka. - Zlatý poklad（一九二〇年一月一〇日、五七八号、イルクーツク）／「ボリシェヴィキ派の最後通牒」Bolševické ultimatum（一九二〇年一月一八日、五八五号、イルクーツク）／「ボリシェヴィキ派の「命令」」Bolševický „příkaz"（一九二〇年一月一八日、五八五号、イルクーツク）／「休戦」Příměří（一九二〇年二月一一日、六〇三号、ムイソヴァヤ）／「談話室：金塊」Beseda: Zlato（一九二〇年五月一六日、六七九号／一九二〇年五月一八日、六八〇号、ウラジヴォストーク）。

一九一九年のスロヴァキアにおける暫定センサスとその余波

香坂　直樹

はじめに

本稿では、一九一九年八月下旬にスロヴァキア全土で実施された暫定センサスに注目し、一九一八年秋のチェコスロヴァキア国家の建国直後ないし周辺国との紛争が発生していた時期にスロヴァキア全土を対象に住民調査が実施された理由とその影響を考察したい。

現在のスロヴァキア共和国を構成する地域に住む人々は、ハンガリー王国時代よりすでに定期的な国勢調査（一八六九年、一八八〇年、一八九〇年、一九〇〇年、一九一〇年）を経験し、第一次世界大戦後、一九一八年秋にチェコスロヴァキア国家に組み入れられた後も、戦間期に二回（一九二一年と三〇年）の定期的な国勢調査を経験した。これらの国勢調査の結果は、第一次世界大戦と国家の変化を挟んだデータの連続性を確保しつつ、戦間期に四回（一九二〇年、二五年、二八年、三二年）発行された『チェコスロヴァキア共和国統計総覧』（*Statistická příručka Republiky Československé*）にまとめられ、当時の社会状況や人口動態、住民の属性などに関する情報を得る際の基礎資料となっている。

しかし、本稿で注目する一九一九年の暫定センサスはこれらの定期的な国勢調査とは独立して計画され、実施された調査であり、定期的な国勢調査とは異なる特徴を有していた。第一の違いは調査の企画・実施組織である。チェコスロヴァキア共和国期の国勢調査も、帝国時代のボヘミア統計局を継承した国立統計局が計画・実施していた。しかし、一九一九年の暫定センサスでは、ボヘミア統計局は準備に協力したものの、調査の実施主体はスロヴァキア統治全権省が担った。第二に暫定センサスの調査項目と分類基準が定期的な国勢調査と異なっていた。そして、第三に暫定センサスの結果は先述の『チェコスロヴァキア共和国統計総覧』に収録されなかったことである。暫定センサスの結果は、基本的にスロヴァキア統治全権省が編纂し、一九二〇年に発行した『スロヴァキア地名一覧』(*Soznam miest na Slovensku*、以下『地名一覧』と省略)に収録された程度にとどまり、従来はさほど注目されていなかった。

また、暫定センサスに関する文献も少ない。一九一九年当時スロヴァキア統治全権大臣を務めたヴァヴロ・シロバールの回想録[Šrobár 1928]にも暫定センサスに関するまとまった記述は存在しない。同時代の文献では、実務家のフェドル・ホウデクが暫定センサスの結果と一九一〇年の国勢調査時からの変化に関する短い論考を総合誌『潮流』(*Prúdy*)に寄せたほか[Houdek 1920]、暫定センサスの準備にも参加したチェコ人の統計専門家であるヨゼフ・ムラースが専門誌『チェコスロヴァキア統計報』(*Československý statistický věstník*、以下『統計報』と省略)に掲載した報告[Mráz 1920]程度にとどまる。近年では、スロヴァキアの人口動態を研究するパヴォル・チシリアルが暫定センサスを取り上げた(Tišliar 2007; Tišliar-Šprocha 2015)。チシリアルは暫定センサスをチェコスロヴァキア独立後に最初に実施された人口調査とみなし、スロヴァキアの人口把握における転換点として肯定的に評価した。一方で、スロヴァキアの領域の存在を自明視しており、その意味ではチェコスロヴァキア国家の成立直後の情勢下で暫定センサスが行われた意味について踏み込んで評価しているとはいえない。

このため、本稿では一九一九年のスロヴァキアを取り巻く状況との関連で暫定センサスが実施された意義、および北部のオラヴァ県を事例として暫定センサスがスロヴァキアの各地に及ぼした影響を考察したい。

その際、一次史料としてスロヴァキア国民文書館の現代史部門に収蔵されているスロヴァキア統治全権省（MPS）文書の「一九二〇年住民調査」文書を用いる。この文書は暫定センサスの実施後に、内務省の求めに応じて統治全権省がプラハに送付した文書の残りと考えられる。そのため、調査時に作成された実際の調査票や集計票など調査内容に関する文書はほぼ含まれていないが、暫定センサスの実施要綱や戸別訪問を担当する調査員向けの手引書の草稿と完成版（スロヴァキア語とハンガリー語）、各種の調査票・集計票用紙、調査準備にあたって各県庁が作成した調査員名簿の一部（八県分）などを含み、暫定センサスの準備状況を知る際の手がかりになる。また、先述したムラースの報告も、当事者視点から暫定センサスの準備過程と調査状況を把握するための史料として利用したい。

一　暫定センサスの背景と全国的な実施内容

1　暫定センサスの背景と準備状況

まずはスロヴァキア全土での暫定センサスの準備状況を確認したい。

ムラースが『統計報』に寄稿した報告によれば、一九一八年一二月三〇日の統治全権省の閣議において暫定センサスの実施が決定された。その際、ハンガリー王国時代の調査結果の正確性に対する疑義と講和会議に向けた資料作成の要請の二点が調査の実施理由として示された［Mráz 1920: 1-2］。新国家の国境をめぐり周辺国との紛争が生じるなか、「チェコスロヴァキア人」の国民国家として築かれたチェコスロヴァキア側の領土要求を示す際、統計で「スロヴァキア人（ないしスロヴァキア語話者）」として示される人々の分布状況も「スロヴァキア」の境界線を画定する重要な論拠に位置づけられた。しかし、ハンガリー王国時代の国勢調査の結果では「スロヴァキア人」が過少に示されるバイアスが存在するとの認識ももたれていた。そのため、チェコスロヴァキアの領土要求の正当性を補強する資料を作成するために、王国時代の統計の「歪み」を除去し、スロヴァキアの住民に関する「正確な」情報を収集することが暫定センサスの主要目的と位置づけられた。

暫定センサスを準備するため、シロバールは統計の専門家を派遣するよう政府に要請した。政府は彼の要請にもとづきボヘミア統計局にスロヴァキアへの人員派遣を依頼し、これを受けて一九年一月半ばにムラースは、その当時スロヴァキア統治全権省が本拠を置いていたジリナに赴いた。ムラースは一月末までジリナに滞在し、統治全権省の高官（大臣補佐官と行政担当政府委員。ムラースは報告において協議相手の役職のみを記し、個人名は記していない）との協議を通じ、暫定センサスでの調査範囲を人口動態と住民構成に限定する方針を確認した。また、両者は暫定センサスの準備作業の分担についても合意し、ムラースはプラハに帰任した後に調査票用紙や調査員手引書の作成や印刷を担当し、統治全権省側は調査員の確保など実務面の準備を担当することとなる［Mráz: 2-3］。

しかし、その後スロヴァキア統治全権省とムラースとの連絡は途切れた。ムラースは二月二五日付の新聞記事を通じ、二月二〇日付で暫定センサスの実施に関する統治全権大臣令が公布されたことを知ったという。また、二月末にムラースはプラハ訪問中のシロバールと二回会い、調査員用手引書の原案を示しつつ、調査内容や手法に関して協議した。その際、ムラースはシロバールから三月二四日を調査基準日に設定したことを知らされた。当時の印刷所のひっ迫状況を把握していたムラースは、調査票などの準備を懸念し、この決定に「最大の驚き」を受けたものの、引き続きセンサス実施に向け協力すると伝え、三月半ばまで調査票などの印刷と発送の手配に尽力した。しかし、この時点でもムラースには統治全権省側より調査票の追加印刷手配の要請が届いており、ムラースはもはや調査基準日までに印刷物を用意できないと回答せざるをえなかった［Mráz: 4］。また、スロヴァキア国民文書館の「一九二〇年住民調査」文書に含まれる八県分の調査員名簿のうち、作成日が記された五県の名簿に、三月以前を作成日としたものはない。準備が未完了であることは明白だったと推察できる。

ムラースの報告によれば、暫定センサスの実施が延期された主要因は三月二一日のハンガリーでの政変（評議会共和国の成立）と周辺国との関係悪化である［Mráz: 6］。しかし、以上の状況からは、実務面でも三月二四日時点での調査開始は不可能だったといえよう。

その後、一九年五月初めからハンガリー軍はスロヴァキア進攻を開始した。スロヴァキア南部や東部を中心に広い地域が占領され、六月半ばには東部のプレショウでハンガリー評議会共和国のバックアップでスロヴァキア評議会共和国の成立が宣言された。しかし、連合国の介入もあり、ハンガリー評議会共和国側は劣勢となり、七月初めまでにハンガリー軍はスロヴァキアから撤兵し、スロヴァキア評議会共和国も消滅した。

こうしてハンガリーとの武力紛争がいちおうの落ち着きをみせた後、一九年八月に暫定センサスの準備作業が再開された。最終的に八月二〇日から二一日にかけての深夜を調査基準点と設定し、八月下旬からスロヴァキア各地で調査員による戸別訪問と調査票の記入、集計作業が開始されたのである［Mráz: 6］。

2　暫定センサスの調査内容と調査手法

次に「一九二〇年住民調査」文書に含まれる一九年二月二〇日付の統治全権大臣令と調査票用紙、調査員手引書を参照しながら、暫定センサスの調査項目と調査手法を確認したい。

すでに述べたように暫定センサスの実施目的は、第一次世界大戦後のスロヴァキアの住民構成と各町村に関するデータを独自に収集することにあった。そのため、ムラースの原案を経て作成された二月二〇日付の統治全権大臣令では、暫定センサスの調査項目を以下の一五項目に限定した。（a）基準日に調査地点にいたすべての人物の氏名と最後の改名前の名前、戸主との続柄、（b）性別、（c）婚姻状況、（d）出生地（町村名と県名、ハンガリー王国外の場合は町村名と郡名、領邦名）、（e）すべての人物の年齢、（f）宗教、（g）民族帰属意識、（h）教育、（i）言語能力、（k）

軍務経験、(l) 戦争への参加、(m) 戦争での負傷、(n) スロヴァキア語での正確な町村名、(o) 町村内の役場や学校、宗教施設においてマジャル(ハンガリー)語が導入された時期、(p) 各家庭内で戦争の影響(戦死・病死、捕虜、行方不明)を受けた人物の数、である。

これらの項目は住民個人に関する情報(a項〜m項とp項)と町村に関する項目(n項とo項)とに分類できる。また、住民個人に関する情報であっても、民族帰属意識そのものを問う項目に加えて各人の言語能力や宗教を問うた。つまり、二〇世紀初めの中欧地域で活動したナショナリスト知識人の基準にのっとり、各人の民族帰属を左右すると認識された指標を重視した点を読み取れる。a項で「最後の改名前の名前」を調査する意図についても、ムラースは非マジャル的な名前を有する人々に対する戦前のマジャル化政策の効果を測る意図があったと説明している[Mráz: 11]。一方、各人の就労や収入の様態、経済状況など通常の国勢調査で問われる項目は設定されていない。この点からも、暫定センサスの目的がスロヴァキアの社会状況の包括的な把握ではなく、講和会議での国境線画定交渉に利する資料作成の基礎情報の収集に置かれたことがわかる。

そして、①家庭用調査票、②調査区域・町村集計票、③郡集計票、④県集計票の全四種の調査票や集計票も上記の調査項目に対応した様式で用意された。末端で戸別訪問調査を担当する調査員は、これら四種の用紙のうち、①家庭用調査票と②調査区域・町村集計票の二種の記入を請け負った。訪問した各家庭で一枚ずつ家庭用調査票を作成し、それらをもとに各調査員が担当する調査区域(ないし担当した村)の集計票を記入する手筈である。

また、調査員各位に渡される調査員手引書では、家庭用調査票の各項目欄について調査・記入時の注意事項も記された。このうち、民族帰属意識に関する欄の記載に関しては、他の項目欄と比べて際立って詳細に記入上の注意が記されている。

調査員手引書はまず、具体的に、戸別訪問時に調査対象者が「チェコ人」と申告した場合は「Č」と書き入れ、「スロヴァキア人」と申告した場合は同じく「S」と記入するよう明記している。このほか、「ルシン人」は「R」、「マジャル人」（ハンガリー人）は「M」、「ドイツ人」は「N」の文字をそれぞれ書き入れ、その他の民族を申告した場合は、その民族名を記入するよう指示した。

そのうえで、民族帰属意識とは「成人（一四歳以上）かつ精神的に健全な者が、特定の民族体ないし民族に対する氏族としての帰属関係に応じて、個々に抱く民族的・政治的信念」であると定義した。つまり、民族帰属意識とは各人の自己意識であると規定し、帝国時代の言語を基礎とした調査からの転換を言明した。この転換に関し、暫定センサスの制度設計を行ったムラースは、二月八日付の調査計画原案において、ハンガリー王国時代の統計調査に際し、調査員が学校でマジャル語を習得した非マジャル系の児童をもマジャル語の母語話者として記録する傾向があったと指摘しつつ、自己意識を基準とすることでより正確な情報を入手できると説明している。ムラースは基本的にハンガリー王国時代の統計調査には歪みが存在したと認識しつつ、暫定センサスではその歪みを排除し、より「中立」的な立場からより「正確」な情報を入手するための調査手法を採用しようと試みたといえよう。

「中立」を求める傾向は、民族帰属意識欄の記入に関する他の注意点にも反映された。たとえば、調査員手引書は、担当の調査員がこの欄の記入内容に何らかの修正を施すことを原則的に禁じると明記した。修正を行う場合は修正箇所と修正理由を明記した理由書を調査票に添付するようにも求め、違反した調査員は罰金ないし懲役刑も含めた刑事罰を受ける可能性があるとも警告した。調査員手引書において調査員の違反行為に対する処罰に言及した箇所はこの部分のみであり、調査結果の「改ざん」として受け取られかねない行為に注意を促したことを確認できる。

他方、調査員手引書の想定では、調査に対するより重要な圧力の行使者は、調査員ではなく調査対象者、あるいは調査対象者の周囲にいる人物だった。たとえば、調査員手引書には「もし、ある人物がある民族の言語をまったく知らないにもかかわらず〔その民族を〕申告した場合は特に、圧力がある疑いはほぼ確実であり、〔調査員は〕その事例を正確に解明し、真に自由な決定にもとづく記入であるかを確認しなければならない」（〔 〕内は香坂による補足、以下同）との注意が記された。ここで調査に対する圧力の行使者として想定された存在は、調査対象者の背後から回答内容を指示すると想定された第三者であり、戸別訪問に際して調査対象者の回答を変えさせようとする調査員ではない。また、上に引用した調査員による修正の禁止に関しても「明白に不正確なデータについて、調査員ないし〔同じ町で戸別訪問を担当する複数の調査員が構成する〕調査委員会は、調査対象者と面談し、その不正確さを確認した場合は、これを修正できる」とも記された。ここでも調査員による「確認」は、圧力ではなく「不正確な」記入への是正措置として扱われている。

また、上記したように暫定センサスでは「民族」帰属の指標は自己申告と規定されたが、調査員手引書は、調査現場では、従来どおり、言語と民族を連関する指標として処理するよう期待していることも示した。この意味では、調査対象者の言語能力の記入欄も民族帰属意識欄における調査対象者の回答の「正誤」を判断する補助線として機能していた。

以上のように、調査員手引書は民族帰属意識調査での圧力に警戒を払いつつも、調査への不正行為や圧力は調査員以外から及ぶ行為と想定していた。一方で調査員による実際の「修正行為」の有無ないし程度に関しては、現在のところ調査票自体を確認できていないため判断できない。

以上に示した調査手法からわかるように、暫定センサスでは調査員による戸別訪問が重要な役割を担った。調査員は「公正かつ信頼に足り、十分な知識を有する個人」から統治全権大臣が指名し、その任務は公の市民としての義務とされた。一方で、旅費や食費に加え、調査実施数に応じた謝礼も支払われる規定も盛り込まれた。

スロヴァキア国民文書館に残された調査員名簿のうち、オラヴァ県とリプトウ県の名簿では、調査員の職業は教師や公務員との記載が多く、この二つの職業で調査員全体の七割以上を占める。さらに、暫定センサス実施後の一九二〇年五月に国立統計局が暫定センサスの調査員経験者に対して実施したアンケート調査（一七四一人に用紙発送、うち七一七人が返答）においても職業を（初等学校などの）教師と公務員と回答した者が全体の約三分の二を占める［Mráz:123-124］。これらの数値からは、調査の意義と手引書を理解し、住民からの聞き取りをもとに調査票を作成できる技能を有すると期待され、また新国家が信頼しうる人員として、教師や公務員といった在地の知識人が暫定センサスの調査員として動員された様相をうかがえよう。さらに、ムラースの報告にあるように、スロヴァキア内で人員が確保できない場合は、チェコ側からも応援の調査員が派遣されている［Mráz: 120-121］。

3　暫定センサスの集計と『スロヴァキア地名一覧』

本節の最後に、暫定センサスの集計過程に触れたい。すでに述べたように末端で調査を担当する調査員は①家庭用調査票と②調査区域・町村集計票の作成を担当した。その後調査員は期日内に作成した全資料を各県の県知事に引き渡した。この後、各県庁が③郡集計票と④県集計票を作成し、それらをブラチスラヴァのスロヴァキア統治全権省に送付した。

なお、郡集計票と県集計票の作成にあたっては、町村自体の情報として、町村の一九一九年時点での名称と一九一七年当時のマジャル（ハンガリー）語での名称、マジャル語名称の採用年を記した。ついで、町村内の学校および宗教施設での使用言語（スロヴァキア語／マジャル語）をチェックし、さらに、それぞれの施設でのマジャル語の導入年度を記すように求められた。二月二〇日の統治全権大臣令のn項とo項に対応する内容である。

以上の過程を経て集約された各地の調査結果をもとに、統治全権省が『地名一覧』を編纂した。『地名一覧』は、Ⅰ：県別の町村情報(miestopis)、Ⅱ：郡ごとの人口動態比較表（一八八〇年、一八九〇年、一九〇〇年、一九一〇年、一九一九年の調査結果の比較）、Ⅲ：県および都市として名乗る権利を有する自治体（ムニツィパル権保有都市）の人口動態比較表、

表1 『地名一覧』によるスロヴァキアの住民数

年	総計（人）	民族名									
		チェコスロヴァキア		ルシン		マジャル（ハンガリー）		ドイツ		その他	
		人	%	人	%	人	%	人	%	人	%
1880	2,474,221	1,501,619	60.69	89,010	3.60	553,470	22.37	225,504	9.11	104,618	4.23
1890	2,606,655	1,603,717	61.52	96,331	3.70	645,698	24.77	234,056	8.98	26,853	1.03
1900	2,816,912	1,704,591	60.51	99,120	3.52	764,051	27.12	215,427	7.65	33,723	1.20
1910	2,952,781	1,689,698	57.22	111,280	3.77	901,792	30.54	198,876	6.74	51,135	1.73
1919	2,948,307	1,962,766	66.57	93,411	3.17	692,831	23.50	143,589	4.87	55,710	1.89

（出典） MPS, *Soznam miest na Slovensku*, p.170をもとに筆者が作成。

Ⅳ：結果の概略表、Ⅴ：アルファベット順の町村リスト、Ⅵ：編集中の変更点、Ⅶ：正誤表、の七つの部分から構成された。Ⅰが暫定センサスの調査結果を記した『地名一覧』の主要部分であり、Ⅱ～Ⅳは暫定センサスの結果と以前のハンガリー王国の国勢調査結果とを比較する部分、Ⅴ～Ⅶは付属の部分と分類できる。

Ⅰの町村情報では、スロヴァキアの各郡に所属するすべての町村について、一九年時点でのスロヴァキア語名称と（以前の）マジャル語名称、町村内の家屋数を記し、次いで各町村の住民について、総数ならびに性別、民族意識別、宗教・宗派別の住民数を記す。

残りの欄には町村内の施設に関する情報、具体的には、公証役場、郡裁判所、税務署、郵便局、電信局、鉄道駅、憲兵隊詰所、村内での小教区の有無、そして当該の施設が町村内に存在しない場合は、当該町村を管轄する・最寄りの施設がどの町村にあるか（郵便局と鉄道駅に関しては当該町村からの距離）を記した。これらの情報は町村集計票に記載された情報がもとになったと推測でき、調査員による現地調査の結果を直接的に反映したといえよう。

町村情報および『地名一覧』のその他の図表に記載された、スロヴァキア各地の住民に関する情報についても、当然ながら、調査員による調査・集計結果がもととなったが、『地名一覧』の編纂にあたっては、民族帰属意識欄の記載方法に大きな修正が施された。つまり、暫定センサスの家庭用調査表の記入時、ならびに各種の集計票の作成時に別カテゴリーとされた「チェコ人」と「スロヴァキア人」は「チェコスロヴァキア人」として一つのカテゴリーに集約され、合算された数値が記載されたのである。この変化は一九二〇年の新憲法と関連諸法の成立を通じてチェコスロヴァキア共和国が「チェコスロヴァキア人」の国民国家と規定された状況を反映したものと考えられる。

ともあれ、一九一九年の暫定センサスと『地名一覧』によれば、一九一九年八月のスロヴァキアの全人口は二九四万八三〇七人であり、このうち一九六万二七六六人（六六・五七％）が「チェコスロヴァキア人」、一一万一二八〇人（三・一七％）がルシン人、六九万二八三一人（二三・五〇％）がマジャル人（ハンガリー人）、一九万八八七六人（六・七四％）がドイツ人、その他の民族に所属する者が五万五一七〇人（一・八九％）であると把握された（表1参照）［MPS 1920: 170］。『地名一覧』にもとづくならば、ハンガリー王国時代の一九一〇年国勢調査との比較で「チェコスロヴァキア人」は約二七万人、率にして九％以上増加し、反対にハンガリー人の数は約二〇万人（七％）程度減少したのである。

この『地名一覧』の発行をもって、暫定センサスの集計作業は終結し、第一次世界大戦直後のスロヴァキアの住民数と自治体を統計的に把握する作業はひとまず完了した。

二　オラヴァ県の係争地域における暫定センサス

次に、スロヴァキア北部のオラヴァ県に限定して暫定センサスの実施状況を確認したい。

前節で触れたとおり、暫定センサスはチェコスロヴァキアの建国直後に周辺国との間で発生した国境紛争に際し、スロヴァキア人の居住状況を「正しく」示すチェコスロヴァキ側に有利な資料を作成する意図から計画された事業であ

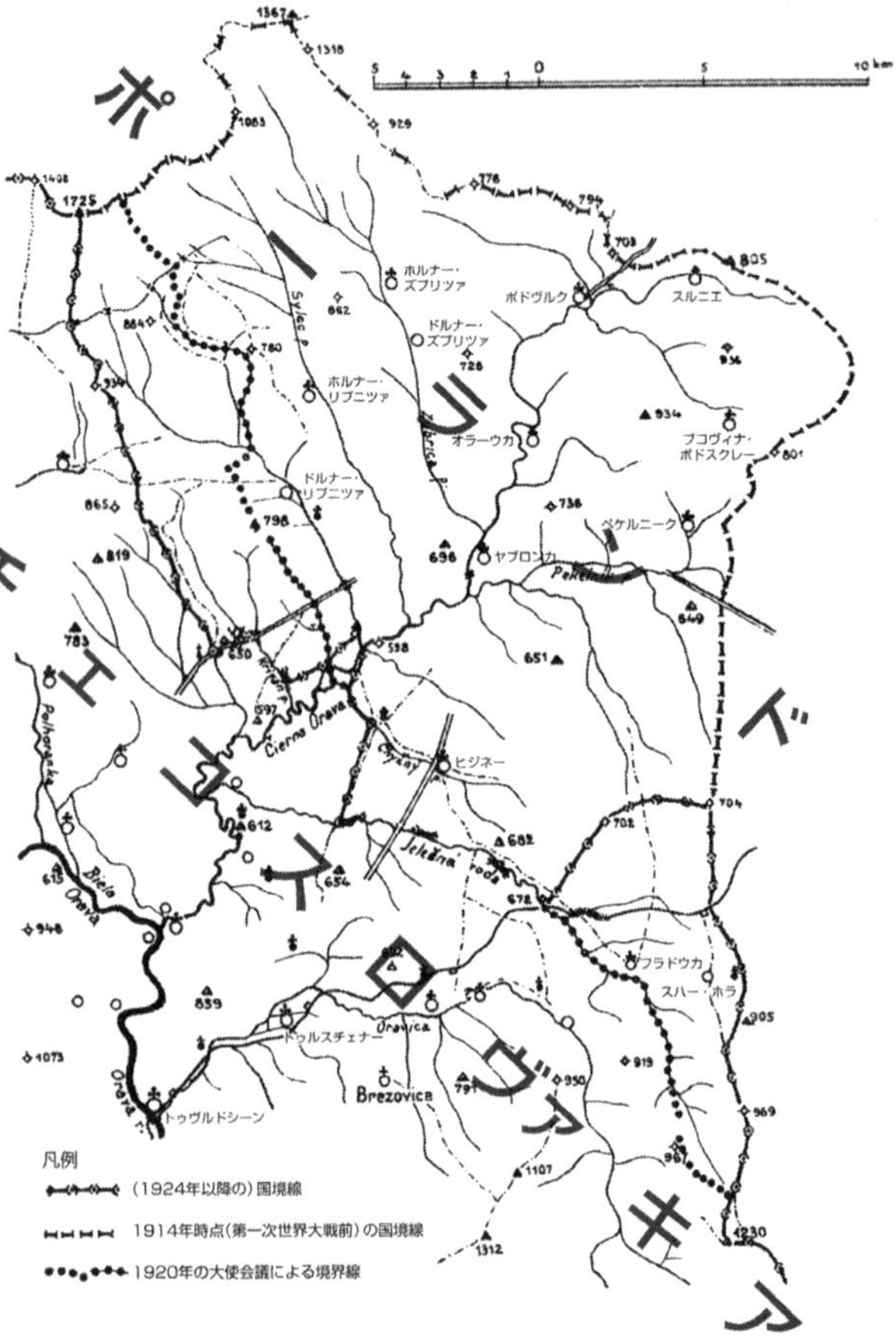

図１　オラヴァのチェコスロヴァキアとポーランドとの係争地域

連合国による仲裁と修正を経て 1924 年に両国間の国境線が画定した。

る。その際、スロヴァキアに関しては紛争の主な相手としてハンガリーが意識されていたが、北部のポーランドとも紛争が生じていた。オラヴァ県北部とスピシ県北部、ならびにシレジアのチェシーンの帰属をめぐる紛争である。

紛争の存在はスロヴァキア「全土」での暫定センサスの実施にどのように影響したのか。本節ではオラヴァ県の事例を通じて確認する。まず、チェコスロヴァキアとポーランドとの紛争の展開について、オラヴァの状況を中心にまとめ、次いでオラヴァでの暫定センサスの実施状況を確認し、最後に地方紙の紙面を通じて暫定センサスに対する反応を確認したい。

オラヴァをめぐる紛争は、一九一八年一〇月下旬に中欧各地でチェコスロヴァキアなどの建国の動きが始まった直後、一一月にポーランド軍がオラヴァ県北部に進駐したことにより始まる。旧ハンガリー王国の北部境界までを自国領と認識していたチェコスロヴァキア政府からの働きかけを受けた連合国は、オラヴァ県北部にも両国間の境界線を設定し、一二月にはその境界線の南にまでチェコスロヴァキア側の部隊が進駐した。

翌一九年一月にポーランド政府がチェシーン全域を併合する意図を表明し、チェコスロヴァキアも出兵したためにチェシーンで両国の軍事衝突が発生した。この事態を受け、連合国チェシーン委員会が設立され、チェシーンやオラヴァ、スピシをめぐる両国間の国境紛争は国際的な枠組みによる協議の議題となった。

一九年五月から七月末にかけて両国は二国間交渉を行い、そのなかで係争地域における住民投票を通じた帰属の決定がポーランド側から提案された。また、連合国最高会議も八月末から九月初めにかけて両国間の紛争に関して協議を重ねた。最終的に、九月初めにチェコスロヴァキア側も係争地域における住民投票の実施に合意し、九月一一日付で連合国最高会議はチェシーンとオラヴァ、スピシにおける住民投票の実施を決定した。

その後二〇年前半に住民投票の実施に向けた用意が開始されたものの、現地の治安状況の悪化を受け、同年七月に両国は住民投票の中止と連合国への仲裁依頼に合意した。七月末に連合国大使会議は係争地域の分割に関する決議を採択し、両国に通告した。その後具体的な国境画定を目的とした国際委員会の活動が開始されるが、再度両国の意見対立が生じる。最終的に、二三年一二月の常設国際司法裁判所による勧告的意見にもとづいて、二四年二月に修正案が作成された。この国境案を同年三月に国際連盟理事会およびチェコスロヴァキア・ポーランド両国が承認し、両国間の国境が確定した。

表2　オラヴァ県での調査員の配置状況と調査対象の町村数

郡　名	調査員名簿に基づく調査員の人数（人）	調査委員名簿で設定された調査区域数	調査員名簿で調査対象となった町村数	『地名一覧』に調査結果が記載された町村数
ドルニー・クビーン	26	35	29	29
ザーモツキー	18	20	19	19
トゥルスチェナー	41	41	22	8
ナーメストヴォ	51	51	26	27
オラヴァ県全体	136	147	96	83

（出典）　SNA, f. MPS krab. č.277, sign. č.10688/1919, 526-529/277 および MPS, *Soznam miest na Slovensku*, pp.73-76 をもとに筆者作成。

以上の過程を踏まえるならば、スロヴァキアで暫定センサスが計画され、準備が進められ、実施された一九年二月から九月にかけての時期は、オラヴァでも両国の領土紛争が認識され、連合国管理下での住民投票の実施が決定される重要な時期と重なる。そのような状況で、チェコスロヴァキアの行政機関が権力を行使し、現地の住民をチェコスロヴァキア市民として扱い、彼らの民族帰属意識という国境紛争に関わる項目を調査する暫定センサスを実際に準備し、実行できたのだろうか。

オラヴァ県での暫定センサスの準備状況を示す資料として、オラヴァ県の県庁で作成され、スロヴァキア統治全権省に送付された調査員名簿を参照したい。オラヴァ県の調査員名簿は作成日不明であるものの、全県分（ドルニー・クビーン郡、ザーモツキー郡、トゥルスチェナー郡、ナーメストヴォ郡の四郡分）が揃って保存されている。

この調査員名簿にはオラヴァ県内の九六町村で戸別訪問を実施し調査票を記入する調査員全一三六人の氏名や職業、使用言語などが記載されている。

本節の関心からは、彼ら／彼女が担当する調査区域が注目に値する。当時の行政区画では、ポーランドとの係争地域となったオラヴァ県北部はトゥルスチェナー郡とナーメストヴォ郡の管轄下に属するが、両郡の調査員名簿では、トゥルスチェナー郡では二二町村、ナーメストヴォ郡では二六町村がそれぞれ調査対象地として記載されている（表2参照）。これらの町村のなかには、トゥルスチェナー郡のブコヴィナ・ポドスクレー〔ブコヴィナ＝オシェドレ〕（オラヴァ県の町村名は調査員名簿での記載順のまま現在のスロヴァキア語表記での名称を記し、現在のポーランドにおける町村名は〔　〕内に表記した、以下同じ）やヒジネー〔ヒジネ〕、ハルカブース〔ハルカブス〕、フラドウカ、ヤブロンカ〔ヤブウォンカ〕、ドルナー・リプニツァ〔リプニツァ・マワ〕、ホルナー・リプニツァ〔リプニツァ・ヴィエルカ〕、オラーウカ〔オラフカ〕、ペケルニーク〔ピエキエルニク〕、ポドヴルク〔ポドヴィルク〕、スルニエ〔ポツァルニエ〕、スハー・ホラ、ドルナー・ズプリツァ〔ズブジツァ・ドルナ〕、ホルナー・ズプリツァ〔ズブジツァ・グルナ〕といった翌二〇年七月末の大使会議による分割案でポーランドに帰属すると裁定された一四の町村も含まれている（なお、このうちフラドウカとスハー・ホラは二四年の国境線の修正を経てチェコスロヴァキア領と決定された）。

以上に示した調査員名簿の内容からは、一九年前半の暫定センサスの準備に際して、オラヴァ県庁はかつてのハンガリー王国とガリツィア州との境界線までにいたるオラヴァ県全域での調査を予定していたと想定できる。

次に、オラヴァ県内のポーランドの係争地域において実際に調査を実施できたか否かであるが、スロヴァキア国民文書館の「一九二〇年住民調査」文書には暫定センサスの調査票、県集計票やその下書きなどは含まれていないため、現在のところ確認できていない。そのため、暫定センサスをもとにした『地名一覧』でのオラヴァ県に関する記載の内容を手がかりに考えたい。

『地名一覧』はオラヴァ県の四郡に属する町村として八三町村とその住民の情報を記載し、県全体の住民数を五万八七六九人と集計した。内訳は、チェコスロヴァキア人五万七八五四人、ルシン人三人、マジャル人三九〇人、ドイツ人一三七人、その他三八五人である。『地名一覧』によれば、ハンガリー王国時代の一九一〇年の国勢調査ではオラヴァ県の住民数は六万三七三三人であり、このうちチェコスロヴァキア人が五万八八九一人、ルシン人一人、マジャル人一八五四人、ドイツ人一三二七人、その他一六六〇人である［MPS: 73-76, 169］。一九一〇年と一九年の結果を比較すると、オラヴァ県の住民数は減少したが、「チェコスロヴァキア人」の比率は増加している。一方、それ以外の集団は人数・比率ともに減少した結果を読み取れる。なお、『地名一覧』では、ポーランド人は独立したカテゴリーとして記載されず、「その他」に集約された。『地名一覧』の内容にもとづくならば、一九一〇年時点でもオラヴァ県の住民のうち九二・四四%はチェコスロヴァキア人であるが、一九年にはその比率は九八・四四%にまで上昇したことになる。

一方、『地名一覧』に記載されたオラヴァ県の町村の数を、先述した調査員名簿での町村数（九六町村）と比較するならば、一三町村少ないこともわかる（表2参照）。郡別にみるならば、オラヴァ県南部のドルニー・クビーン郡（二九町村）およびザーモツキー郡（一九町村）では調査員名簿に記載された町村すべてが『地名一覧』にも記載された。一方、オラヴァ県北部のトゥルスチェナー郡については『地名一覧』は八町村のみを記載した。調査員名簿で同郡の調査対象地とされたブコヴィナ・ポドスクレー、ヒジネー、ハルカブース、フラドウカ、ヤブロンカ、ホルナー・リプニツァ、オラーウカ、ペケルニーク、ポドヴルク、スルニエ、スハー・ホラ、ドルナー・ズプリツァ、ホルナー・ズプリツァの一三町村の記載はない。また、調査員名簿でトゥルスチェナー郡に含まれたドルナー・リプニツァは西隣のナーメストヴォ郡に属すると記載された。また、『地名一覧』冒頭の凡例紹介においても、「オラヴァ県とスピシ県は、新しい状況に鑑み、ポーランドに掌握された町村を除く」旨が記されている。

以上より、『地名一覧』のオラヴァ県に関する記述内容は、二〇年七月の裁定を経てポーランド統治下に入った町村を省いた内容だったことがわかる。しかし、『地名一覧』の記述内容から、『地名一覧』に記述されなかった町村で暫定センサス調査が実施されていないと直ちに結論づけることはできず、調査自体は実施されたものの『地名一覧』の編集段階で情報が省かれた可能性も排除できない。

当時のオラヴァで発行されていたスロヴァキア語週刊新聞である『我らのオラヴァ』（*Naša Orava*）の一九年一一月一日付の記事「チェシーンとオラヴァ、スピシの分割に反対して」も後者の可能性を示唆している。この記事はポーランドとの係争地域における住民投票の実施に反対する内容だが、後述するように、その論拠の一つとして一九年の暫定センサス結果に言及した。その際、一九年の調査結果としてオラヴァ県のスロヴァキア人の数を六万九四八〇人、ポーランド人を二五〇〇人と紹介している。これらの数字は上述した『地名一覧』のオラヴァ県の住民数とは大きく異なっており、そこから『地名一覧』に記載されていない町村でも実際の調査自体は実施された可能性も考えられる。

本節の最後に、地方紙『我らのオラヴァ』の記事を参照しつつ、オラヴァ現地における暫定センサスへの反応を確認したい。

一九年の『我らのオラヴァ』紙では暫定センサスに関する記事を七本確認できる。これらのうち、五本は暫定センサスの実施に関する事実関係と調査項目、スロヴァキア全土での集計速報などにとどまり、当時のオラヴァが置かれた状況、つまりポーランドとチェコスロヴァキアとの紛争と関連した論評を含む内容ではない。だが、八月二三日付と一一月一日付の二本の記事は、国境紛争を意識しつつ、暫定センサスに関する、ないし調査に際して人々が採るべき対応に関する文章を含む内容だった。

まず、暫定センサスの調査直前にあたる八月二三日付で一面全面に掲載された記事「スロヴァキア人よ！」では、記事の冒頭で「決定的な刻が来た。新しい、公正な住民調査が始まる」と暫定センサスの意義を確認したうえで、読者に「私はスロヴァキア人男性だ！／私はスロヴァキア人女性だ！」と申告する「スロヴァキア人の**民族的な義務**を妨げる立場や不安、恐れはまったくない」（太字は原文）と呼びかけた。ポーランドないしハンガリーといった領土紛争の相手国こそ名指ししていないものの、当地の住民が民族帰属意識を表明する機会として暫定センサスを明確に位置づける編集部の意図を確認できるだろう。

次に、一一月一日付の一～二面に掲載された記事「チェシーンとオラヴァ、スピシの分割に反対して」は、オラヴァ県を含むポーランドとの係争地域における住民投票の実施、そして分割の可能性に反対する論拠として、ゴラル

（Goral、山の民の意）の間に昔から存在する家族的・経済的・政治的一体性や社会的なつながり、スロヴァキア人との言語的な一体性などに触れつつ、ゴラルがポーランド人の一部であると認識したことはないと言明した。そのうえで、ハンガリー王国時代の一九一〇年国勢調査において、スロヴァキア人の数を減少させようとしたハンガリー王国政府の指示でゴラルはポーランド人に組み入れられ、その結果ポーランド人の数が急増したと述べる。しかし、今次の暫定センサスの結果、オラヴァ県ではスロヴァキア人は六万八九四〇人となり、ポーランド人の数は「ポーランド側の激しいアジテーションの結果にもかかわらず」二五〇〇人にとどまったことも、オラヴァ全域がチェコスロヴァキアに所属する根拠として指摘した。

これらの『我らのオラヴァ』紙の論調は、住民調査を住民各自が自民族への帰属意識を表明する一つの機会とみなし、あるいはそのように読み替えて利用するナショナリスト知識人の典型的な言説であり、特筆すべきものではない。ただ、ポーランドとの国境紛争が先鋭化しつつあるオラヴァにおいて、また民族帰属意識と国家建設・国境線画定とが結び付けられた第一次世界大戦後の中欧の状況のなかで、一九年の暫定センサスもまたチェコスロヴァキアの国境画定に資する調査であることが「正しく」理解されていたことを示す資料だといえよう。

おわりに

本稿ではチェコスロヴァキア共和国の建国直後の一九一九年八月下旬以降にスロヴァキア全土で実施された暫定センサスに注目した。前半で暫定センサスの全般的な準備状況と実施状況を確認した後、後半ではポーランド人との国境紛争に関わったスロヴァキア北部のオラヴァ県における暫定センサスの状況をまとめた。

暫定センサスは当初は一九年一月から始まったパリ講和会議向け資料の基礎情報の収集を意図しつつ、一九年三月下旬の実施を企図して計画された。その目的に従い、調査項目も個人の帰属意識に関わる内容に絞り込まれた。しかし、第一次世界大戦後の状況下で準備に手間取り、調査の実施は一九年八月下旬以降にずれ込み、集計も遅れた。その意味ではスロヴァキアの国境画定に有利な影響を与えるという当初の目的を適えることはなかった。

それにもかかわらず暫定センサスは各地で多数の調査員を動員して実施され、スロヴァキア統治全権省は『地名一覧』の編纂作業を完徹した。その理由として、暫定センサスは「スロヴァキア」各地全土の住民を、チェコスロヴァキアの一地域たるスロヴァキアの住民として把握する行為だったことがある。調査対象地域がハンガリー（あるいはポーランド）国家ではなくチェコスロヴァキア国家に属することを確認し、自らが暮らす国家を住民に知らしめ、確認させる意味を重視したとも想定できる。その意味では暫定センサスの実施それ自体が意味を有していたといえよう。

本稿の後半で扱ったオラヴァ県においても、少なくとも、暫定センサスの計画段階ではポーランドの係争地域を含めたオラヴァ県全域での調査員の派遣と調査の実施とが予定されていた。そこには係争地域を含めた全県でのチェコスロヴァキアの主権を示す意図があった。それゆえに、反対に、国際的な裁定を経てポーランドに帰属していく、つまりチェコスロヴァキア領から除外された地域は『地名一覧』の記載から省かれた。

また、地方紙『我らのオラヴァ』の記事にみたように、国境紛争が争われた場所では、暫定センサス調査とその結果に示される住民の民族構成は、第一次世界大戦後の中欧地域の状況下にあっては、紛争地域の国家的な帰属を定める重要な要因になることも明確に意識され、参加が呼びかけられたのである。

オラヴァ県で見られた状況が、同じくポーランドとの係争地域であるスピシ県や、あるいはハンガリーとの紛争に関係したスロヴァキア南部にも見られるか、また、各地での暫定センサスの実施から集計に至る実際の状況の検討は今後の課題としたいが、一九一九年の暫定センサスはチェコスロヴァキア建国直後のスロヴァキアないしスロヴァキア各地の政治・社会状況を把握する際の重要な出来事だと評価できる。

参考文献

一次史料

SNA, f. MPS krab. č.277, sign. č.10688/1919, Soupis Obyvateľstva 1920.

Naša Orava, roč.2, 1919.

二次文献

Houdek, Fedor, Obyvateľstvo Slovenska r. 1919, in *Prúdy*, roč.VI, č.2, 1922, pp.121-124.

Houdek, Fedor, *Vznik hraníc Slovenska*, Bratislava, 1931.

Hronský, Marian, *Trianon, vznik hraníc Slovenska a problémy jeho bezpečnosti (1918-1920)*, Bratislava, 2011.

Jesensky, Marcel, *The Slovak-Polish Border, 1918-1947*, Palgrave-Macmillan, 2014.

Ministerstvo s plnou mocou pre správu Slovenska, *Soznam miest na Slovensku dľa popisu ľudu z roku 1919*, Bratislava, 1920.

Mráz, Josef, O předběžném sčítání lidu na Slovensku roku 1919, in *Československý statistický věstník*, roč.II, 1920, pp.1-39, 120-143.

Šrobár, Vavro, *Osvobodené Slovensko. Pamäti z rokov 1918-1920* zväzok I, Praha, 1928.

Šrobár, Vavro, *Oslobodené Slovensko. Pamäti z rokov 1918-1920*, zväzok II, Bratislava, 2004.

Tišliar, Pavol, *Mimoriadne sčítanie ľudu na Slovensku z roku 1919. Príspevok k populačným dejinám Slovenska*, Bratislava, 2007.

Tišliar, Pavol – Šprocha, Branislav, Zaznávaný a nepoznaný cenzus 1919 či len kuriozita? In *Historický časopis*, roč.63, č.2, 2015, pp.253-274.

ミラン・ホジャと農民民主主義
――第二次大戦後の戦後政治構想を中心に――

中田　瑞穂

はじめに

ミラン・ホジャ（Milan Hodža）は、一九三八年、ミュンヘン協定締結によって、戦間期のチェコスロヴァキア第一共和国が終焉する直前まで、共和国の首相を務めていた人物である。しかし、七年後、チェコスロヴァキアがヨーロッパの地図上に復活した時には、亡命していたホジャも彼の所属した農業党も新しい共和国に戻ることはなかった。ホジャは戦争中アメリカで客死し、農業党は戦後の共和国では再興を許されず、六党からなる国民戦線の与党連合に参加できなかったのはもとより、野党としても存在を許されなかった。農業党は戦間期のチェコスロヴァキアの最大政党であり、農業党が再興されなかったことは、戦争をはさんだチェコスロヴァキア政治の変質を端的に示していた。

ミュンヘン協定後共和国が経験した変化を考えれば、政治の変容自体は驚きではない。領土の面からみても、ミュンヘン協定後、チェコ国境地域のドイツへの割譲に加え、ポーランド、ハンガリーにも領土を割譲し、さらに一九三九年にはスロヴァキアは独立国となり、残りのチェコもドイツの保護領となった。政治体制においても、ミュンヘン後の第二共和国では、政党の合同、共産党の禁止など政治の権威主義体制化が進み、一九三九年以降は、独立スロヴァキア国（正式名称はスロヴァキア共和国）でも、保護領でも政治的多元性は失われた。

第二次世界大戦が始まると、さまざまな立場の政治家、活動家が戦後の体制構想を表明したが、戦間期の第一共和国の政治にそのまま戻すべきであるという考えはみられず、「新しい、より良い政治」のかたちをめざすべきであるという点では共通していた。

ホジャも、戦後のチェコスロヴァキアの政治のかたちについて影響を与えようと、亡命中もさまざまなかたちで政治活動を行っていた。ホジャは、チェコスロヴァキアを含む中欧地域の社会的実態と、第二次大戦前の政治体制の成果と限界についての評価を踏まえつつ、戦後のデモクラシーについての考えをめぐらしていた。さまざまな機会に表明されたホジャの構想は、戦時中には権威主義体制とナチス・ドイツの支配下に置かれ、戦後には共産党の一党支配のもとでの社会主義体制が成立していく中欧における、体制構想のオルタナティブの一つとして重要な意味をもつ(1)。本章では、このホジャの構想を検討することで、第二次大戦後における、デモクラシーの可能性についての理解を深めることをめざしたい。

ホジャ自身は、チェコスロヴァキア亡命政権に主要メンバーとして加わることはできず、戦後の政治の形の選択肢の一つとして自分の構想を残すこともできなかった。ホジャの構想が影響をもつことができれば、戦後の政治体制は異なるものになっていたかもしれない。ホジャの構想が残ることができなかったのは、なぜか。他の構想との違いや関係を検討することで、その点を明らかにすることも本章の目的である。

戦間期チェコスロヴァキアの重要な政治家であるのにもかかわらず、戦後のチェコスロヴァキアでは、ホジャについての研究は長い間行われてこなかった。一九四五年にチェコスロヴァキアを再興したベネシュ大統領と国民戦線政府ら第三共和国の当事者にとって、スロヴァキア・ナショナリズムを刺激する可能性があるホジャに触れることは望ましくなく、一九四八年の二月事件以降、事実上の一党支配体制を確立した共産党政権にとっても同様であり、国内でホジャの研究が行われることはまれであった。

一九四八年の亡命後、ベネシュ周辺の人物らは、戦後のチェコスロヴァキアの再建に至るベネシュ亡命政権の第二次大戦中の活動について、多くのメモワールを書いた。そのなかにホジャも登場するが、これらのメモワールがベネシュらの行動を擁護する観点から書かれていることに留意する必要がある。一方、アメリカ亡命中のホジャの秘書であったミハル・ムードリ（Michal Múdry）は、ホジャ側の視点からメモワールを残しているが、こちらも一九四八年以降の出版であり、その文脈を意識するべきであろう［Múdry 1949］。

ホジャの学術的な研究が行われるようになったのは、一九八九年の体制改革後である。一九九二年九月にスロヴァキア科学アカデミーの政治部門が中心となって、スロヴァキアとチェコのみならず国外の歴史、政治研究者を集めてホジャの記念シンポジウムが行われ、論文集が編まれ、二〇〇二年には論文を増やした新版も出版された［Pekník 1994; Zelenáková 1996; Pekník a kol. 2002］。

一九九三年のチェコとスロヴァキアの分裂もあり、その後もホジャは、スロヴァキア史上の重要な政治家として研究対象となり、ジャーナリスト、農業運動、国際関係などさまざまな角度から研究されている［Pekník 2008a; 2008b; Gonĕc, Pekník a kol. 2015］。

特に、ホジャの主張した中欧の連邦化構想は、EUの先駆けとなる欧州のいくつかの連邦化構想の一つとみることができ、スロヴァキアのEU加盟の時期には、政治的な行為として、ホジャの改葬も行われた。この時期のホジャへの関心の高まりには、独立前後のスロヴァキアで高まったナショナリズム的、権威主義的な傾向に対抗する、リベラル派の政治的な意図がみられる。つまり、ホジャは、スロヴァキア・ナショナリズムを昇華してヨーロッパにおけるネイション間の共存の構想へと結びつけた政治家として位置づけることができ、それゆえに着目されたのである。

ホジャの中欧連邦構想についての研究としてはルカーチ［Lukáč 2005］や福田宏［2012; Fukuda 2012; 2014］をあげることができる。ホジャは彼の長い政治生活のなかで、中欧連邦の構想をくり返し主張しており、第二次大戦中には、『中欧における連邦：考察と回想』を書き上げている。これらの研究はホジャの長期に及ぶ中欧連邦の試みの経緯も扱いつつ、第二次大戦中の中欧連邦構想も取り上げており、本章の注目するホジャの戦後構想との関係でも重要な先行研究となっている。

もう一つ第二次大戦中の活動として焦点が当てられているのは、ホジャのスロヴァキア自治問題についての活動である。アメリカにおける、スロヴァキア系市民やアメリカ国務省に対するスロヴァキア自治についての働きかけについては、リチコのアメリカ側の文書を使った研究によって詳細があきらかになった［Ličko 2008; 2009; 2010］。

一方、チェコ側では、ホジャについての研究はそれほど進展していない。そのなかでベネシュのロンドン亡命政権について長年研究を続けているククリークとニェメチェクは、第二次大戦中のホジャとエドヴァルド・ベネシュの関係に焦点を当てている［Kuklík a Němeček 1998; 1999］。ミュンヘン協定時の大統領であったベネシュはロンドンで亡命政治活動の主導権を握っていくが、ククリークらの研究は、その際、ホジャがベネシュの主導権に抵抗した点に焦点を当て、アメリカで亡くなるまで、ホジャの活動を追っている。ベネシュが戦後体制構築の中心を担うなかで、ホジャの構想は日の目を見ることはなく、農業党も立場を失っていくことになる。亡命政府の設立とその承認はチェコスロヴァキア史のなかで大きなテーマであり研究も多く、ククリークらの研究以外にも、この点から大戦中のホジャの活動に言及している研究は多い［Křen 1968; 林　一九九二］。

ここでも、ホジャとベネシュの対立点として、スロヴァキア問題に焦点が当てられている。それに加え、亡命運動の主導権をめぐる個人的な争いも両者の対立の一因とされている。

以上のように、ホジャの戦後構想については、すでに十分な研究蓄積があるが、そのなかでは中欧連邦化とスロヴァキア自治の問題が特に注目されている。実際、ホジャの大戦中の活動のなかで、目立っていたのはこれらの点であるのは確かである。

しかし、ホジャがスロヴァキア自治や中欧連邦という国制の枠組みに加えて構想していた政治体制については十分注目されているとはいえない。それにはこれまで述べたような研究史上のバイアスも影響している。

本章は、これらの先行研究にも依拠しつつ、特に彼の民主主義観に焦点を当てて考察したい。中欧連邦は、大国に挟まれた小さな国民国家が生き延びるための協力であるが、各国、連邦内での政治体制についてもホジャは展望をもっていた。ここでは内政の政治体制構想に注目し、そこからスロヴァキア問題、中欧連邦構想との関係にも注目していくことにしたい。本章では、まず第一節ではホジャの言説や行動を手がかりに、ホジャの内政の政治体制構想をあきらかにしていく。そのうえで、第二節では、ホジャの戦時中の政治活動に着目し、どのような方法で自分の戦後構想に影響力をもたせようとしたかについて考察する。

一　ホジャの戦後民主主義構想と農業民主主義

1　ホジャの戦後民主主義構想

ホジャが第二次大戦後の政治構想を最もまとまったかたちで示したのは、一九四二年、アメリカ滞在中にロンドンで出版した『中欧における連邦：考察と回想』である。書名にもあるとおり、本書でホジャは中欧諸国の連邦の構想を述べ、ポーランドからギリシャに至る広範囲の諸国家が戦後連邦を形成することを提案した。しかし同書が中欧連邦構想について述べているのは、全体の一割程度の部分であり、本書の大方のページは戦間期の中欧諸国の相互協力や民主主義の状況についてのホジャの評価と、戦後の民主主義の展望に充てられている。

一九四〇年代初頭、ヨーロッパにおける民主主義について、明るい見通しをもつことは難しかった。特に中欧諸国の多くの地域では、ナチス・ドイツが拡張政策に乗り出す前に民主主義が崩壊していたことを考えると、戦争がナチス・ドイツの敗北で終わったとしても、民主主義体制が復活することを簡単に期待できる状況ではなかった。ホジャが同書で展開したのは、戦間期の中欧における民主主義の評価を踏まえた、戦後民主主義の構想であった。

(1) 中欧における民主主義の可能性

同書の第二章「中欧における相互理解へのイニシャチブ」と、第四章「中央ヨーロッパの民主主義は生き延びて経済改革を実現できるか」では、戦間期のオーストリア、ポーランド、ハンガリー、ルーマニア、ユーゴスラヴィア、チェコスロヴァキアの民主主義の試みが詳細に検討されているが、ホジャの議論の特徴は、これらの国の民主主義の担い手を、労働者、ブルジョワ、農民としたうえで、どの国にも、これらの勢力の協力による民主主義の可能性があったと積極的に評価している点にある[Hodža 1942: 203]。

その際に、ホジャが重視しているのが、農民の民主主義へのコミットメントと、民主主義を支える重要な勢力である労働者階級との協力である。中欧諸国では、住民に占める農民の割合が六四・五%と高く、農民の帰趨が重要である[Hodža 1942: 196]。これらの民主的勢力は、第一次大戦までは野党として保守派の勢力に対抗してきたが、第一次大戦後、突然民主主義体制が実現し、責任を負うことになった。そのため準備不足であり、たとえばポーランドでは戦後も続いた戦争の影響など、さまざまな事情も重なり、民主主義の維持に成功しなかった[Hodža 1942: 185-195]。また、オーストリアでは、強い労働者階級が存在し、カトリックの保守的な農民も民主主義を受け入れていたが、両者が連合の形で協力できず、それぞれが単独政権を望んだところに失敗の原因があるとする[Hodža 1942: 186-187]。

チェコスロヴァキアでは、堅固に組織された労働者とそれをモデルに組織化された農民が連合して双方の利益になる政策をとったことが民主主義の成功のカギとなった［Hodža 1942: 214-215, 223-225］。これらの組織の核が政党であり、政党は個人と国家の不可欠な結び目であるというのが、ホジャの考えであり［Hodža 1942: 216］、労働者、農民、さらにカトリックの政党の協力、妥協や合意が民主主義にとって重要であるとする［Hodža 1942: 217-218］。

（2）指導された経済と民主主義

もう一つホジャが重視しているのは、指導された経済と民主主義の共存の必要性である。世界恐慌以降は、経済的な自由放任主義はもはや維持できず、"économie dirigée"（指導された経済）が不可欠と考えられるようになっている［Hodža 1942: 201-203］。指導された経済がある程度経済的自由を束縛するのはやむをえないが、同時にボリシェヴィズムのような独裁ではなく、民主主義も維持する必要がある。

ホジャによれば、この際重要な役割を果たすのが農民である。市場に任せる自由放任はとれず、他方で所有権を国有化し、中央集権化した計画経済は、ソ連のような一党支配を招きかねない。そのどちらでもなく、私的所有権を守りつつ、生産、加工、消費の協同組合が協力して自ら統制計画を作っていく方法での指導された経済を選ぶべきであり、財産である土地を持ち、かつ労働に従事する農民はその自然な担い手となりうるというのがホジャの主張であった［Hodža 1942: 195-203］。彼は、チェコスロヴァキアでホジャ自身が主導した穀物専売制をその先進的な例としてあげ、農作物取引の自由放任を修正し、農業協同組合、製粉業者、消費者組織の協力のもとで穀物の定額買い上げと販売の仕組みを作り、農業に関わる経済の安定に寄与したとし［Hodža 1942: 225-227］、このような生産者、消費者、労働組合の協力を工業部門にも広げる可能性を示唆した［Hodža 1942: 229］(2)。

（3） 農業党の役割と農業民主主義

以上のように、ホジャは、中欧諸国における民主主義の成功の条件として、労働者と農民など民主主義を支持する諸勢力の協力を重視した。また、戦後の民主主義の展望としては、指導された経済への不可避な移行と民主主義を両立させるために、国家に権限を集中させる計画ではなく、私的所有を尊重し、個々の経済活動に関連する社会集団間の合意による経済指導をめざすとした。このようにホジャは農民勢力を重視し、またチェコスロヴァキアの戦間期の実践をモデルとして重視していた。ホジャは農業民主主義という言葉もくり返し使っており、彼が農業党の政治家であることを考えると、農業や農業党を中心にした民主主義を主張していたかにみえる。しかし、ホジャの農業民主主義は工業化、都市化への敵意や農村生活の賛美というような要素はなく、ホジャの民主主義観と中欧の現実から、農民の民主主義における役割を重視しているものである。

ホジャは、民主的な社会勢力が複数存在し、それぞれが組織され政党を通して民主政治を支えること、それらの政党が相互の妥協や連合で政治を進めることを民主主義とみていた。その一つの要素として中欧においては農民が重要だと考えていたのである。たとえば戦間期には、共和国全体で人口の四割、ボヘミアで三割、モラヴィアで三・五割、スロヴァキアでは六割が農業に従事していた。組織された中小農を民主主義の担い手として重視し、同じような状況の地域として、北欧もあげている。また、農民のみを民主主義の担い手と決めているわけではなく、組織化された労働者も民主主義を支える勢力として尊重している。農民についても保守的な勢力の支配下にある場合は民主主義を支える勢力として期待できず、また、土地を持たないプロレタリアート農民はボリシェヴィキを支持しやすいと警戒し、土地改革を進めることをハンガリーをはじめとする諸国の最大の課題としていた。

（4） 中欧連邦と農業党

同書でホジャは、戦後の中欧の国際関係についても議論し、オーストリア、ブルガリア、チェコ＝スロヴァキア、ギリシャ、ハンガリー、ポーランド、ルーマニア、ユーゴスラヴィアの八か国が連邦を作ることが、経済的にも合理的で、ドイツにも対抗できる方策であるとした［Hodža 1943: 162-170］。各国が主権を維持しつつ、主権の一部を連邦に委譲し、共通の関税、共同通貨、共同政府、加盟国政府の代表からなる共同評議会を作る案を構想し［Hodža 1943: 170-175］、それによる中欧の安定が、ヨーロッパの安定をもたらすと主張した。

ホジャは、農民の政党がネイション間をつなぐ役割を果たすことも強調している。その証左としては、チェコスロヴァキアの中で、スロヴァキアとチェコ、さらにドイツ人の農業党が協力に至った経緯や、中欧諸国の農業党の協力の事例をあげ、戦後に向けても農業党の協力を重視している［Hodža 1943: 96,104-105］。

2　ホジャの戦後構想の位置

以上のようにホジャの戦後民主主義構想は、戦間期の中欧の民主主義の試みを積極的に評価し、不足していた土地改革などの条件が整い、労働者と農民が民主主義を協力して支えることができれば、民主主義を生き延びさせることができるはずであるというものだった。連邦化は、ネイション間の対立を解決し、そのために必要な安定した環境を作り出すものであった。

しかし、単に戦間期の試みをそのまま受け入れるのではなく、指導された経済が不可避という時代の要請に合わせた経済制度の大胆な改革を求めていた。ただし、指導された経済の計画の作成者として、農業者の協同組合や労働組合、消費者組合などの合議を想定しており、社会の組織化については、戦間期のチェコスロヴァキアの経験の延長として構想し、ソ連型の国家の中央集権的社会主義とは異なるものにしようとしていた。

では、このようなホジャの戦後政治構想は、チェコスロヴァキアの他の戦後政治構想と比べて、どのような位置にあったといえるだろうか。

ホジャは、チェコスロヴァキアの戦間期の政治、とりわけ、農業党と社会主義政党、カトリック政党との連合、協調や、ネイションを超えた農業党間のつながりを高く評価しており、それは、ミュンヘン協定受諾を経て、第二共和国、スロヴァキアの独立とチェコの保護領化をへても変わらなかった。

しかし、国内外の抵抗運動の活動家の考え方は異なっていた。国内抵抗運動中央指導部（Ústřední vedení odboje domácího、以下ÚVOD）が一九四一年にまとめた綱領『自由のために、新しいチェコスロヴァキア共和国へ（Za svobodu do nové Československé republiky）』（以下『自由のために』）では、これまでの政党政治を党派政治、党官僚の専横とし、ファシズムからの攻撃に対しても対応できなかったと批判して、社会集団ごとに組織されているこれまでの政党の排除を求めた［Za svobodu 1945: 61; 中田 二〇一九：二〇五―二〇七］。

国外亡命勢力のなかでもロンドン亡命政権を率いたベネシュは、一九三九年アメリカ滞在時にまとめ、まず英語で出版された『今日と明日の民主主義』［Beneš 1939］を、一九四一年から一九四二年にかけて戦後の民主主義構想を書き足して改訂し、一九四二年にチェコ語で出版している［Beneš 1947］。このなかで、ベネシュは戦後のヨーロッパ、世界の民主的再編、戦後の民主主義の変容と将来について詳しく構想を述べているが、戦間期の政党政治家については党利を追い、国家、国民の利益をないがしろにしたと批判し、戦後は、社会科学の成果を客観的に問題解決に生かすような政治家が求められるとしている［Beneš 1947: 263; 中田 二〇一九：二一〇］。ベネシュは複数の政党の存在をいちおうは容認したが、政党とは民主主義にとっての必要悪と述べている［Beneš 1947: 263; 中田 二〇一九：二一〇］。

このように、ホジャの戦前の政党政治についての評価や戦後の政党の構成や役割についての考え方は、国内抵抗運動やベネシュと大きく隔たっていた。

これと関連した重大な争点は、戦後の経済の計画化の問題であった。経済を自由市場に任せることはできないという点では合意があり、ホジャも前述したように指導された経済の導入を不可避と考えていた。しかし、所有権の在り方や、経済計画の策定の方法については考え方に大きな違いがあった。ホジャが私的所有権を擁護し、経済計画については関連の協同組合や労働組合の協議で決定していく方式を提案していたのに対し、国内抵抗運動中央指導部の『自由のために』は、議会、大統領、政府が選んだメンバーによる経済国家評議会を統制機関として提案した [Za svobodu 1945: 85: 中田 二〇一九：二〇五―二〇六]。

さらに、ベネシュは生産手段の社会化、集団化を主張し、科学知識に基づく計画の策定を求めた。ベネシュは「社会化する民主主義」という考え方を主張し、戦後、民主主義は、リベラルなブルジョワ的政治的民主主義から、社会化する、より良い、完成された、社会的に経済的により繁栄した民主主義の新しい段階へと移行すると考えていた。さらに、ベネシュの亡命政権に参加していた社会民主党左派のフィエルリンゲルは、生産手段の公有化、勤労人民の自治による公平な分配をもとめた [Nová Svoboda, r.18, č.3, 1941, Z. Fierlinger “Nejdříve jasnou myšlenku a program”; 中田 二〇一九：二一六]。

このように、経済の計画化について、ホジャの私的所有権を擁護しつつ、アクター間の協議による指導された経済化を進めるという考えは、国内亡命勢力とも、ロンドン亡命政権のベネシュや社会民主党左派とも大きく異なっていた。

ホジャが自分の戦後構想に影響力をもたせる可能性はあったのか、それが失われたことが、実際のチェコスロヴァキアの方向性に影響を与えた側面があったのか、第二節では、ホジャの戦時中の政治活動に着目しながら考察する。

二　ホジャの戦時期の活動

1　政治家ホジャの歩み

まず、簡単にホジャの政治家としての歩みを振り返っておこう。

ホジャは一八七八年二月一日、トゥルチアンスキ・スヴェティー・マルティン Turčiansky Svätý Martin、現マルティンのそばのスチャニ Sučany で、福音派の牧師の息子として生まれた。叔父には、一九世紀の著名なスロヴァキア・ナショナリスト活動家のミハル・ミロスラウ・ホジャがいる。ブダペシュトとクルージの大学で学んだあと、ジャーナリストとして活動を始め、自分で新聞を発行し、さらに政治家としてのキャリアをハンガリー王国議会の議員として始めた。ハプスブルク時代は、サラエボで殺されたフランツ・フェルディナント大公とハプスブルク帝国の民族連邦化を計画し、第一次大戦後のハプスブルク崩壊時にはチェコの政治家と話し合って、チェコスロヴァキアとしての独立を果たすことに尽力するなど、第一共和国建国時にはすでに多くの政治的経験を積んでいた。

第一共和国では、スロヴァキアの農業党をチェコの農業党と合併させて、農業党が共和国最大の政党となることに貢献し、そのリーダーの一人として法統一相、農相、首相を歴任し、首相在任時には一次的には外相も兼任した。チェコ人が優位に立つ共和国において、ホジャは初めて首相についたスロヴァキア人だった。

ホジャはスロヴァキア・ナショナリストではあったが、カトリックの多いスロヴァキアではマイノリティの福音派であった。チェコとスロヴァキアを一つの国民の二つの枝とし、中央集権的なチェコスロヴァキア国家を支持するチェコスロヴァキア主義の考え方に反対するスロヴァキア・ナショナリズムの主流派は、カトリックと結びついており、その点でホジャとは距離があった。スロヴァキアの小ささを認識して、周りのネイションとの共存、協力が不可欠と考え、スロヴァキア独立というより連邦、連携を常に模索するのがホジャのスタイルであった。当初はチェコスロヴァキア主義を支持していたが、共和国のなかでスロヴァキアが成熟すると、次第にスロヴァキア自治を支持するようになる。

ホジャは農業党のなかでも異質な存在だった。農業経営者、地主の多い農業党のなかで、ホジャは、農民出身ではなく、知識階層の家柄の出身であった。ホジャが農業党を選んだのは、農業問題の解決が、中東欧の社会、経済問題解決の鍵であるという考えからであった［Krajčovičová 2002］。

また国内に視野が限られている政治家が多いなかで、ホジャはスロヴァキア語、ハンガリー語、ドイツ語、ルーマニア語、英語、フランス語と多くの言葉を話し、広くヨーロッパの政治情勢に目を向け、国際的視野をもつめずらしい政治家であった［Křen 1968: 198］。

ホジャについては、きわめてレトリカルで弁が立つ有能な政治家である一方、政治的なマヌーヴァに手を染め、政治家としての本能で動く側面もあり、人間的には怒りっぽく感情に波があるなど、複雑で多面的な人物像が描かれている。そのことが、ホジャの大戦中の行動の意図を推し量ることも難しくしている。

2　戦時中の活動

ホジャは、一九三五年から首相となり、一九三八年のミュンヘン協定前の緊迫した時期も首相を務めていたが、ミュンヘン協定受諾の八日前に軍人のシロヴィーに首相の座を譲って辞任した。チェコスロヴァキア政府がミュンヘン協定を受諾したのち、ホジャは病気治療の目的もあってスイスに渡り、そこで一九三九年三月のスロヴァキア独立とチェコの保護領化の報を聞くこととなる。多くのチェコスロヴァキアの政治家が亡命し、国内の抵抗運動と協力しつつ、チェコスロヴァキアの再建をめざした。ホジャはフランス、さらにはイギリスで亡命チェコ人、スロヴァキア人の組織、チェコ＝スロヴァキア国民評議会 Česko-Slovenská národní rada を立ち上げるが、ベネシュがロンドンで立ち上げたチェコスロヴァキア国民委員会が臨時亡命政権として一九四〇年春に英仏に承認されたのに対し、ホジャらの動きは一九四〇年六月のフランス陥落とともに完全に失敗した。ホジャはベネシュの亡命政権にスロヴァキア自治を認めさせることも、その構成に影響を与えることもできず、一九四〇年一一月に亡命政府の諮問機関である国家評議会 Státní rada Československá の副議長という名目的な役割を受け入れた。

一九四一年六月に独ソ戦が始まり、直後にソ連が、七月にイギリスがベネシュの臨時政府をチェコスロヴァキア政府として承認し、ベネシュの立場はさらに強固となった。ホジャは、国家評議会には一度も出席せず、一九四一年一一月にはアメリカへ渡った。病気を抱えており、その治療を口実にベネシュの許可を得ての渡米であったが、ホジャには政治的な目的もあった。アメリカにはチェコ系、スロヴァキア系市民の団体が多数存在し、ホジャのねらいは、在米スロヴァキア人の支援を受けることであった。ホジャはスロヴァキア系アメリカ人組織を説得できる戦後構想を提示し、チェコスロヴァキアの再建と、スロヴァキア人の自治と、中欧全体の安定を実現する目的をあきらめてはいなかった。その目的は部分的には成果を上げ、『中欧における連邦：考察と回想』の出版も果たすなど、精力的な活動を続けたが、アメリカでの活動の間も、病の悪化に阻まれ、希望を託したフロリダでの腹部の腫瘍の手術も効果を上げられず、一九四四年六月二七日、フロリダのクリアウオーターで六六歳で客死することになる。

3　ホジャの亡命中の活動の焦点と限界

次にホジャの亡命中の活動をその主要な論点ごとに検討し、戦後の政治に影響を与えられたか否か、その原因とともに検討したい。

（1）スロヴァキア自治

ホジャが、亡命中に最も強調した論点は、スロヴァキアの自治問題であった。それは仏英滞在中も、アメリカに渡ってからも同じである。

①　仏英亡命期

まず、一九三九年夏、特に九月から一九四〇年までの仏英亡命中には、スロヴァキア自治問題がホジャとベネシュの中心的対立点であった。ホジャは、スロヴァキアの自治は一九三八年のミュンヘン協定前に、ドイツ系マイノリティとの交渉のなかでスロヴァキアにも自治を認める共和国の再編案がすでに政府内で合意済みであり、立法化を待つばかりであったとし、すでに決着済みの問題であると主張した［Kuklík a Němeček 1999: 51; Křen 1968: 201-202; 中田 二〇一二：三六四］。それに対し、ベネシュはミュンヘン協定は無効であり、それ以降のすべての国境変更や独立スロヴァキア国の成立も無効であるとの前提に立ち、スロヴァキアの自治を含む共和国の最終的な形態は、再建されたチェコスロヴァキアにおいて、チェコスロヴァキア人民によって、決定されると主張し、スロヴァキア自治への言質は与えなかった。

ホジャがスロヴァキア自治問題について強い姿勢をとることで、ベネシュとの妥協は困難となった。しかし、ホジャにはこのような立場をとる必要性があった。なぜなら、スロヴァキアの政治家であることは亡命していたホジャにとっての最大の政治的資源だったからである。

第一共和国の政治家としてのホジャは、スロヴァキアの政治家であることを自分の資源として主張することはなかった。ホジャはチェコスロヴァキアにまたがる最大政党農業党の有力政治家であり、その立場で行動していた。彼自身の農業党内での立場が、農業党内のスロヴァキア翼を率いていることにあったのは確かだが、政策課題においてもスロヴァキア問題に傾注するというより、共和国全体の課題を取り上げ、そのなかでスロヴァキアにも配慮するという姿勢をとっていた。

しかし、ミュンヘン協定後の変化のなかで、ホジャの立場は変化していった。一九三八年一〇月六日にスロヴァキア人民党がスロヴァキアの自治を宣言すると、農業党のスロヴァキア翼はホジャを除き全員スロヴァキア人民党に合流し [Rokoský 2011: 332-333]、ホジャの農業党のなかでの足場はなくなった。さらに、農業党は第二共和国期には保守系諸政党を糾合した国民統一党の中心となり［中田 二〇一二：三六八］、ホジャとの隔たりも大きくなった。

その状況下では、スロヴァキアの政治家であることを強調することはホジャにとってメリットがあった。英仏がチェコスロヴァキアの代表機関にスロヴァキアの代表を入れるよう要求していたことに加え、アメリカのスロヴァキア同胞の支持を期待することもできたからである。英仏の圧力は有利な材料であり、ベネシュはホジャを何とかして自分の亡命政権のなかに、実質的な権限は持たせない形でにせよ、取り込もうとした [Křen 1968: 211]。

しかし、ホジャがスロヴァキアの代表を主張することには、デメリットも存在した。

まず、ホジャ自身がスロヴァキアを代表しているといえるか微妙でもあった。ホジャや、戦間期のチェコスロヴァキアのフランス大使で、本国消滅後亡命活動に転じたシュチェファン・オススキーはマイノリティの福音派であった。スロヴァキアからの亡命者は少なく、それもほとんどがチェコスロヴァキア主義者であり、亡命スロヴァキア人のなかでも、ホジャらへの支持が大きかったわけでもなかった。

チェコスロヴァキアの亡命者の多くは、スロヴァキアの独立を裏切りとみなしており、スロヴァキアの自治が（ドイツ系マイノリティの自治とともに）すでに確定していたというホジャの主張も受け入れられないという強硬な姿勢も、特に軍人を中心にみられた [Křen 1968: 199]。

このように、スロヴァキアを代表して自治の主張をすることは、ホジャの資源であると同時に亡命運動のなかで立場を獲得するうえでの弱点をともなったのである。ホジャ、オススキーらは、チェコ＝スロヴァキア国民評議会の活動をとおして、ベネシュと彼の国民委員会に対して圧力をかけ、スロヴァキア自治や亡命政権の構成についての譲歩を引き出そうとしたが、結局、フランスの敗北でチェコ＝スロヴァキア国民評議会は後ろ盾を失い、ホジャらの活動は、ベネシュから何の譲歩も引き出すことができずに終わった。

② **アメリカ亡命期　一九四一年一一月から一九四四年まで**

一九四一年一一月にアメリカに渡ったのちも、ホジャの政治活動の中心はスロヴァキア自治問題についてのアピールであった。

ホジャの目的は、スロヴァキア系アメリカ人の支持を獲得することであり［Múdry 1949: 20; Mikula 1994: 164; 2015: 341］、できれば、ホジャの戦後構想へのアメリカの関心を得ようとしていた。

スロヴァキア系アメリカ人の組織には、スロヴァキアの独立を支持する考えもあったが［Ličko 2009: 7］、ホジャがアメリカに渡って間もなく、一九四一年一二月の日本の真珠湾攻撃によってアメリカが第二次大戦に参戦し、ドイツ、独立スロヴァキア国もアメリカとの交戦国になったため、スロヴァキア系アメリカ人の立場は複雑になった。連合国の側に立つベネシュのロンドンの亡命チェコスロヴァキア政権を支持するべきとの圧力も高まるなか、ベネシュがスロヴァキアの自治を認めていないことへの懸念も強かったのである。

ホジャは、体調の許す範囲で積極的に講演会をこなし、スロヴァキア系の新聞に記事を書き、スロヴァキア自治については、ミュンヘン協定の前の時点ですでに確定されていたという主張を展開した［Múdry 1949: 23-28］。アメリカと交戦国になった独立スロヴァキア国を支持はできないが、スロヴァキアの自治は確保したいとするスロヴァキア系移民の中にはホジャの主張を支持する声も高まり、いくつかの組織ではホジャ支持の決議も行われた［Múdry 1949: 30-35; Ličko 2009: 21］。一方で、ベネシュのロンドン亡命政権を支持する声もあり、移民組織のリーダーの間に分裂が生じた。

ここでも、ホジャのスロヴァキア自治の主張は、むしろアメリカの国務省のホジャへの懸念を強める結果となった。のちに述べるように、国務省は、ルーズヴェルト大統領のソ連観に疑念、不満をもっており、ホジャの中欧構想や政治体制についての主張には若干の理解を示していた。しかし、国務省にとって優先されたのは国内の安定であり、ホジャによってスロヴァキア系アメリカ人組織が分裂し、内部対立することを何より懸念していた［Mikula 2015: 345; Ličko 2009: 21-23］。そのため、国務省にとっては、国内のスロヴァキア系組織がベネシュのチェコスロヴァキア亡命政権支持で一本化することが望ましかったのである。

（2） 中欧構想

ホジャは亡命中、中欧各国への人脈を生かし、中欧構想にも積極的に取り組んだ。イギリス政府も中欧の小国の戦後の安全保障の観点から、連邦化を支持しており、ベネシュもこの時点ではポーランドとの関係強化について明白にホジャと対立していたわけではない［Smetana 2017: 65］。一九四〇年一一月にはポーランドとチェコスロヴァキアの亡命政権の間で政治的経済的な共同体の形成についての協定も結ばれた。

ホジャは、アメリカに渡ったのちにロンドンで出版した、『中欧における連邦：考察と回想』でも、具体的な連邦化構想を描いていた。しかし、保守派との協力、ハプスブルク復位への加担との噂が流布するなど、ベネシュを後ろ盾とした妨害工作があり、ホジャの中欧構想への理解を得るには困難がともなった。

ポーランド亡命政府とソ連の関係が悪化すると、ベネシュはポーランドを含めた連邦をソ連に容認させることは困難と考え、ポーランドとチェコスロヴァキアの連邦構想を白紙に戻した。ホジャにとっては、中欧連邦構想はドイツ、ソ連双方との対抗上必要なものであったが、ベネシュにとってはソ連にミュンヘン以前のチェコスロヴァキアの形を保障してもらうことが重要であり、次にみるように、ソ連の政治体制についての評価もホジャとは異なっていた［Smetana 2017: 64, 66］。

（3）政治体制についての構想

ホジャの戦後に向けた政治体制についての構想は、戦間期のチェコスロヴァキアの政治体制の経験への肯定的な評価から、農民と労働者、ブルジョワ階層らさまざまな社会階層が政党を通じて政治の場に代表され、その政党間の妥協と協調を通じて政治的決定を行うというものであった。経済の民主化、計画経済の実施についても、関係する諸経済アクターの参加による計画の実施を重視していた。政治的な民主主義を経済的民主主義と社会的公正の原則で補完しようとしていたのである。いずれの場合にも、ホジャが重視していたのは関係社会階層ごとの代表と交渉であった。その考え方は、亡命政権の構成や、国際関係についての考えにも現れている。

①　亡命政府の構成について

前述のように、ベネシュの国民委員会に対して、ホジャらはチェコ＝スロヴァキア国民評議会を作って対抗したが、その主張のなかには、国外機関も民主主義的原則を守るべきという点が含まれていた［Mikula 1994: 169; Kukulík a Němeček 1999: 70; Křen 1968: 211］。選挙はできないが、国外にいるすべての利益集団、イデオロギー要素の真の政治的代表の協定で亡命政権を作り出すべきとしている［Zápis o ustavující schůzi Česko-Slovenské národní rady (ČSNR) v Paříži konané dne 28. ledna 1940 in Kuklík a Němeč ek 1998: 210］。

国民委員会に加わっていたのは、ベネシュに近い国民社会党のメンバーをはじめ左派が中心であり、旧農業党や旧国民民主党など中道、右派の代表はわずかしか含まれていなかった。亡命者の圧倒的多数がベネシュを含めて左派であったということもあるが、ベネシュが自分の大統領としての有資格性をミュンヘン協定の無効に帰し、ミュンヘン以前からの連続性を主張する一方で、ミュンヘン協定前に首相であったホジャや、有力政党の農業党やスロヴァキアの代表を考慮することはなかったからである。

農業党が国民党と合同し、保護領政府に参加したことで亡命政治家の間に「右派政党」への敵意があったのは確かだが、亡命政治家と保護領政府は連絡を取っており、中道、右派政党を含む亡命政府を作ることも可能だったはずである。国内に残った農業党の指導者ベランも、亡命政権に農業党の政治家が加わっていないことへの焦りを示しており、ホジャが農業党を代表する可能性について、のちに亡命し農業党からロンドン亡命政府に参加することになるラジスラフ・ファイエルアーベントとも話している [Rokoský 2011: 458]。

ホジャ自身は、前述のように農業党のスロヴァキア部分が失われたこともあり、農業党の代表としてより、スロヴァキアの代表としての自分の立場を主張していた。スロヴァキアの代表については、ベネシュはイギリスの要請を入れ、オススキーを亡命政権に加えたが、ホジャについては諮問機関にすぎない国家評議会の、それも副議長職を提供したのみであった。その他のスロヴァキア出身の政府メンバーはチェコスロヴァキア主義者であった。

ベネシュ亡命政権は、フランス敗北後英国に逃れたチェコ＝スロヴァキア国民評議会のメンバーをドイツのスパイとしてイギリス当局に拘留させ、釈放されたメンバーが亡命政府をベネシュの個人独裁と非難するパンフレットを作成すると、戦時の検閲ルールに照らし刑事罰に問われるべきだとイギリス内務省に訴えた [Segeš 2017:258-261]。英国政府はイギリスには意見や出版の自由があると取り合わなかった。このようなエピソードにも、異論を許容しないベネシュ政権の性格が表れているだろう。

ホジャのチェコ＝スロヴァキア国民評議会での主張は自身の政治的野心として受け止められることが多いが、ベネシュの亡命政権も国家評議会もベネシュが個人的に選んだメンバーで構成されており、ホジャらがベネシュ個人の恣意性を指摘するのも的を射ている [Křen 1968: 211]。

② 覚書「十字路のヨーロッパ」のなかでの主張

ホジャは一九四三年秋には病状が悪化し、一九四四年六月には死去している。その直前の一九四四年三月に、アメリカ国務省に送った「十字路のヨーロッパ」という覚書のなかで、ホジャはソ連の政治体制についての強い警戒を表明した。

本覚書が書かれた背景には、ベネシュが一九四三年一二月にチェコスロヴァキア＝ソ連友好協力相互援助条約を締結したことがある。ベネシュは一九四三年の五月から六月にかけて、アメリカを訪問し、ルーズヴェルト大統領、国務省高官に面会し、特にルーズヴェルト大統領には、ソ連、スターリンが信頼できる同盟相手であるという自分の主張で影響も与えていた [Smetana 2008: 65]。帰国後、イギリスに対し、チェコスロヴァキアとソ連の条約への支持をルーズヴェルト大統領や国務省高官から得たと伝えたが、イギリスの問い合わせに対しアメリカの国務省は否定している [Smetana and Geaney 2017: 65]。チェコスロヴァキア＝ソ連友好協力相互援助条約は、小国と個別に条約を結ばないというイギリスとソ連の間の取り決めにも反していたが(3)、チェコスロヴァキアが戦前の国境線で再建されることをソ連によって保証してもらうことを優先したベネシュが条約締結を強く推進したことで実現した [Smetana and Geaney 2017: 66]。

ホジャは、ソ連について、少数の共産党指導部の決定が人民の決定となる非民主主義的な国家であり、共産党は全体主義的であるのみならず、多数決の原則も否定すると指摘している [Hodža 1943: 3-4]。そのうえで、ソ連が、住民の意向や主権を実際には考慮しないことをバルト諸国や西ウクライナ、ベッサラビア（現モルドヴァ）の処遇を例に指摘し、勢力圏に入った小国にはソ連と同じ政治、経済体制が押しつけられるであろうと述べた [Hodža 1943: 3-6]。ベネシュが、モスクワからの帰国後、ロンドンのチェコスロヴァキア国家評議会で行ったスピーチで、地方行政民主化に向けての闘争のための細胞として、市町村に委員会を設置することを発表したことにも、ソ連の影響がみられるとホジャは指摘する [Hodža 1943: 18]。ホジャは、条約を結んだことで、チェコスロヴァキアがソ連の勢力圏に入り、人々は政治的意思を自由に表明する機会を失ってしまい、ロシアの「西進」の道具になってしまうだろうと強い危機感を示した [Hodža 1943: 111: 19]。そして、勢力圏ではなく、集団安全保障こそが小国の主権を尊重する道であるとし、そのために、米、英、ソが均等に中欧諸国の将来にかかわってほしいと強く求めている [Hodža 1943: 20-21]。

しかし、ベネシュはソ連について、ホジャとは異なる評価をしていた。ベネシュはソ連の社会主義体制とヨーロッパの民主主義体制が収斂すると考えていた [Beneš 1947: 182-186; Zemko 2002: 323-328]。つまり、ソ連はより政治的に自由化し、ヨーロッパの民主主義諸国は、資本主義に社会主義の要素を導入しなくてはならなくなる。チェコスロヴァキアもまた、社会化する民主主義に進むのが自然な進化の方向性であるとし、政治体制上収斂の方向にあるソ連の勢力圏に入ることを警戒していなかった。

ホジャの覚書は国務省に手渡され、一九四四年三月八日に戦略情報局（Office of Strategic Services: ＯＳＳ）の国務省への報告書によると、国務省内部ではホジャの理解の鋭さへの共感もあったようである [Mikula 1994: 167; Lićko 2009: 25]。しかし、ルーズヴェルト大統領がスターリンとの協力を最優先する状況のなかで、ホジャの覚書が何らかの意味をもちうる可能性はなかった [Mikula 2015: 346]。ＯＳＳの報告書は、「ヨーロッパの国民、特に東ヨーロッパの人々は、来るべき大国間の衝突のなかで粘土のようにもみくちゃにされるだろう」と暗い見通しを述べている。

おわりに

ホジャは民主主義において、労働者と農民など民主主義を支持する諸勢力の協力を重視し、そのようなかたちでチェコスロヴァキアの政治言説のなかで多元主義を維持しようとした。また、戦後の民主主義の展望としては、指導された経済への不可避な移行と民主主義を両立させるために、国家に権限を集中させる計画ではなく、私的所有を尊重し、関連社会集団間の合意による経済指導をめざすとした。

経済や社会の集団化を支持する勢力は多元主義の重要性を無視しがちであることを考えると、実現はしなかったが、ホジャの構想は、中欧やチェコスロヴァキアのありえたかもしれない別の未来を示唆するともいえる。

また、ホジャの構想のなかでは、このような政治体制とスロヴァキア自治、中欧連邦はつながっており、スロヴァキア自治はホジャにとって、政治的資源でもあった。しかし、だからこそスロヴァキア自治で譲歩はできず、ベネシュとの対立やアメリカ国務省の懸念の原因にもなった。多元性を重視しないベネシュとは、政治体制についての考え方が大きく異なり、歩み寄りは困難であった。

ホジャの政治体制構想が多少なりとも現実への影響をもちうる可能性を考えるとすれば、ホジャが国家評議会副議長という名目的なポストであれ、ロンドン亡命政権のそばに踏みとどまるという選択肢はなかったのか、という問いが浮かぶ。ホジャがアメリカに去ったことは、亡命政権の左派指向、政党政治への配慮の乏しさ、ベネシュ個人による組織構成や重要事項の決定という要素を助長することにもなった。ホジャがいれば、影響力は限定的とはいえ、ソ連との接近にロンドンで反対することになったであろう。イギリス政府もソ連に対する考え方はホジャと近かったことも重要である。ホジャが残っていれば、共産党の要求に従い、農業党の再建を禁止するという主張がそのまま受け入れられなかった可能性もあるのではなかろうか。

しかし、ホジャは、ロンドン亡命政権と距離を置くことで戦後の自分の可能性を高めようとした。アメリカにわたり、スロヴァキア系アメリカ人の支持を求めながら、スロヴァキアの自治、中欧連邦、自分の理想とする政治体制構想を著作にもまとめ、追求しつづけた。

ホジャは、ソ連の勢力圏に組み込まれていくチェコ＝スロヴァキア、中欧諸国の将来を懸念しつつ、ソ連の影響が白日のものとなった時、ベネシュの亡命政権とは距離を置いた自分が求められ、抵抗運動のリーダーになることを期待していた［Mikula 1994: 170; Kuklík a Němeček 1998: 136］。だが、一九四四年に病に倒れ、その期待はかなわないままになる。

ホジャという政治家にとって、自分が政治的に強い立場を手にいれることと、さまざまな理想、構想を実現することの両方が、相互に目的でも手段でもあり、自身の要望のなかで複雑に入り混じっていたようにみえる。結果的にはどちらも得られなかったが、どちらかのみを追求することも、不可能だったのであろう。

注

(1) 一九四〇年代のヨーロッパにおける戦後構想を検討した論集として、網谷龍介・上原良子・中田瑞穂編『戦後民主主義の青写真――ヨーロッパにおける統合とデモクラシー』ナカニシヤ出版、二〇一九年。本章はそのなかで中田［二〇一九］が扱えなかった重要人物であるホジャに焦点を当てたものである。

(2) このようなホジャの民主主義観は一九三〇年代にもすでに表明されているが、「指導された経済」という言葉をくり返し使っているのは本書の特徴である［中田 二〇一二：二三六、三一七―三二〇］。

(3) 一九四二年にイギリスはソ連との間にいわゆる "self-denying ordinance" をかわし、大国が連合国側の小国と個別に条約を結ぶことを禁止していた。イーデン外相は、モロトフ外相に対し、そのことを喚起し、イギリスがソ連とチェコスロヴァキアの条約に賛成ではないことを意思表示したが、この条約がポーランドも含む三カ国の条約の第一歩であることを条件に容認した［Memorandum by the Secretary of State for Foreign Affairs, A. Eden, "Proposed Anglo-Soviet Agreement regarding the Conclusion of Treaties with the Lesser European Allies and Its Bearing upon Relations between the USSR, Czechoslovakia and Poland", dated 28 September 1943. LSE, British-Soviet Relations Archive Project, https://www.lse.ac.uk/ideas/projects/complete/british-soviet-archive/year. 最終閲覧日二〇二四年四月二七日］

文献一覧

中田瑞穂『農民と労働者の民主主義――戦間期チェコスロヴァキア政治史』名古屋大学出版会、二〇一二年
中田瑞穂「新しい社会の民主主義と政党――占領下と亡命政権のチェコスロヴァキア戦後構想」網谷龍介・上原良子・中田瑞穂

編『戦後民主主義の青写真――ヨーロッパにおける統合とデモクラシー』ナカニシヤ出版、二〇一九年、一九五―二二三頁
林忠行「チェコスロヴァキア亡命政権の形成と政策：E・ベネシュの認識と行動を中心に」石井修編『一九四〇年代ヨーロッパの政治と冷戦』ミネルヴァ書房、一九九二年、一一三―一五八頁
福田宏「ミラン・ホジャの中欧連邦構想――地域再編の試みと農民民主主義の思想」『境界研究』三号、二〇一二年、四五―七七頁
福田宏「ポスト・ハプスブルク期における国民国家と広域論」池田嘉郎編『第一次世界大戦と帝国の遺産』山川出版社、二〇一四年、一〇六―一三四頁
Beneš, Eduard, *Democracy Today and Tomorrow*, New York: Macmillan, 1939.
Beneš, Edvard, *Demokracie dnes a zítra*, Praha: Čin, 1947.
Feierabend, Ladislav, *Soumrak československé demokracie*, I; II, Rozmluvy, 1986.
Fukuda, Hiroshi, "Central Europe between Empires: Milan Hodža and His Strategy for "Small" Nations", *Comparative Studies on Regional* No.9, 2012.
Gonĕc, Vladimír, Miroslav Pekník a kolektív, *Milan Hodža ako aktér medzinárodných vzťahov*, Bratislava: Veda Vydavateľstvo SAV, 2015.
Hodža, Milan, *Federation in Central Europe: Reflections and Reminiscences*, London: Jarrolds Publishers, 1942.
Hodža, Milan, Europe at the Crossroads, Dokument 12, National Archives (NA), College Part, Washington D.C., Office of Strategic Services (OSS), Foreign Nationality Branch Files (FNB), 1942-1945,1943, INT-32A-75, in Ličko, Milan, *Nevítaný hosť: Milan Hodža v dokumentoch americkej vlády v rokoch 1941-1944*, Univerzita Mateja Bela v Banskej Bystrici, 2010, 134-154.
Krajčovičová, Natália, "Program a ciele slovenského agrarizmu v diele Milana Hodžu" in Pekník, 2002, 216-230.
Křen, Jan, "Hodža-Slovenská otázka v zahraničním odboji," *ČSČH*, XVI, 1968, 203-205.
Kuklík, Jan a Jan Němeček, Česko-Slovenská národní rada v Paříži 1940, Dokumenty, in *Moderní dějiny*, 6, 1998, dok. č.2, s.210-

214.

Kuklík, Jan a Jan Němeček, *Hodža versus Beneš*, Praha: Karolinum, 1999.

Ličko, Roman, *Pod dohľadom spravodajských služieb. Americká vláda a slovenská otázka v USA v rokoch 1939 – 1945*, Banská Bystrica: Univerzita Mateja Bela, 2008.

Ličko, Roman, "Rooseveltova administratíva, povojnové Slovensko a federalistické plány Milana Hodžu, *Politické vedy* 4: 2009, 6-42.

Ličko, Roman, *Nevítaný hosť : Milan Hodža v dokumentoch americkej vlády v rokoch 1941-1944*, Banská Bystrica: Univerzita Mateja Bela, 2010.

Lukáč, Pavol, Milan Hodža v zápase o budúcnosť strednej Európy v rokoch 1939-1944, Štefan Šebesta editor, Ústav politických vied SAV Veda, Vydavateľstvo SAV, Bratislava, 2005.

Mikula, Susan, "Dr. Milan Hodža vo svetle archívnych dokumentov z archívov USA," in Pekník 1994, pp.164-171.

Mikula, Susan, Milan Hodža v Amerike - posledný program, Goněc a Pekník a kolektív, 2015, 341-347.

Múdry, Michal, *Milan Hodža v Amerike : medzi Americkými Slovákmi, články, reči, štúdie, Hodža a Stredná Europa*, Chicago: Geringer, Chicago, 1949.

Pekník, Miroslav ed., *Milan Hodža: štátnik a politik* (Materiály z vedeckej konferencie, Bratisalava, 15-17. septembra 1992), Bratislava: Veda, Vydavateľstvo SAV, 1994.

Pekník, Miroslav a kolektív eds., *Milan Hodža: štátnik a politik*, Bratislava: Veda, Vydavateľstvo SAV, 2002.

Pekník, Miroslav ed., *Milan Hodža a agrárne hnutie*, Bratislava: Veda: Vydavateľstvo SAV, 2008a.

Pekník, Miroslav ed., *Milan Hodža politik a žurnalista*, Bratislava: Veda, Vydavateľstvo SAV, 2008b.

Rokoský, Jaroslav, *Rudolf Beran a jeho doba: Vzestup a pád agrární strany*, Praha: Ústav pro studium totalitních režimů, 2011.

Segeš, Dušan, "Truth Conquers...Political Pamphlets of the Czech and Slovak Opposition versus Edvard Beneš and the Czechoslovak Government-in-Exile," in Smetana and Geaney, 2017, pp.255-275.

Smetana, Vít, *In the Shadow of Munich: British Policy towards Czechoslovakia from the Endorsement to the Renunciation of the Munich Agreement (1938–1942)*, Prague: charles University, Karolinum Press, 2008.

Smetana, Vít and Katheleen Brenda Geaney eds., *Exile in London: The Experience of Czechoslovakia and the Other Occupied Nations, 1939-1945*, Prague: Charles University, Karolinum Press, *2017*.

Za svobodu do nové Československé republiky, II.vydání, Praha: Dělnické akademie, 1945.

Zelenáková, Želmíra, "Review: Milan Hodža: Statesman and Politician. Reviewed Work: štátnik a politik. Materials from a scientific conference, Bratislava, 15—17 September 1992. 2nd revised and extended edition,edited by Miroslav Pekník, *Perspectives*. No. 6/7 (1996), pp. 147-150.

Zemko, Milan, "Stredná Európa v politických koncepciách Milana Hodžu a Edvarda Beneša za druhej svetovej vojny," in Pekník, 2002, 319-336.

「わずかに発達が遅れている」ネイションの行方
――スロヴァキア異論派、ミロスラウ・クスィーの歴史と市民的権利についての議論から――

佐藤ひとみ

はじめに

ミロスラウ・クスィーは、いわゆる正常化体制において人権擁護を訴え、スロヴァキア・ネイションの発展と形成について問うた、当時最も活発に活動した異論派の一人である。ここでは簡単にその経歴を確認したい。彼は一九三一年二月、ブラチスラヴァで生まれ、一九五〇年からカレル大学でマルクス主義哲学を学んだ。その後はチェコスロヴァキア共産党員となり、一九五七年までプラハのチェコスロヴァキア教育省で勤務したが、ブラチスラヴァのコメニウス大学で職を得たことを機にスロヴァキアへと戻った。一九六八年にはいわゆる「プラハの春」を支持し、同年、スロヴァキア共産党中央委員会のイデオロギー部門の部長となった。しかし「プラハの春」の支持と政権批判を理由に、一九六九年頃に党を除名され、コメニウス大学での准教授の職も失った［Pamět národa Miroslav Kusý］。その後は大学図書館に職を得るが、一九七七年に発表された『憲章七七』と呼ばれる文書へ署名したことで職を追われ、異論派として著述活動を続けることとなった。体制転換後は連邦議会の議員とコメニウス大学の学長を務め、二〇一九年にブラチスラヴァで死去した。

『憲章七七』は、チェコのロックバンド、プラスティック・ピープル・オブ・ジ・ユニバースが不当な裁判にかけられ有罪判決を受けたことをきっかけに、ヴァーツラフ・ハヴェルらが発表した文章である。またそれと同時に、持続的な抗議運動でもあった。この文章は、チェコスロヴァキアが批准していたヘルシンキ宣言に依拠して、体制の人権侵害に異議を呈することを目的としていた。(1) なお、この文章に署名した人数は一九八九年までにチェコスロヴァキア全土で二千名程度であり、スロヴァキアの署名者数は三七名にとどまった。

スロヴァキアの三七名の署名者には、政治評論家ミラン・シメチカ、歴史家ヤーン・ムリナーリク、作家のドミニク・タタルカとハナ・ポニツカー、そしてクスィーといった、当時を代表する知識人が含まれた。憲章の署名者の一人であるクスィーは、地下出版や亡命出版を用い、当時の情勢に対する批判や考察を数多く残している。一九八〇年代に地下出版などでネイション論とも呼べるような議論が展開されたのに呼応してか、クスィーも同時期にスロヴァキア・ネイションという共同体とは何か、その存在の正当性をどこに求めるべきかを問うようになった。クスィーは、正常化体制期においてスロヴァキア・ネイションを再構築しようとした異論派の一人だったのである。

議論を先取りすれば、クスィーは構築主義的なネイション論を提示した。彼は、所与の存在ではない市民の共同体としてのスロヴァキア・ネイションが、いかに発展していくべきかを問うたのである。その際に重要な論点となったのが、ナショナル・ヒストリーと市民的権利という二つの視点だった。そこで本稿では、ナショナル・ヒストリーについての議論を縦軸として、市民的権利についての議論を横軸として、クスィーのネイション論を概観したい。クスィーは、市民の共同体であるスロヴァキア・ネイションを、人権意識が欠落し、ネイションの権利ばかり主張する「わずかに発達が遅れている」ネイションとして叙述する。それでは、クスィーにとって「わずかに発達が遅れている」ネイションは、正常化体制においていかに発展するべきとされたのか。限られた紙幅のなかではあるが、以下で考察を試みる。

一　議論の背景

クスィーの議論に立ち入るまえに、その前提を確認したい。彼の議論が活発に展開された一九八〇年代は、いわゆる正常化体制期と呼ばれた。正常化体制が開始される以前、一九五三年から続いたノヴォトニー政権は工業化と都市化を進め、特にスロヴァキアに著しい経済発展をもたらした。しかしその政策はスロヴァキア・ネイションの権利を認めないものでもあった。一九六〇年代になると、ノヴォトニー政権に対する批判が高まり、一九六八年にアレクサンデル・ドゥプチェクがチェコスロヴァキア共産党第一書記に就任する。その直後、ドゥプチェク率いるチェコスロヴァキア共産党の主導で、いわゆる「プラハの春」と呼ばれる改革が起こった。この改革は社会の民主化をめざした改革で、検閲の廃止、経済改革、チェコとスロヴァキアによる連邦制度の導入などを掲げた。しかし、改革の影響が周辺諸国に波及することをソ連が恐れたため、同年八月にワルシャワ条約機構軍が軍事侵攻をおこし、改革を挫折させた。「プラハの春」で訴えられた民主化は実現されなかったが、改革の綱領のなかで唯一実現したのがチェコとスロヴァキアからなる連邦制度である。しかしその連邦制度も、一九六八年当初に訴えられていた経済的な自立や、チェコ、スロヴァキア両ネイションに対する自治権をともなわないものだった。

改革の挫折後、グスターウ・フサークが第一書記の座についた。この時期の体制はいわゆる正常化体制と呼ばれるが、これは改革前の「正常」な体制へと回帰することを目的としたものである。たとえば、一九五〇年代に見られた強制収容所といった暴力装置のようなシステムは作動しなかったが、一九七〇年代には改革派とされた人々がその地位を追われた。また正常化体制下では、漸近的ではあるが消費経済が発展し、二流とも呼べるような消費社会が完成した。一九七四年になると、第二次世界大戦後の秩序を追認し、東欧諸国と西側の正常な外交関係を結ぶことを目的とする、ヘルシンキ宣言が締結された。この宣言は、人権・市民的権利の擁護を約束するものでもあった。しかし、先の『憲章七七』が誕生した経緯からも明らかなように、国内でそれらの権利が擁護されたとは言いがたく、不当な逮捕や勾留は日常的に起こっていた［篠原　二〇〇九：二一七―二二七］。

これまで一九六〇年代以降のチェコスロヴァキアの歴史を概観した。クスィーとは、一九六八年に「プラハの春」に積極的に参加し、その咎で党から除名され、その後『憲章七七』に署名したまさにその一人だった。以下では実際にその議論を概観してみたい。

二　クスィーの議論

クスィーの言説において、スロヴァキア・ネイションはどのように認識されたのだろうか。ここでは、彼のナショナル・ヒストリー論を、ついで人権と市民的権利についての議論を確認し、そのネイション像を考察したい。

1　ナショナル・ヒストリー論について

クスィーがスロヴァキア・ネイションについての問題点を提示した最初期のエッセイの一つが、一九八一年に発表された『私はどこから、私はそこから、私はスロヴァキアの一族』(2)である。クスィーはこのエッセイにおいて、スロヴァキア・ネイション像を次のように提示する。少し長いが、引用してみたい。

私たちはヂェトヴァ人であり、マグラ人であり、ホレフロニエ人であり、ザーホリエ人（括弧内は筆者加筆、以下同。これらはいずれもスロヴァキアの一地方の名前である）である。……私たちはネイションではない。それよりも、同郷出身であることをより意識する。……同郷であることを意識する私たちのこの性格は、今でもその言語によく表れている。……（一九世紀半ばのシトゥールによる規範制定から）ほぼ一世紀半経った今でも、標準スロヴァキア語は、多くの同郷の仲間にとっては外国語である。彼らにとって標準スロヴァキア語は人工言語であり、エスペラント語を学ぶのと同じように学ばなければならない……。それゆえ、もし私たちの共通言語が私たちをネイションとして規定するのであれば、この点で、私たちはかなりの程度、人為的なネイションであるように思われる。［Kusý 1991: 59-61］

クスィーはここで、同郷出身であるという認識は現在も強くあり、それはスロヴァキア・ネイションという感覚よりも広く行き渡ったものだと主張する。なぜなら多くのスロヴァキア人にとって、故郷で話される方言は、人工的に創られた標準スロヴァキア語よりも自然な言語であるからだ。ここでクスィーは、スロヴァキア・ネイションを原初から存在するものではなく、「人工言語」に依拠して存在する「人為的なネイション」として認識している。言い換えるなら、言語は自然でアプリオリなネイションの指標ではないことを指摘したともいえるだろう。クスィーにとってネイションとは、言語によってアプリオリに規定され、自然に存在するものではない。それでは、クスィーにとって「スロヴァキア・ネイション」とは何だったのか。

この問いに答えることとなったのが、一九八四年に書かれた歴史エッセイ『スロヴァキア現象』である。クスィーは、言語によってアプリオリに規定されない人為的な存在としてのスロヴァキア・ネイションが、いかにネイションという形を獲得するのか、チェコ・ネイションと対比させることにより明らかにしようとする。「チェコ人は……（スロヴァキア・ネイションと比べ）歴史的に著しい発展を遂げていた」［Kusý 1985: 69］。クスィーによると、チェコ・ネイションは一九世紀にすでに工業化と都市化を経て、近代的なネイションとして確立していた。彼は次のように述べる。

チェコ人は……近代的なネイションとしてすでに同質性を得ていた。基本的な工業化のプロセスと、それと関連した都市化は、チェコでは、基本的にチェコスロヴァキアが誕生する前に起こっていた。したがって、チェコ人は比較的完成した近代的なネイションとして共同国家に参入している。[Kusý 1985: 69]

クスィーにとってチェコ・ネイションは、工業化と都市化という過程を経て、同質性を得ることによって確立された。クスィーはこれを前提に、スロヴァキア・ネイションが同質性を獲得する過程を、ナショナル・ヒストリーを参照しながら明らかにしようとする。クスィーはスロヴァキア・ネイションの形成にとって重要な歴史として、一八四八年のスロヴァキア蜂起、一九一八年の第一共和国建国、一九三八年の独立スロヴァキア国建国、一九四八年の共産党政権樹立をあげる。しかし、一九世紀はもちろんのこと、第二次世界大戦以後も、スロヴァキア・ネイションは同質性を得たネイションへの発展を遂げることができなかった。クスィーによると、スロヴァキア・ネイションを近代的なネイションへと変化させた歴史的な転換点は、一九六八年および、その前後の時期だった [Kusý 1985: 74]。

チェコスロヴァキアでは一九五〇年代に重工業へ転換が起こり、それにともなって高い経済成長が起こった。一九六〇年代以降の経済成長は五〇年代には及ばないが、第二次世界大戦前と比較すると高い水準にあった [林 一九九八：一二五]。一九五〇年代から六〇年代にかけての経済発展はスロヴァキアの都市化を促し、都市人口を増加させた。また同時に、経済発展と都市化をうけ、社会の近代化や生活水準の向上もめざされた。チェコに比べ経済的に後進的だったスロヴァキアでは経済発展が顕著であり、一九六〇年代は依然として社会変化の過渡期にあったといえる［Kansky 1976: 121-122］。クスィーはこのような状況にあった一九六〇年代を、スロヴァキアの工業化が完成し、スロヴァキア・ネイションの発展に影響を与えた時期としてとらえる［Kusý 1985: 73-76］。

　クスィーは、一九六〇年代に進んだ工業化が地方の都市化を促したこと、そしてそれにより、スロヴァキアでも「同質化された新しいネイションが発展」［Kusý 1985: 74］したことを指摘する。クスィーによると、工業化は、農業を近代的で機械化された大規模生産へと転換させる。そうすると解放された労働力が動き出し、人口の大移動が起こる。それが農村全体に影響を及ぼし、農村の都市化が進み、街と村でも生活の均質化が進み、ついには国全体がほぼ同じ生活条件となる［Kusý 1985: 74］。そして、工業化と都市化により同質化されたこの地域社会を基礎としつつ、スロヴァキア・ネイションも同質化していくのである［Kusý 1985: 69］。

　また都市化や工業化によって、ネイションは言語面でも共通性を獲得することができた。先述のとおり、クスィーによると、スロヴァキアでは依然として標準スロヴァキア語よりも方言のほうが自然であった［Kusý 1985: 69］。しかし工業化と都市化により、方言が優位な状態から、標準語が優位な状況へと変化していく。クスィーにとって、言語はアプリオリにネイションを規定するものではなかった。しかし同時に、「言語的な同質化が進むということは、その意味で、他のすべてのヨーロッパの先進的なネイションと対等かつ平等なパートナーになりつつある」［Kusý 1985: 79］ことを意味した。すなわち、工業化と都市化が進み、言語面でもネイションの共通性が獲得されることによって、ネイション形成が促される。スロヴァキア・ネイションとは、ここでは、工業化と都市化という社会変容のなかで生まれた構築物として描かれるのである。

　クスィーのこの議論は、ゲルナーのネイション論を想起させる。ゲルナーは『民族とナショナリズム』において、産業化時代になると社会の流動性が高まることを指摘する。教育制度もそれと同時に整備され、社会の構成員の同質性も高まっていく。こうしたなかでネイションが構成されていく［ゲルナー　二〇〇〇：三二―六五］。クスィーにとっても、ネイションとは、工業化と都市化によって同質性が与えられることで立ち現れるものだった。しかし、ある共同体が同質性や共通性を得ることでネイションとして形成されるのであれば、この共通性は工業化だけでなく、他のものからも与えられえたのではないか、という疑問が生じる。実際、『私はどこから、私はそこから、私はスロヴァキアの一族』では、共通性を与えうるものとして、ネイションにとっての「共通の歴史」が言及された。クスィーは、「(ネイション形成にはネイションにとっての) 共通の歴史と、ネイションが文化的に通じ合うことが必要である」[Kusý 1991: 62] と述べる。ここでいう「共通の歴史」とは、「ネイションの意識のなかで安定して存在している歴史」[Kusý 1991: 66] を意味している。そしてここで「共通の歴史」となりえたのは、第一共和国と、第二次世界大戦期に存在していた独立スロヴァキア国だった [Kusý 1991: 66-71]。

クスィーの議論において、第一共和国は、スロヴァキア人がハンガリーから独立する重要な契機として認識された。しかし、第一共和国が建国された際、スロヴァキア・ネイションは十分に発展していなかった。そのためクスィーは、建国はスロヴァキア人の総意ではなく、スロヴァキア人はチェコ人が作った国家を受け入れたにすぎないと主張した [Kusý 1991: 66]。クスィーは、一九八〇年代後半にチェコ、スロヴァキア両ネイションの共存を訴え、スロヴァキア・ナショナリズムの高揚を批判した人物である。この第一共和国への評価は後のクスィーの立場からは乖離した印象があるが、ここで重要なのは、この時点のクスィーにとって、第一共和国はスロヴァキア・ネイションの発展にとって重要な歴史であるが、その形成を完成させるための結節点とはならなかった、ということである。

クスィーにとって重要となったもう一つの歴史は、独立スロヴァキア国だった。独立スロヴァキア国は、一九三九年にナチス・ドイツの働きかけによりチェコスロヴァキアから独立した国家である。クスィーは独立スロヴァキア国について、次のように述べる。

独立スロヴァキア国は独立した国民国家の考え方を実現している。国民国家とは、ネイションの形成や、ネイションの自己意識を完成させるものであり、その主権を示すものであるはずだ。他の多くの近隣ヨーロッパ諸ネイションが経験したような、より有利な歴史的状況下であれば、独立スロヴァキア国もそうなるはずだった。……二〇世紀のヨーロッパのネイションが国民国家に到達するという事実以上に、論理的で自明なことがあるだろうか。［Kusý 1991: 67］

クスィーにとって、ネイションとは国民国家によって完成されるものだったこと、また反対に、成熟したネイションは国民国家に到達するものだったことがうかがえる。また彼はここで、独立スロヴァキア国は、スロヴァキア・ネイションの形成を完成させるような国民国家となるはずだったことを指摘している。しかし、少なくとも当時、独立スロヴァキア国はナチスの後ろ盾によって誕生した教権ファシスト国家で、傀儡国家だという評価が通説とされていた。クスィーも独立スロヴァキア国には当時の通説と同様の見解を提示している［Kusý 1991: 68］。加えて、彼は独立スロヴァキア国がスロヴァキア・ネイションに共通性を与えなかったことを次のように主張する。

スロヴァキア人のナショナルな意識の形成において、スロヴァキア国家は結果として、否定的な役割を果たした。その両義的な性格（ナショナリズムとナチズムへの隷属）から、この国家は、ネイション全体の関心ごとにはならなかった。［Kusý 1991: 68］

独立スロヴァキア国はナチスの後ろ盾によって成立した。この国家は、スロヴァキア・ネイションの権利要求を満たすものだったが、それと同時に、ナチズムへの隷属を要求するものでもあった。それゆえ、この国家は「……歴史的な満足をもたらすものではなく、誇りをもつべきものでもなかった」[Kusý 1991: 68]し、「この国のなかで、またこの国家を通じて、ネイションとしての主権を守り発展させることもできなかった」[Kusý 1991: 68]のである。

それどころか、独立スロヴァキア国に対し、一九四四年にはスロヴァキア民族蜂起が起こった。この蜂起は反ファシズムを標榜し、チェコスロヴァキア国家への回帰を訴えたものである。クスィーによると、「逆説的ではあるが、きわめて論理的に、スロヴァキア民族蜂起は自分たちのネイションの主権にも反対した。彼らはチェコスロヴァキア共和国の回復のために立ち上がり、この新しい立場から多くのものを得たが、同時に（まさにネイションの主権の領域で）重要なものを失った。チェコスロヴァキアという国家体制のために、ネイションの主権を（犠牲として）捧げた」[Kusý 1991: 68]。彼にとって、独立スロヴァキア国はそのファシズム的な性質やナチズムへの隷属という意味からも、またその後に起こったチェコスロヴァキアへの回帰をめざした蜂起からも、スロヴァキア・ネイションの形成を完成させた歴史的事実とはなりえなかったのである。

2　一九六〇年代の展開と市民的権利について

ここまで、クスィーにとって、スロヴァキア・ネイションとは、共同体が共通性を獲得することによって確立されるものだったことを確認した。クスィーにとって、ネイションにとっての「共通の歴史」は、共同体に共通性を与える可能性をもつものだった。しかし、第二次世界大戦までの「共通の歴史」は、その歴史的な性質から、ネイションの形成を完成させるものではなかった。反対に、一九六〇年代に起こった都市化や工業化は、スロヴァキア・ネイションに共通性を与え、ネイションとしての発展を促した。この発展をさらに強めたのが、一九六〇年代のノヴォトニー政権によるスロヴァキア・ネイションの抑圧だった。クスィーは次のように述べる。

一九六〇年代のこういった状況のなかで、スロヴァキア人が新しいネイションへと同質化する過程が進行し、ナショナルな意識が育った。（スロヴァキア人が近代的なネイションの意識をもつという）このプロセスは、外的な抑圧によってより強められた。ノヴォトニー政権がそれを隠蔽しようとすればするほど、その圧力は高まる。［Kusý 1985: 75］

ノヴォトニー政権下で制定された一九六〇年の社会主義共和国憲法は、スロヴァキアの国民評議会を地方機関に格下げしている。これは、スロヴァキアの利益を代弁する機関が失われたことを意味した［我妻　二〇〇一：二三二］。クスィーはこういった背景から、ノヴォトニー政権の中央集権的な政治体制を批判し、それをスロヴァキア・ネイションに対する「外的な抑圧」として表現した。ノヴォトニー政権下で起こった中央集権制に対する批判は、当時のスロヴァキアでは比較的よくみられた見解である［Benko, Hudek 2021: 334］。彼の議論において特徴的だったのは、政権の抑圧が、ネイション形成を後押ししたと主張したことだろう。

しかしクスィーにとって、ノヴォトニー政権に反発するかたちで進んだネイションの発展は決して望ましいものではなかったように思われる。クスィーは続いて、次のように述べる。

一九六〇年代にネイションとしての意識が目覚めたということは、スロヴァキア人がノヴォトニー政権の抑圧を主にネイションへの抑圧として感じていたことを意味する。たとえそれが全体主義政権に共通する攻撃の現れであり、この政権に共通する典型的な市民的人権の抑圧であったとしても。［Kusý 1985: 75］

ここでは、スロヴァキア人が、ノヴォトニー政権からの抑圧を、スロヴァキア・ネイションに向けられたものであると認識したことが確認される。しかしクスィーは、これをスロヴァキア・ネイションに対する抑圧ではなく、全体主義政権下で行われた市民的人権の抑圧としてとらえることを試みる。つまり、ノヴォトニー政権下でおこった抑圧を、スロヴァキア・ネイションという属性を持った人々の人権や市民的権利を抑圧するものとして理解することを提示したのだ。

特定のエスニックな集団に対する抑圧を、全体主義政権における市民的権利の抑圧としてとらえるようなこの認識は、ハンガリー系住民の権利についての問題でも現れている。スロヴァキアにおける最大のエスニック・マイノリティであるハンガリー系住民に対する抑圧は、一九七〇年代後半から目に見えるかたちで行われるようになった。たとえば一九七八年と一九八四年に、ハンガリー系住民の子どもが通う初等・中等学校で、主に自然科学の教育言語をハンガリー語からスロヴァキア語に置き換える、いわゆる「バイリンガル教育」の導入がめざされた [Marušiak 2015: 92-93]。この政策は、ハンガリー語教育をスロヴァキア語化することを目的としていた。これに対してハンガリー系異論派、ミクローシュ・ドゥライは抗議活動を組織したが、それを理由に当局に拘束される。これを受け、クスィーを含むスロヴァキアの異論派の何人かがドゥライの拘束を人権侵害だと批判し、スロヴァキアの首相、ペテル・ツォロトカと、スロヴァキア共産党中央委員会第一書記ヨゼフ・レナールトに抗議声明文を出したのである [Marušiak 2015: 94-95]。

このときクスィーは、ハンガリー系マイノリティの権利が侵害されたという理由からではなく、ハンガリー系マイノリティという属性をもつ人々の人権が侵害されたという理由から、抗議声明文を発表した。彼は、ハンガリー系住民の抗議活動について次のように述べる。

(スロヴァキアにおけるハンガリー系マイノリティの権利の問題を考える場合、) 一般的な市民の抑圧は、スロヴァキアで生きているハンガリー人への特殊な抑圧だと理解されている。これは人々と、市民と、ネイションの権利を十分に区別していない結果であり、ネイションの権利がすべての他の権利に優越していることの結果である。確かに、ネイションに関する問題は疑うことなく存在しており、ここで、ナショナルな抑圧の表現もみることができる。それらをはっきりと分類、カテゴライズして明確にする必要があり、またその問題の解決策の鍵を探す必要がある。[Kusý 1985: 75]

ここでいうネイションの権利や抑圧とは、議論の文脈から、スロヴァキア・ネイションだけでなく、ハンガリー系住民も含んでいることが予想される。ここではネイションへの抑圧が実際に起こっていると言及されてもいるため、スロヴァキア・ネイションやハンガリー系住民への抑圧すべてが、人権の問題に収斂すると考えられていたわけではないだろう。ここでクスィーが示唆しているのは、エスニックな集団の権利が主張されるあまり、人権や市民的権利の問題とネイションの問題が混同されてしまい、前者が無視されてしまう可能性だと思われる。この姿勢は、スロヴァキア・ネイションを論じる場合だけでなく、ハンガリー系住民の抑圧の問題からもみられたのである。

クスィーのこの市民的権利についての関心は、彼のスロヴァキア・ネイションについての認識とも結びついていた。クスィーは、スロヴァキア・ネイションが市民的権利よりもネイションの権利に関心をもっていることに関して次のように述べる。

ネイションとしてのスロヴァキア人は特に自分のことしか見えておらず、文化面における熱心な要求は、ネイションの文化が発展することに集中している……ネイションは達成したネイションの自由に満足し、自分たちの人間的自由や市民的自由の問題にはまだそれほど思い悩んでいない。というのも、その自由は、自ネイションの自由という主題とまだ十分に結びついていないからである……（このようなスロヴァキア・）ネイションはわずかに発展が遅れ

ており、一面的で閉鎖的である。[Kusý 1985: 76]

クスィーの言葉に従えば、ノヴォトニー政権における抑圧をネイションの抑圧としてとらえ、ネイションの発展と権利のみを要求するスロヴァキア・ネイションは、人間としての自由や市民的権利に十分な関心を払っていない。人権や市民的権利を追求することが、結果としてスロヴァキア・ネイションに自由で十分な権利をもたらすことを理解していないのである。こういった状態は、チェコ・ネイションに比べた場合、「わずかに発達が遅れている」[Kusý 1985: 76] 状態だと表現される。発達が遅れているがゆえ、「プラハの春」でもネイションとしての権利のみが追求され、民主化よりも連邦制度の導入が強調された。クスィーによれば、だからこそ、スロヴァキア人は民主化を訴えたチェコ人にも、憲章七七の運動にも同調しなかったのである [Kusý 1985: 75]。

それでは、クスィーにとって、どのようなネイションが十分に発展したネイションだったのだろうか。彼にとって、スロヴァキア・ネイションの未熟さを象徴したのは、ネイションの権利の追求、すなわち一九六八年の連邦制度への固執だった [Kusý 1985: 78]。しかし同時に、スロヴァキア・ネイションを発展させるのもまた連邦制度だった。「プラハの春」の改革において導入された連邦制度によって、「スロヴァキアの経済や権力、政治に関する状況は永続的に改善されたわけではなく、むしろ悪化」[Kusý 1985: 78] し、「連邦は経済、環境、道徳、政治を危機に陥れ、……長い間約束していたような発展をもたらさなかった」[Kusý 1985: 78]。しかしクスィーによれば、連邦制度がスロヴァキア・ネイションに経済的な自立も自治も与えなかったことは、スロヴァキア・ネイションに新たな視点をもたらした。スロヴァキア・ネイションは、ノヴォトニー政権の抑圧のように「以前は具体的なネイションへの抑圧としてみていたものを、今では権力や政治の抑圧としてみて」[Kusý 1985: 78] おり、「スロヴァキア人は、ネイションの権利から、市民的な権利へ関心を向けつつある」[Kusý 1985: 78-79] のである。

クスィーは、スロヴァキア・ネイションが連邦制度を得たことにより、ネイションの発展という狭隘な視点を克服し、人権や市民権に根ざした視点を獲得した共同体になりつつあることを指摘する。クスィーは、『スロヴァキア現象』の結びにおいて、スロヴァキア・ネイションがネイション中心主義的な視点から脱し、市民の自由や人権に目を向けていることは、ネイションにとって好ましい状態であることを主張する［Kusý 1985: 78］。クスィーにとっての十分に発達したネイションとは、市民的権利を担う、市民の共同体としてのネイションだといえるだろう。

このときクスィーの問題意識は、正常化体制という抑圧的な政治体制において、スロヴァキア・ネイションを、ネイションの権利を追求する共同体としてではなく、人権や市民権に拠って立つ市民の共同体として描き直すことにあったといえるかもしれない。市民的権利に対して自覚的な、市民の共同体としてのスロヴァキア・ネイションに対置されるのは、市民的権利を侵害する正常化体制だろう。スロヴァキア・ネイションは、正常化体制に相対する、人権と市民的権利を擁護する共同体として提示されるのである。なおこの時、正常化体制に相対する市民の集合体は、連邦制度を獲得したことにより再構築されたが、ネイションの要求を実現した独立スロヴァキア国に依拠して再構築されることはなかった。クスィーにとって、独立スロヴァキア国はナチスに対する従属を意味した。それゆえ、スロヴァキア・ネイションが共通性を得る結節点としても、正常化体制に相対する市民の集合体としてネイションを再構成するという参照点としても、この歴史に依拠することはなかったのである。

おわりに

これまで、一九八〇年代のクスィーの議論を概観してきた。クスィーによると、ネイションは工業化と都市化によって、言語を含めた共同体の同質性を獲得することで発展していくものだった。それと同様に、ネイションに同質性を与える可能性があったのが、ネイションにとっての「共通の歴史」である。しかし、第一共和国や独立スロヴァキア国の歴史は同質性を獲得するものとして機能しなかった。なぜなら、第一共和国はスロヴァキア人の総意として建国されたものではなく、独立スロヴァキア国も、建国の背景やその後の蜂起から、ネイションに共通性を与えるものではなかったからである。また、工業化によってネイションが同質性を得たことは、ただちにその発達を意味しなかった。市民権や人権の問題としてとらえられるべき事柄すらも、ネイションの関心という枠組で論じるスロヴァキア・ネイションを、クスィーは「わずかに発達が遅れた」状態だと形容する。

本稿はここからさらに、クスィーにとって「わずかに発達が遅れた」スロヴァキア・ネイションが、正常化体制においていかに発展していくべきかを明らかにした。人権や市民権を侵害する正常化体制期において、クスィーが再構成しようとした市民の共同体というのは、人権や市民権に依って立つものでなければならなかった。共同体を構成する市民の権利が侵害されていることを自覚し、市民の権利に対して自覚的であるとき、スロヴァキア・ネイションは「わずかに発達が遅れた」状態から抜け出るのである。

最後に論点を付け加えるとするならば、クスィーのこういったネイション観は、体制内で議論を行っていた作家たちのネイション観の議論と重なる部分があったことだろう。たとえば、体制内で発言することが可能だった作家たちが所属していたスロヴァキア作家同盟は、一九八〇年代後半になると、スロヴァキア・ネイションの形成と発展にとって、ナショナル・ヒストリーが重要だと主張した。彼らは、ナショナル・ヒストリーからネイションにとっての共通性を見出すことで、ネイションが発展していくべきだと主張した[3]。

こういった知識人らは「ナショナル派」と呼ばれることがある。この「ナショナル派」の中心人物であり、一九六〇年代に反チェコ政治的な発言で注目を浴びたのが、作家のヴラジミール・ミナーチである。ミナーチは一九七〇年代に、スロヴァキア・ネイションの形成とその発展を社会主義の歴史と接続させることで、体制内でネイション論を提示することを可能にした。このミナーチの議論で重要となったのは、ネイションの権利要求の結晶である連邦制度である。これはクスィーの指摘とも似通っている。クスィーは人権に依拠した市民の集合体をスロヴァキア・ネイションとして想定するが、それは同時に、共同体としての同質性と、連邦制度が導入されたうえでめざすことができるものだった。

またクスィーの議論は、一九七〇年代以降にチェコで発展した近代主義的ネイション形成論にも似通ってもいる。チェコ異論派はチェコ市民社会の外延を、一九世紀以降チェコに根づいていたナショナル・ヒストリーの議論のうえに見いだそうとした［篠原　一九九七：六六―六九］。クスィーのネイション論も、スロヴァキア・ネイションの同質性をその歴史のなかに見いだすことを試みるものだったといえるだろう。

スロヴァキア作家同盟の議論やチェコ異論派の歴史認識と、クスィーの議論の単純な比較は避けるべきであろう。しかし、これらの議論はクスィーと同時代的な議論であり、こういった議論を補助線とすることで、さらなる解釈を提示することが可能となる。たとえば、人権に依拠した市民の外延とはなんだったのか。スロヴァキア・ネイションとハンガリー系マイノリティの境界線は、人権という共通の理念によっていずれ消えていくものだったのか。クスィーが意味する「ネイション」は何を包摂するものだったのか、そのネイション観も相対化されていくべきだろう。もしくは、チェコ史の議論を参照することによって、これまで別個の問題として考えられてきた「スロヴァキア史の意味」と「チェコ史の意味」を相互連関的に考察することが可能となるかもしれない。しかしこの議論は別稿に譲りたい。

注

（1）憲章七七を扱った文献としては、たとえば次のものがあげられる。H. Gordon Skilling, Charter 77 and the Human Rights in Czechoslovakia, Unwin Hyman, 1981.

（２）『私はどこから、私はそこから、私はスロヴァキアの一族』は一九八一年に発表された文章だが、今回は一九九一年に編纂されたクスィーの論集から引用している。一九八一年のオリジナルは調査の限りまだ見つかっておらず、今後の課題である。

（３）スロヴァキア作家同盟についての議論は、佐藤ひとみ「一九八〇年代後半のスロヴァキア作家同盟におけるスロヴァキア・ネイション論」『クァドランテ』二六号、二〇二四年を参考にされたい。

文献一覧

我妻真一「ノヴォトニー失脚再考――ブレジネフのプラハ訪問（一九六七年十二月）を中心に」『立命館国際研究』五〇号、二〇〇一年
アーネスト・ゲルナー『民族とナショナリズム』岩波書店、二〇〇〇年
篠原琢「チェコの十九世紀をめぐって――自己表象の歴史学」『東欧史研究』一九号、一九九七年
篠原琢「歴史と市民社会――チェコ異端派の歴史論」立石博高・篠原琢編『国民国家と市民――包摂と排除の諸相』山川出版社、二〇〇九年
林忠行「チェコスロヴァキア」柴宜弘・中井和夫・林忠行『連邦解体の比較研究――ソ連・ユーゴ・チェコ』多賀出版、一九九八年
Benko, Juraj, Hudek, Adam, "Slovak communists and the ideology of Czechoslovakism," Hudek et al. (eds.), *CzechoSlovakism*, Routledge, 2021.
Kansky, Karel Joseph, " Urbanization under socialism in Czechoslovakia, " *Ekistics*, Vol. 42, No. 249, 1976.
Kusý, Miroslav, " Slovák som a Slovák budem…, " *Listy*, No. 6, 1992.
Kusý, Miroslav, " Slovenský fenomen, " *Obsah*, No.6, 1985.
Kusý, Miroslav, " Skadial som stadial som, slovenskeho rodu som..., " *Eseje*, Archa, 1991.
Marušiak, Juraj, " The Nationalizing Processes in Slovakia 1969–1988 The Case Study of Hungarian Minority", *Central European*

Papers, 2015.

Malá československá encyklopedie VI, Academia, 1987.

Paměť národa, “ *Miroslav Kusý*, “https://www.pametnaroda.cz/sk/kusy-miroslav-1931“ ［最終閲覧日：二〇二四年四月一〇日］

Rychlík, Jan, „Maďarský faktor v Česko Slovenských vztazích 1948-1992, „*Česko-slovenská historická ročenka 2002*, Masarykova univerzita, 2022.

Rychlík, Jan, *Rozdělení Československa1989-1992*, Vyšehrad, 2022.

„Solidarita s uvězněným M. Durayem (dopisy Jána Čarnogurského, Jozefa Jablonického a Milana Šimečky předsedovi vlády SSR Petru Colotkovi a dopis Miroslava Kusého prvnímu tajemníkovi ÚV KSS Jozefu Lenártovi), „ *Infoch*, No.7-8, 1984, [https://files.scriptum.cz/scriptum/informace-o-charte-77/infoch_1984_07-98_ocr.pdf] ［最終閲覧日：二〇二四年三月三一日］

„Slováci a Česi v roku osemnástom“, *Literálny týždenník*, No.3, 1988.

体制転換後のスロヴァキアにおけるサードセクターの変容
――「ポスト社会主義」後の時代における「民主主義の後退」に関連して――

神原ゆうこ

はじめに

一九八九年の中東欧諸国の体制転換から三〇年以上が経過した現在、西欧／東欧という「鉄のカーテン」をヨーロッパ内の境界線とみなす認識は、過去のものとなりつつある。その意味で、中東欧諸国の人々は、社会主義体制からの移行期の段階である「ポスト社会主義」[1]の時代を脱し、その後の時代を生きているといえるだろう。ただし、このポスト社会主義時代の後に到来した社会は、必ずしも変動期を経て安定した状態にあるとは限らない。近年の中東欧諸国は、ポピュリズムや権威主義が台頭し、「民主主義の後退」と呼ばれる現象と無縁とはいえない状況にある［平田 二〇一四、中田 二〇二〇、Ágh 2019: 166, 189; Kalmar 2022:30］。

政治学者のシャンタル・ムフは二〇〇五年に出版された『政治的なものについて』（邦訳は二〇〇八年）で、冷戦終了後のリベラル民主主義の普遍化が、西欧における右派台頭など、民主主義政治が抱える問題の源泉となっていることを指摘している［ムフ 二〇〇八］。ムフが西欧を念頭において議論を展開している点には注意する必要があるが、彼女の指摘は、現在の中東欧諸国の政治状況にも共通するものである。(2) スロヴァキアの場合、ハンガリーやポーランドに比べれば穏やかではあるものの、ポピュリスト政治家とみなされることの多いロベルト・フィツォが四回首相を務め、排外主義的傾向の強い「コトレバたち――我々のスロヴァキア人民党」といった極右に分類される政党も一定の支持を得ている。体制転換期に欧米のリベラルな民主主義を規範としていたはずのスロヴァキア市民社会は、この三〇年の間にどのように変容したのだろうか。本章では、スロヴァキアで体制転換後の市民社会を牽引した人々に注目し、ムフの民主主義論を手がかりとした考察を進めたい。

筆者はこれまで、スロヴァキアのコミュニティ活動や市民活動に注目して民族誌的研究を行ってきたが［神原 二〇一五・二〇二二］、本章では、特に体制転換後直後にサードセクターの担い手となって、西側諸国から支援を受けて活動を展開し、その後もこの領域にかかわり続けた人々に焦点を当てる。(3) 一九八〇年代に反体制派運動に加わっていた人のなかには、後に政治家になった者も、(4) 経済活動に今後の活路を見いだした者もいるが、サードセクターの担い手となった人々も少なくない［神原 二〇一五・二〇二二］。サードセクターは、非営利セクター（Non-profit sector）［DeHoog and Racanska 2003］、市民セクター［ラーズス 二〇一六］とも呼ばれるが、欧州において市民社会、ないし国家と企業の間の「社会」領域を担う層のことを指す。本章では、このセクターにかかわる有給の職員も多いスロヴァキアの現状の多様さを鑑み、担い手の属性を明示しない「サードセクター」という語を使用している。日本の「第三セクター」とは別のものであり、「社会」の領域で活動する非営利団体（NPO）、非政府団体（NGO）、そのほかアソエーション、ボランタリー組織、慈善団体、協同組合、社会的企業などの団体によって構成される［ボルザガ&ドゥフルニ 二〇〇四、エバース&ラヴィル 二〇〇七、Kendoll 2009: 6］。チェコやスロヴァキアの場合は、財団や教会の活動もその一部として認識されている［Filadelfiová 2004: 9, Frič 2009: 184］。体制転換後のサードセクターには、民主化を市民の実践レベルで進めてきた人々がおり、本章はそこからみえる社会の変容に注目している。

一　スロヴァキアにおける市民活動の系譜とその展開

サードセクターという言葉は、スロヴァキアでは体制転換以降に広く使用されるようになった。ただし、この語が含意するような、市民による自主的な結社活動の起源はもっと古くにさかのぼることができる。チェコスロヴァキア第一共和国時代の活発な結社活動の記録は各地に残っている［Mannová 1990, Dudeková 1998］[5]。一九三九年以降は、自由な活動が制限され始めるが、社会主義時代も国民戦線への統合の下で、職業団体、スポーツクラブ、障碍者団体など、多くの団体が活動していた[6]。その意味で、体制転換以前から市民の活動は存在していたが、社会主義時代における市民活動は、社会主義期の社会を支えるためのものであったことには注意する必要がある［Buchowski 2001］。体制転換期には反体制派の人々が活躍したとはいえ、西欧や北米の人々が想定するような、民主主義にもとづく市民社会を支えるための市民活動は育っていなかった。

そのため、冷戦終結を願っていた西欧や北米諸国の政府やNGOなどは、体制転換後の中東欧諸国に対して、国の諸制度の改革だけでなく、市民活動の刷新も支援した［中田 二〇〇七：五七、神原二〇一一：一三六―一三七］。自由な結社活動が可能となった体制転換後、反体制派として活動していた人の一部は、環境保護や地域振興などに従事する団体など（自ら活動を行うNGOも、他の団体の活動を支援することで国全体の市民活動の向上をめざす財団も含む）を結成して市民としての活動に取り組むようになったが、このような団体を積極的に支援したのが、外国のNGOや財団であった。サードセクターは、体制転換に賛同する立場の人々のみで構成されていたわけではないが、体制転換後の新たな価値観の体現者として行動する人々は、西欧や北米の支援者のカウンターパートとして活躍の場を得ることができた[7]。

その結果、体制転換後のスロヴァキアのサードセクターは、社会主義時代から活動を続ける旧来型の団体が構成する空間と、体制転換後の社会の構築をめざすために参入してきた人々が構成する空間の二層で構成されることになった。もちろん、旧来型の市民活動が方針を転換することもありうるので、この二層は明瞭に分断できるものではない。また、後述のように、体制転換から三十年以上を経た現在までこの状況が継続しているわけでもない。しかし、本章では便宜的に、後者をサードセクターの「新たな担い手」と呼びたい(8)。

外国から支援を受けることが可能だったとはいえ、サードセクターの新たな担い手たちの活動は、スロヴァキアで順調に展開したわけではなかった。一九九〇年代のメチアル政権は、その権威主義的な性格ゆえに西欧諸国からの批判が絶えなかったが、新たな担い手たちの多くも、この時期を否定的に振り返っている。特に財団の設立・運営条件などを定める法（207/1996 *Z.z.*）の制定は、露骨な抑圧と認識された。なぜなら、当時のスロヴァキアで草の根的な市民活動への支援を行っていた財団は、条件を満たせないほど小規模のものが多かった一方で、メチアル政権がサードセクター支援のために設立した基金は、政府の方針に沿う活動のみを支援する方向性が明らかであったからである［DeHoog & Racanska 2003: 271］。政府から独立して活動を行う財団の数が減少することは、市民活動もメチアル政権からの独立を保つことができなくなることを意味した(9)。関係者らはＳＯＳ（Save Our Sector）運動を組織して反対したが、法は採択、施行され、このとき国内の財団の数は五分の一以下に減少した［DeHoog & Racanska 2003: 273-5］。

しかし、その後の一九九八年の国政選挙では、市民活動関係者およびＥＵ加盟を望む人々を中心に、メチアル政権からの交代をめざす気運が盛り上がり、メチアル政権は終わりを迎えた。この政権交代について、独立系シンクタンクの公共問題研究所（Inštitút pre verejné otázky）の研究者らは、一九八九年のビロード革命に比肩しうる価値を認めている［Bútora, Bútorová & Mesežnikov 2003］。この後、二〇〇一年には、サードセクターへの支援として、ＮＧＯなどの市民団体に、納税者が税の二％を委譲するパーセント法（二〇一四年以降は一・五％に削減）が施行された。各団体が得ることができる金額が充分であるとは言いがたいが、市民から支持を得ている団体は、安定的な活動資金を得る選択肢が増え、サードセクター発展のための土台が整えられるようになった［中田 二〇〇七：六七―六九］。

二　サードセクターの新たな担い手たちの視点

スロヴァキアで体制転換を支持していた勢力については、「異論派」と呼ばれる共産主義体制を批判する活動を社会主義時代から行っていた人々、宗教活動の自由の拡大をめざすキリスト教の聖職者や信者、環境保護に関心のある人々の三つグループによって構成されていたと、体制転換期を経験したサードセクターの担い手たちはしばしば説明する。一九九〇年代からサードセクターにかかわっていた人々は、程度の差はあれ、このいずれかに属していたことが多く、環境保護分野の団体やキリスト教会に帰属する慈善活動団体の存在感は、現在も強い。とはいえ、体制転換後は社会主義時代に不可能であったさまざまな活動が可能になったので、そのほかの多様な活動も展開した。そのなかには、現在は当たり前のように存在する活動も含まれる。

たとえば、公共問題研究所の社会学者のゾラ・ブートロヴァーは、体制転換直後は、世論調査を行うこと自体が挑戦だったと語る。

社会主義時代も世論調査を行ってはいたが、当時は共産党の統制下にあった。だから、質問のワーディングもチェックされたし、そもそも議論を呼び起こしそうなテーマについての調査は許可されなかった。また、質問票の配布先も限られており、結果が公開されることはなかった。だから、当時は世論調査が行われていることも人々は知らなかったのではないか。私たちの調査はまったく異なるものであった、調査結果は公開され、議論もされた。私たちは政治的影響を受けずに調査を行うことをめざした。(10)

ゾラは一九八〇年代に科学アカデミーで社会学者として働いていた時から、似た考えをもつチェコスロヴァキアの社会学者と、今後の社会学のあり方について議論するグループに加わっていたという。体制転換後は大学付属の社会調査センターの活動に加わっていたが、折しもチェコスロヴァキア連邦解体の議論が進みつつあったので、政治的な圧力を懸念して、調査センターは大学から独立した。その後、調査を実施して結果を発信することからさらに一歩進み、社会の分析や政策提言を行うことをめざした有志が、一九九七年にシンクタンクとして公共問題研究所を設立した。公共問題研究所は、現在もスロヴァキアの社会情勢の分析をスロヴァキア語や英語で出版しているが、一九九六年から二〇一〇年まで毎年出版していたスロヴァキアの社会動向を分析した年報（Súhrná správa o stave spoločnosti / A Global Report on the State of Society）は、代表的な成果といえるだろう。ゾラにとって、政府から独立した立場で情報発信を行うことは、当時の社会に必要な、新たな価値観に即した行動であったと考えられる[11]。

この公共問題研究所の活動を資金面で支えてきたのは、国内外の財団などからの助成金である。特に一九九〇年代は、欧米の財団の支援が組織の維持に欠かせなかったという。彼女らの分析に必要な調査を行う社会調査センターも、外国からの助成金なしに、スロヴァキアの人々の社会意識や政治意識についての調査を実施することはできなかったとゾラは振り返った[12]。

フェミニズムなど、社会主義時代に最新の情報が入ってこなかった分野の活動も、同様の状況を指摘できる。一九九〇年代初め、英語やドイツ語などの外国語を理解し、雑誌やラジオなどのメディア関係の仕事をしていた女性や、文学、哲学、歴史などの女性研究者の有志のグループは、フェミニスト団体を結成した。彼女たちは、これまで入ってこなかった情報を翻訳し、勉強会を開催するところからスタートし、後に雑誌発行や講演会などの情報発信を行うようになった。しかし、女性も働くことが当たり前であった社会主義時代を経験しているがゆえに、フェミニズム自体が時代に逆行するものと誤解されることもあったため、活動の成果がみえるようになるまでに二〇年近くかかったという。国内の認識が変わりはじめるまで、彼女らの活動を支えたのも西欧や北米の女性団体だった[13]。

政治と経済の体制は転換したものの、人々の価値観や行動様式がすぐに変化したわけではない社会において、サードセクターの新たな担い手たちがめざしたのは、新たな社会にふさわしい価値観と行動様式の形成であった。活動に携わることで、警察に拘留される危険がなくなったことは大きな違いであるが、彼／彼女らにとっての体制転換は終わっていなかったといえる。平田［一九九九：三二］や中田［二〇〇七：五五］が指摘するように、中東欧の市民社会の概念は、この地域の反体制派知識人が共産党体制の下で、国家に対抗する社会の自治領域を前提としてきた。しかし、共産党体制が終焉を迎えても、その後継者的な立場の新たな担い手たちにとって、国家はひきつづき対抗すべき対象でありつづけたのである。

三　スロヴァキア社会と「政治的なもの」の変容

1　EU加盟とその後のサードセクターの再編成

一九九八年の選挙で実現した政権交代により、スロヴァキアでは二〇〇四年のEU加盟に向けて、準備が進みはじめた。サードセクターの新たな担い手たちは、EU加盟が現実的になったこの時期から、北米を中心とした外国の財団がこの地域の支援から徐々に撤退しはじめたことを、大きな変化として指摘する。EU加盟国となることは、支援者たちにとって、援助すべき旧社会主義国の状態を脱することと同義とみなされたのである。

ただし、この変化は、新たな担い手たちに概して否定的に受け止められた。なぜなら、EU構造基金をはじめとしたEU加盟国向けの助成金は、申請から会計処理までの事務処理の負担が非常に大きく、これまでの財団からの支援の代替とは言いがたかったからである。中東欧諸国において、EUが求める水準に対応できるサードセクター分野の専門職の不足は深刻な問題であった［Cox 2020: 1288］。

助成金に頼らない運営への切り替えも試みられはじめたが、それは容易ではなかった。活動規模の大きな団体にとって、第一節で指摘したパーセント法による収入は、支出のうちのわずかを補填するにすぎない。スロヴァキア中部の地方都市で、一九九〇年代初めから環境保護活動を支援してきた財団は、これまで自分たちの活動を支援してきた外国の財団の支援撤退を見据え、二〇〇〇年代初めから、スポンサーとなる国内の企業を探しはじめたという。この財団代表は、その当時を振りかえり、自身が何か活動をするから支援してほしいというのではなく、ほかの団体の活動に対して、助言し、資金援助するために支援をしてほしいという発想自体が、そもそも理解してもらえなかったと、スポンサー探しの苦労を語った(14)。

市民活動は、もともとは市民有志による社会への働きかけから始まっているが、ある程度の規模以上の活動をする団体になると、安定した資金繰りのために仕事が専門職化する傾向にあることは、以前から批判的に指摘されている［Jacobsson & Saxonberg 2013: 6］。しかし、現実として、事業の企画や運営、助成金の申請や予算の執行、報告書の作成だけでなく、その他の寄付金集め、職員の採用と教育など、組織規模が大きくなるほど、団体の運営には、専門的な知識と経験が必要である。専属職員を複数人雇用できる規模の団体の職員であれば、自身の活動を、企業での仕事のようにたとえて語ることは珍しくない。一九九〇年代から、市民活動の支援や企業の社会的貢献の支援を続ける財団の代表も、現在のサードセクターを支える団体のそのような性格を認めたうえで次のように語った。

ボランティアが主体の団体は、（参加者のニーズにもとづいて生まれた活動なので）一時的に盛り上がることも多いが、主たる参加者のライフステージが変わったりすると、活動は後回しになりがちだ。皆、仕事も家族も大事なので仕方ない。そのようなコミュニティを基盤とした組織でうまくいっているところもあるし、私たちも支援もしてきたが、活動は一〇年も続かないことが多い。（サードセクターの仕事が）専門職化し、給与をもらえる仕事となれば、組織も長続きするし、関係者も経験を生かすことができる。[15]

この財団の代表が指摘するとおり、体制転換後、現在に至るまで、さまざまな市民団体が設立された一方で、活動が休止状態になってしまったり、解散してしまったりした団体も多い。二〇〇〇年代のメディアなどでは活発な活動が紹介されていた団体が、二〇一〇年代半ば以降に筆者がインタビュー調査を実施していた時には、かなり活動を縮小した状況に陥っていたことも珍しくなかった。[16] 継続的に活動資金を集めることができなかった、中心人物が活動から退いたなど、理由はさまざまである。このインタビューに応じた現代表は、これまでのサードセクターの問題点を把握したうえで、組織の経験と知識の蓄積を生かすために、給与を得る職員が組織を担うことの重要性を語ったのである。なお、この財団の設立者は数年前に代表を退いており、現代表は、一九九八年の政権交代の国政選挙が初めての選挙だった世代である。その意味で、サードセクターの新たな担い手も世代交代が始まりつつあるといえる。

二〇一〇年代に筆者がスロヴァキア各地で活動する市民団体への調査を行った際、市民団体の多くは、国内外の財団に限らず、国の省庁の自治体からの助成金、企業などからの寄付などさまざま方法で資金を得て、それぞれ事業を運営していた。二〇年以上の活動歴を持つ団体もあれば、活動歴が一〇年に満たない団体もあったが、活動の意志と実務的な能力のある人がいれば、市民主導である程度の事業を行うことは可能なようであった。それは、これまで市民活動を支援してきた財団などの活動の成果でもあるが、スロヴァキアの状況も変化しており、地方都市における企画であれば自治体から、文化、教育、福祉分野の企画であれば省庁からの助成金を得ているケースも多かった。これをメチアル政権時代や社会主義時代の再来と判断すべきかどうかは難しい。一九九〇年代にスロヴァキアの市民団体を直接支援した外国の財団と異なり、そもそもEUは国や自治体を通したサードセクター支援が多いという特徴がある［Jacobsson & Saxonberg 2013: 10］。また、少なくとも社会主義時代とは異なり、市民活動の自由は保障されており、資金提供元も多様化している。

ＥＵ加盟国であるとはいえ、サードセクターの支援の原資が国や自治体である場合、自国の政治状況がリスクとなることには、注意する必要がある。第二節で言及したフェミニスト団体は、国内政治が保守的な家族観の政治家に占められている現状では、フェミニスト団体が国内で支援を得るのが非常に難しいうえに、若い世代が委縮してこの分野に関与しなくなると危機感を語った。その点では欧米諸国に警戒されていたメチアルの時代のほうが、外国からのサポートは手厚かったとも語った(17)。

ＥＵ加盟は、スロヴァキアをはじめとした中東欧諸国にとって、体制転換以降の社会変容のひとつの区切りとなるものであり、外国の財団にとっても、これらの国を支援対象国から卒業させる区切りとなった。ただし、実際には代替となる資金の確保は容易ではなく、専門職化した団体と、そうでない団体の差が顕在化することとなった。スロヴァキアのサードセクターは、一九九〇年代は旧来型のアソシエーションにもとづいた市民活動と、反体制派にルーツをもつ人々が担う市民活動で、政治的な指向性により二層化していた。しかし、ＥＵ加盟を経て、関係者が余暇にボランティアとして活動を行う団体と、専門職として働く職員を抱える団体に、つまり政治的指向性よりは専門性により二層化されるかたちで再編成されたといえる。ただし、この現在のあり方は、スロヴァキアをはじめとした旧社会主義国に限った話ではなく、欧米のサードセクターにも共通してみられるものである。

２ 「政治的なもの」の変容について

本章では、スロヴァキアのサードセクターの新たな担い手の視点に注目して、体制転換後のスロヴァキアの市民社会の変容を描いた。彼／彼女らはスロヴァキアの市民社会の一部を構成するにすぎないが、西側の支援者（特にアメリカ合衆国）から、国家から自立した市民の団体の役割を重視する市民社会の考え方と、その活動のあり方を学び、社会に影響を与えた。体制は転換しても、社会の価値観の変容には至らなかった一九九〇年代に、新たな市民活動を展開した人々は、社会主義時代の反体制派の後継者的な存在として社会に関与しつづけた。冒頭にあげたムフは、政治と「政治的なもの」を区別して考え、後者をより存在論的な次元で理解している。ムフにとって「政治的なもの」は敵対性の次元を意味するが、同時にそれは人間の社会を構成するものである［ムフ 二〇〇八：二一］。民主主義がよりよく機能するために、ムフが必要だと考えているのは、そのような「政治的なもの」の敵対性と、異なる立場の者たち同士の闘技の承認である［ムフ 二〇〇八：五一］。体制転換後のスロヴァキアの市民社会では、相互に敵対する多様な価値観が混在しており、闘技を経て新たな政治を作り上げることがめざされていた。

一九八〇年代のムフは、新自由主義の影響が拡大しつつある西欧の民主主義を、ポスト・マルクス主義の立場から批判し、根源的な意味での民主主義を探求していた[18]［ラクラウ&ムフ 二〇一二：三八一―三八五］。冷戦終了後は、民主主義が普遍化する状況下で、正当性を承認し合える「対抗者」を社会が想定しえなくなっていることに警鐘を鳴らしてきた［ムフ二〇〇八：一二］。現在、「民主主義の後退」と一般的にみなされる現象は、ムフの言葉を借りれば、合意形成を前提とした複数政党制の民主主義への一元化により、既存の政治家を「エリート」と弾劾するポピュリスト政治家の存在が、対等な「対抗者」でなく「敵」とみなさたことに起因する［ムフ 二〇〇八：一一三―一一四］。

スロヴァキアの場合、一九九〇年代のサードセクターの新たな担い手たちの活動は、社会が変容しきれていない時代に対抗して、新たな社会を築く闘技であった。当事者にとっては厳しい時代が続いていたかもしれないが、ムフの考える民主主義を機能させる条件は備えており、一九九八年以降は、それまでの活動の成果もある程度みえるようになった。しかし、二〇〇〇年代半ば以降、新たな担い手たちの活動は、ＥＵが想定する「民主主義が正常に機能している社会」のサードセクターとして制度的に組み込まれはじめた。サードセクターの専門職たちの存在は、市民社会を安定させる守護者といえるかもしれないが、そこには以前ほど政治的なものは存在していない。スロヴァキアの社会も変化し、ムフが危惧していたように、リベラル民主主義が他を圧倒する価値観が制度として定着するようになったのである。

誤解のないように補足すると、現在のスロヴァキア市民社会から対抗的な要素は消失したわけではない。二〇一〇年代以降のスロヴァキアでは、市民による大規模な抗議活動が頻発している。二〇一一年末、スロヴァキアの諜報機関から「ゴリラ」と名付けられたファイルが流出し、政治家の汚職が明らかになったことで、二〇一二年初めには、政治腐敗への大規模な抗議活動がスロヴァキア各地で展開した。[19] また、二〇一八年に汚職事件を取材していたジャーナリストのヤーン・クツィアクが殺害された後も、政治腐敗への大規模な抗議活動が再燃した。二〇一九年の大統領選挙で反政治腐敗を掲げたズザナ・チャプトヴァーが当選した背景のひとつに、この抗議活動があった。ただし、その後の二〇二〇年の国勢選挙で、フィツォが所属する与党に代わって成立したイゴル・マトヴィッチを首相とした政府が、抗議活動に賛同していた人々に評価されたかどうかは別の問題であった。二〇二二年以降にインタビューを行ったサードセクター関係者のなかには、市民による抗議活動は好意的に評価するが、マトヴィッチ政権には基本的な政治能力が欠けていたと批判し、政治的に安定していたフィツォ政権のほうを評価する者が複数いた（一方で、ウクライナ戦争下で親ロシア的立場をとるフィツォのほうをより警戒する者もいた）。抗議活動という対抗行動は、意思表示の意味はあるが、一九九〇年代のサードセクターの新たな担い手たちの実践と比較すると、一過性が強く、それだけでその後の社会の変化の基層をつくるものではないことには注意する必要がある。

おわりに

本章では、体制転換後のスロヴァキアのサードセクターの発展にともなう市民社会の変容を考察した。スロヴァキアにおいて、「民主主義の後退」と呼ばれる現象は、現在だけでなく、メチアル政権時代にもみられた現象であるが、社会主義時代の影響が残る時期と現在とでは状況が異なる。現在の「民主主義の後退」は、体制転換期に反体制派が求めた民主主義的な社会のあり方が、ある程度所与のものとなった段階の後に、スロヴァキアのサードセクターの性格の変化とともに現れたものである。

政治腐敗への抗議活動ほど大規模ではないが、リベラル民主主義的な価値観に沿うとはいいがたい抗議活動も、近年のスロヴァキアでは生じている。二〇一五年の欧州難民危機以前から移民受け入れ反対の抗議活動は行われており、最近ではウクライナ支援への抗議活動なども展開されている。[20] このような活動は、リベラルな民主主義が影響力をもつ社会で、ムフのいう多元性を引き出す政治的なものになりうるのだろうか。

この点について、ムフはかつて民主主義がファシズムを抑止できなかったことを引き合いに、ルールを受容しない人々は対抗者でなく「敵」とみなしている［ムフ　一九九八：五―八］。つまり、彼／彼女らの要求は、他者への暴力や排除などがルールからの逸脱として顕在化しない限り、市民としての対抗的な意見となりうる。ただし、抗議活動が、新たな社会を形成する建設的な実践をともなわないのであれば、どのような目的のものであっても政治的なものとして効果的に機能しにくいことは前節で示したとおりである。その意味では、政治的なものの領域そのものが全体的に収縮している社会で、民主主義の「修復」をめざすならば、再度健全なかたちで政治的なものの領域を拡大するか、あるいはまったく新たな方法を模索する必要があると考えられる。

【追記】本稿は科学研究費補助金（基盤C20K01191・若手B26770294・研究活動スタート支援23820043）による研究成果の一部である。

注

（1）「ポスト社会主義」という概念については、さまざまな議論が蓄積されてきたが、すでに別稿［神原二〇二三］で論じたので、本稿では、社会主義の影響は脱していると現地の社会で広く了解されていることをもって、「ポスト社会主義時代の後」と便宜的に表現している。

（2）ムフは後の著作で、ポピュリズムについて、西欧と東欧で異なる歴史をもつことに言及し、彼女の分析は基本的に西欧を対象としたものであることを認めている［ムフ二〇一九：二］。ただし、本章で注目している彼女の「政治的なもの」に関する議論は、冷戦終了後の世界の民主主義を対象としたものであり、東欧／西欧を問わずに適用できるものと考えられる。

（3）本章は筆者が二〇一二年以降、スロヴァキアの首都や地方都市で市民団体に対して行ったインタビュー調査にもとづいて執筆している。ただし、これらの都市部の市民活動の記述は、二〇〇七―二〇一三年にかけて行った西スロヴァキアの村落での調査経験が間接的に反映されている。なお、本章で用いるインタビューは、現地でも著名な存在であるため、実名を記載したほうが適切な調査協力者（かつ、本人も実名の掲載を承諾している）以外は、団体名を含めて匿名としている。

（4）たとえば、反体制派から政治家となったチャルノグルスキーやミクロシコ［長與二〇一九］、一度は政界を去ったが後に政治に復帰したブダイなど［長與一九九二］。

（5）ただし、都市部と村落部の結社活動の広がりには差があった。都市では、一九世紀には民族文化団体や学生団体などが活動していたが、村落にまで消防団やカトリック関連の団体などの活動が広がったのは、第一共和国時代になってからだった［Mannová 1990:15, Majdúchová et.al. 2004:17］。

（6）スロヴァキア、およびチェコスロヴァキアにおける市民の自発的な活動の歴史については、中田［二〇〇七］、神原［二〇一五］、ラーズス［二〇一六］などでも概観されている。

（7）スロヴァキアにおいて、西側からの支援を受けて活動を展開することができたのは、都市部の高学歴者に多かった。そのため、村落は二〇〇〇年代でも、本章で描くような状況とは異なる様相をみせていた［神原 二〇一五］。なお、一九九〇年代のポーランドのNGOと西側の支援者との関係に注目した民族誌を既述したアメリカの文化人類学者のウェデルによると、支援の受け手は必ずしも支援者の思いどおりに動くわけではなかった［Wedel 2001］。

（8）本章は「新たな担い手」に注目しているが、新たな担い手には該当しない人々を含めたスロヴァキアの市民社会全体の状況については、別稿［神原 二〇一五］で論じている。

（9）スロヴァキアの地方都市では、地域振興のコンサルティング業務を担うような、専門家集団に近い市民団体もサードセクターの新たな担い手となっていたが、この時期に多くの優秀な人がサードセクターの仕事から去ったという（中部の地方都市に拠点をおく、地域振興関係のプロジェクト・マネジャーへのインタビューより。二〇一六年三月一一日）。

（10）ゾラ・ブートロヴァーへのインタビューより（二〇一三年三月一〇日）。

（11）似たところでは、ハンガリー系マイノリティの人々も、社会主義時代末期の反体制派を中心に、一九九〇年代にスロヴァキアのマイノリティの歴史や文化の研究所を、市民団体として設立した［神原 二〇一九：七二］。当時は、政治的に影響を受けずに自主的に活動を行うことが重視されていたと考えられる。

（12）ただし、現在、この社会調査センターは、企業が依頼する市場調査や世論調査、学術機関から委託される社会調査など、さまざまな量的調査を引き受け、ほぼ営利企業として活動している。

（13）この団体に関する記述は、ブラチスラヴァに拠点をおくフェミニスト団体の設立メンバーへのインタビューによる（二〇一三年三月二〇日）。また、LGBTの権利に関する活動を行う団体も、フェミニスト団体同様の苦労を抱えている［Wallace-Lorencová 2003］。

（14）中部の地方都市に拠点をおく環境保護財団代表とのインタビューより（二〇一三年三月一一日）。

（15）ブラチスラヴァに拠点をおく財団の代表へのインタビューより（二〇一三年三月二一日）。

（16）たとえば、中部の地方都市に拠点をおく、地域振興関係のプロジェクト・マネジャーは、一時はスロヴァキア各地に支部をもつまでに成長した団体が、現在は解体して、かなり活動の規模を縮小してしまった事例を語った（二〇一六年三月一一日）。また、第二節で紹介したフェミニスト団体も、二〇〇〇年代半ばまでの活動に比べれば、活動規模をかなり縮小してしまった現状を語った。より規模の小さい有志の団体であれば、このような事例は村落、都市を問わず珍しくない。

（17）ブラチスラヴァに拠点をおくフェミニスト団体の設立メンバーへのインタビューより（二〇二三年三月二〇日）。

（18）ムフの民主主義に関する議論は、一般的には「ラディカル・デモクラシー」または「闘技民主主義」と呼ばれる。その特徴は、多数決原理や熟議による決定などの、合理主義的な民主主義を批判し、これらから排除されがちな人々を対等な「対抗者」と認め、健全な競争を評価する立場である。その意味で、本章における民主主義は、当該社会の総意を反映した意思決定について、制度的側面だけでなく、理念的な側面を含んでいる。

（19）二〇一二年の初めはスロヴァキア各地で抗議活動が行われたが、一月二七日にブラチスラヴァで実施された抗議活動は現在も、主催者による映像が残っており、当時の様子をうかがうことができる。http://www.protestgorila.sk/（二〇二四年一月五日最終確認）。

（20）二〇一五年の難民危機以前の抗議活動については、たとえば https://spectator.sme.sk/c/20058267/protest-against-migrant-quotas-paralyses-downtown-bratislava.html（二〇二四年二月七日最終確認）参照。ウクライナ支援への抗議活動については、たとえば https://spravy.pravda.sk/regiony/clanok/659035-verejne-zhromazdenia-v-hlavnom-meste-mozu-v-piatok-podvecer-obmedzit-mhd/（二〇二四年二月七日最終確認）参照。

文献一覧

A・エバース＆J・L・ラヴィル『欧州サードセクター——歴史・理論・政策』内山哲郎・柳沢敏勝訳、日本経済評論社、二〇〇七年

エルネスト・ラクラウ&シャンタル・ムフ『民主主義の革命——ヘゲモニーとポスト・マルクス主義』西永亮・千葉眞一訳、ちくま学芸文庫、二〇一二年（原著初版は一九八五年）

C・ボルザガ＆J・ドゥフルニ『社会的企業――雇用・福祉のEUサードセクター』内山哲郎・石塚秀雄・柳沢敏勝訳、日本経済評論社、二〇〇四年
神原ゆうこ『デモクラシーという作法――スロヴァキア村落における体制転換後の民族誌』九州大学出版会、二〇一五年
神原ゆうこ「マイノリティであることと民主主義的価値観の親和性と矛盾――スロヴァキアのハンガリー系にとっての一九八九年以後」『ロシア・東欧研究』四七巻、二〇一九年、六五―八〇頁
神原ゆうこ「市民活動という政治の場における道徳／倫理とその実践――文化人類学における『倫理的転回』の議論をふまえて」『文化人類学』八六巻、、二〇二一年、二三〇―二四九頁
神原ゆうこ「『ポスト社会主義の終焉』をめぐる議論――中東欧地域の文化人類学的研究の文脈から」『スラヴ研究』七〇巻、二〇二三年、一三七―一五八頁
シャンタル・ムフ『政治的なるものの再興』千葉眞・土井美穂・田中智彦・山田竜作訳、日本経済評論社、一九九八年
シャンタル・ムフ『政治的なものについて――闘技的民主主義と多元主義的グローバル秩序の構築』酒井隆史・篠原雅武訳、明石書店、二〇〇八年
シャンタル・ムフ『左派ポピュリズムのために』山本圭・塩田潤訳、明石書店、二〇一九年
中田瑞穂「東中欧における市民社会組織の発展と熟議＝参加デモクラシー」『ポスト代表制の比較政治――熟議と参加とのデモクラシー』小川有美編、早稲田大学出版部、二〇〇七年、五一―七八頁
中田瑞穂「東中欧における『民主主義の後退』――『民主主義』と立憲主義の分断と接合」『民主主義の脆弱性と権威主義の強靭性』日本比較政治学会編、ミネルヴァ書房、二〇二〇年、八九―一二〇頁
長與進「ブラチスラヴァの一反対派青年の栄光と蹉跌」『東欧革命と民衆』南塚信吾編、朝日新聞社、一九九二年、一〇九―一二七頁
長與進「スロヴァキアのディシデントたちの30年――チャルノグルスキーとミクロシコの場合」『思想』一一四九号、二〇一九年、一一六―一一九頁

平田武「東中欧民主化と市民社会論の射程――近代ハンガリー史への視座を交えて」『法学』六三巻、一九九九年、三一一―三四四頁

平田武「ハンガリーにおけるデモクラシーのバックスライディング」『体制転換／非転換の比較政治』日本比較政治学会編、ミネルヴァ書房、二〇一四年、一〇一―一二七頁

ペテル・ラーズス「スロヴァキアの市民セクター――歴史と現状」『グローバル化と地域社会の変容――スロヴァキア地方都市定点追跡調査Ⅱ』石川晃弘・佐々木正道・リュボミール・ファルチャン編、中央大学出版部、二〇一六年、一三五―一四九頁

Ágh, Attila, *Declining Democracy in East-Central Europe: The Divide in the EU and Emerging Hard Populism*, Edward Elger Publishing, 2019.

Bútora, Martin, Zora Bútorová & Grigorij Mesežnikov “Slovakia's Democratic Awakening,” *The Road to the European Union : Volume 1 Czech and Slovak Republic*, Jacques Rupnik & Jan Zielonka eds., pp. 51-68, Manchester University Press, 2003.

Buchowski, Michal *Rethinking Transformation and Anthropological Perspective on Post-socialism*, Wydawnictwo Humaniora, 2001.

Cox, Terry, “Between East and West: Government–Nonprofit Relations in Welfare Provision in Post-Socialist Central Europe,” *Nonprofit and Voluntary Sector Quarterly* 49(6), pp.1276-1292, 2020.

DeHoog, Ruth Hoogland & Luba Racanska, “The Role of the Nonprofit Sector Amid Political Change: Contrasting Approaches to Slovakian Civil Society,” *Voluntas: International Journal of Nonprofit and Voluntary Organizations* 14(3), pp. 263-282, 2003.

Dudeková, Gabriela, *Dobrovoľné združovanie na Slovensku v minulosti*, SPACE, 1998.

Frič, Pavol, “The Third Sector and the Policy Process in the Czech Republic: Self-limiting Dynamics,” *Handbook on Third Sector Policy in Europe: Multi-Level Processes and Organized Civil Society*, Jeremy Kendoll ed, pp.184-206, Edward Elgar, 2009.

Filadelfiová, Jarmila, Marianna Dluhá, Eduard Marček & Soňa Košičiarova, *Poznávanie tretieho sektora na Slovensku*, SPACE, 2004.

Jacobsson, Kerstin & Steven Saxonberg "Introduction: The Development of Social Movements in Central and Eastern Europe," *Beyond NGO-ization: The Development of Social Movements in Central and Eastern Europe*, Kerstin Jacobsson & Steven Saxonberg eds., Routledge, 2013.

Kalmar, Ivan, *White but not Quite: Central Europe's Illiberal Revolt*, Bristol University Press, 2022.

Kendoll, Jeremy, "Terra Incognita: Third Sectors and European Policy Processes," *Handbook on Third Sector Policy in Europe: Multi-Level Processes and Organized Civil Society*, Jeremy Kendoll ed, pp.3-19, Edward Elgar, 2009.

Majdúchová, Helena, Marianna Dluhá & Eduard Marček eds. *Neziskové organizácie*, Sprint, 2004.

Mannová, Elena, "Spolky a ich miesto v živote spoločnosti na Slovensku v 19.stor. Stav a problémy výskumu," *Historický časopis* 38 (1), pp.15-27, 1990.

Wallace-Lorencová, Viera, "Queering Civil Society in Postsocialist Slovakia," *Anthropology of East Europe Review* 21(2), pp. 103-110, 2003.

Wedel, Janine R., *Collision and Collusion: The Strange Case of Western Aid to Eastern Europe*, St. Martin's Griffin, 2001.

あとがき　サロンC／Sについての時期遅れの私的総括

サロンC／S〔チェー・エスと発音〕とは、四半世紀以上も昔に、一二年ほど続いた、スロヴァキア研究者とチェコ研究者の私的な集まりのことである。この企ての刺激になったのは、一九八〇年代に一橋大学で開かれていた大学院生による文献講読会で、専門領域と関心を共有する研究者仲間が集まって、自主的な原書購読を行っていた。T・G・マサリクの『チェコの問題』やA・M・リペリノの『魔法のプラハ』などを読んだことが、微かな記憶として残っている。気が置けない仲間内の、しかし「真剣勝負」の機会は得るところが多く、私はこうした場に身を置くことを、とても心地良く感じた。

五年間の非常勤講師生活の後で、運よく一九九一年四月から、早稲田大学政治経済学部の専任講師〔担当はロシア語〕の職に就くことができたとき、なによりもうれしかったのは、個室の研究室〔四号館三一〇号室〕を貸与されたことだった〔余談になるが現在この建物は、早稲田大学国際文学館村上春樹ライブラリーになっている〕。これを好機として、それまで東欧史研究会などを通して交流のあったスロヴァキア研究者とチェコ研究者に声をかけて、二週間に一度のペースで、定期的に研究会を開くことにした〔通常は木曜午後〕。一九九〇年春のいわゆる「ハイフン戦争」の余波のなかで、この二つの地域を結びつける名称をあれこれ考えた挙句に、サロンC／Sと名づけることにした。チェコを意味するチェスコ Česko と、スロヴァキアをさすスロヴェンスコ Slovensko の頭文字を組み合わせたわけである。

「サロン」を標榜したのは、「ブルジョアジーが開くクラブ」でも、「プロレタリアートが組織する協会」でもなく、貴族が集うサロンをめざすという、罰当たりな思い上がりにもとづく。つまりなによりも、「学問を優雅に楽しむ」ことを主眼としたわけである。情報交換と研究発表を主軸として、発表は「学会報告の予行演習でも、二番煎じでも可」と、敷居を低く設定して、発表後の質疑応答と、そこからはじまる議論に重きを置くことにした。午後三時頃にはじまる会合は、たいてい晩の六、七時頃まで続き、終了後は近くのレストランで談話の続き、という流れができた。

発表のテーマとしては、チェコとスロヴァキアの歴史・政治・文化を中心として、各人の研究テーマや関心のある事柄であれば、なんでも可とした。近現代史がらみの話題が多かったが、中世史や文学関係の話も聴くことができた。ハンガリーや、その他のスラヴ諸語の研究者にも発表をお願いして、見聞を広げるように努めた。ロマ問題の専門家をお招きしたこともある。機会があれば、来日したチェコ人研究者にも発表していただいた。いま、その「活動」を記録したリストに改めて目を通してみると、一九九一年四月から二〇〇三年末まで、つまりチェコスロヴァキア連邦制度の末期から、両共和国が欧州連合（EU）に加盟する直前までの時期に、両国をめぐる多種多様なテーマを論じあっていたことが思い出される。

一九九二年後半の連邦制度の解体プロセスには、「同時代的に」立ち会ったことになる。研究の軸足をスロヴァキアに置いていた私自身、この問題には、（若干スロヴァキアに「肩入れ」するかたちで）なみならぬ関心をもってフォローしていた。それでも一九九二年初頭の段階では、いずれスロヴァキア側の議会選挙で、連邦解体をマニフェストに掲げる政党が過半数を占めて、チェコ側との合意のうえで「民主主義的手続きに則って」、平和裡に連邦解体にいたると想定して、当面は「国家連合」のようなかたちで、共同国家が維持されるのではないか、と考えていた。当然のことだが、連邦解体は長い道のりになると思われた。ところが現実には、一九九二年六月選挙の結果選ばれた双方の第一勢力が（両者は政治面でも経済面でも、共通点をもたなかった）、「談合」のかたちで「上から」連邦制度解体を決断するという、「想定外」の展開をたどることになった。「現実」が電光石火、嵐のように進行するなかで、驚き、訝り、戸惑いながらも、事態の進転になんとかついていった、というのが正直なところである。手持ちの知識、与えられた情報、主観的な願望のなかから、「もっとも妥当な」結論を引き出そうとする姿勢が、かならずしも「先を見通す」ことにならなかったという、ある種の「無力感」が残っている。

とはいえ両国の新憲法の分析など、解体によってもたらされた結果については、丁寧に跡づけたと思う。一九九二年、一九九四年、一九九八年、二〇〇二年のスロヴァキアの議会選挙、一九九九年の大統領選挙、一九九一年と二〇〇一年の国勢調査（センサス）は、同時代的にフォローした。「歴史の証言」として記録しておけば、当時はこうした同時進行の出来事についての情報は、航空便で送られてくる新聞か、現地に赴いて資料を入手する以外に手だてはなかった。インターネットを通じて、時差なしで情報を入手できるようになったのは、二〇〇〇年代になってからではなかっただろうか。

もうひとつ「歴史の証言」として言及しておきたいのは、インターネット上のホームページのことである。前世紀の終わりまで、サロンでの開催記録と次回の研究会の予告については、毎回郵便でメンバーに通知していた。二〇〇〇年春にメンバーの一人福田宏氏より、サロンのホームページを作りませんか、という有難い申し出があった。研究会の通知をはじめとして、さまざまな関連情報のリンクが張られ、過去の例会記録も掲載されていた（今回リストを作成するにあたっては、この記録にひじょうに助けられた）。じつはこのホームページには、いまだにアクセス可能である（サロンČ/S (hfukuda.info)）。

このような追い風に恵まれたにもかかわらず、二〇〇三年暮れにサロンを閉じることを決心したのは、もっぱら私個人の気持ちと都合による。メンバーに相談することもなく、しかるべき事情説明もせずに、「自然消滅」に委ねてしまったことについては、今でもある種の「後ろめたさ」の感情を引きずっている。それにもかかわらずサロンのつながりは、それ以後も維持されて、時折「サロンČ／S残党」を自称する集まりが催された。

二〇一九年三月の私の定年退職をきっかけとして、このときのメンバーの多くが再度結集して、より若い世代の研究者の参加も得て、ささやかな論文集を編もうという話が持ち上がった。元サロンの「主催者」としては、身に余る幸せというほかはない。四半世紀前に蒔かれた種が、豊かに結実しているさまを見ることができる、という表現のもとで、「歴史をポジティヴに意味づける」ことができるからである。

山中湖の山荘にて　二〇二四年五月

長與　進

サロンČ／S研究発表リスト

一九九一年

第1回　五月二三日（木）早稲田大学長與研究室（四号館三一〇号室）、長與進：最近のスロヴァキアにおけるアンドレイ・フリンカとヨゼフ・ティソの「復権」現象について

第2回　六月六日（木）同右、佐藤雪野：チェコスロヴァキアの政治経済改革と歴史的伝統

第3回　六月二〇日（木）同右、中田瑞穂：独立スロヴァキア国について——東欧ファシズム論序説

第4回　七月四日（木）同右、矢田部順二：E・ベネシュと「チェコスロヴァキア—ポーランド連邦」構想——方針転換にいたる亡命政権の内部的事情、一九三九—四三

第5回　七月一八日（木）同右、篠原琢：ズデーテン・ドイツ人追放問題論議にみる歴史のとげ

第6回　七月二四日（水）同右、林忠行：最近のチェコスロヴァキアの政党再編

第7回　九月一九日（木）同右、石田裕子：一八四八年のオーストリアの連邦案

第8回　一〇月四日（金）同右、佐藤雪野：二〇世紀初頭チェコ建築と文化運動

第9回　一〇月一七日（木）同右、薩摩秀登：フス派運動＝「諸身分の革命」（Ständische Revolution）論に寄せて

第10回　一一月二八日（木）同右、ダヴィト・ラブス：社会主義の再検討

第11回　一二月五日（木）同右、ダヴィト・ラブス：社会主義の再検討（続き）

第12回　一二月一九日（木）同右、佐藤雪野：チェコスロヴァキア・マスコミ事情、一九九一年夏

一九九二年

第13回　一月一六日（木）同右、長與進：チェコ・スロヴァキア関係の現段階――一九九二年初頭

第14回　一月三〇日（木）同右、矢田部順二：チェコ・スロヴァキア政治体制の基礎知識 九二――組織構造の俯瞰

第15回　二月一三日（木）同右、佐藤雪野：書評：Samuel R. Williamson Jr.: Austria-Hungary and the Origin of the First World War. Hampshire-London, 1991

第16回　二月二七日（木）同右、三谷恵子：クロアチア語の現状についての報告

第17回　三月一一日（水）同右、ダヴィト・ラブス：私の日本観

第18回　三月二六日（木）同右、石田裕子：一八四八年のチェコ人の民族運動における連邦制

第19回　四月九日（木）同右、佐藤雪野：チェコスロヴァキア・マスコミ事情　Part 2 + α

第20回　四月二四日（金）同右、林忠行：マサリクの「民族的覚醒」について

第21回　五月七日（木）同右、長與進：スロヴァキアから見たハヴェル像

第22回　五月二二日（金）同右、薩摩秀登：「中世における nation」の研究について

第23回　六月四日（木）同右、中田瑞穂：チェコスロヴァキア第一共和国におけるドイツ人――政党の観点から

第24回　六月一八日（木）同右、佐藤雪野：六月総選挙の結果を検討する（チェコの巻）／長與進：六月総選挙の結果を検討する（スロヴァキアの巻）

第25回　七月二日（木）同右、長與進：チェコとスロヴァキアの国家シンボルの変遷――国章と国旗の話

第26回　一〇月一日（木）同右、矢田部順二：プラハ・ブラチスラヴァ国際会議見聞記、その他

第27回　一〇月一五日（木）同右、石田裕子：一九九二年夏のプラハ生活について

第28回　一〇月二九日（木）同右、若林雅代：論文構想―チェコスロヴァキアにおける政治　一九四五年〜一九四八年

第29回　一一月二六日（木）同右、佐藤雪野：「ビロード革命」に関する最近の英語文献について
第30回　一二月一〇日（木）同右、矢田部順二：チェコ・スロヴァキア政治情勢の分析――連邦解体とその問題点
第31回　一二月二四日（木）同右、稲野強：アールミン・ヴァームベーリと日本人――斉藤修一郎の場合

一九九三年

第32回　一月七日（木）同右、長與進：スロヴァキア新憲法を読む
第33回　一月二一日（木）同右、佐藤雪野・矢田部順二：チェコ新憲法を読む
第34回　二月四日（木）同右、佐藤雪野：チェコスロヴァキア経済の確立をめざして――第一共和国の試み
第35回　二月二五日（木）学習院大学政治学研究科博士前期課程研究室、長與進：第一回、専門用語翻訳調整委員会――スロヴァキアとチェコの新憲法を題材として
第36回　三月二三日（木）早稲田大学長與研究室（四号館三一〇号室）、橋本聡：文化史的に見たドイツ語とチェコ語の接触／林忠行：チェコスロヴァキアにおける連邦の解体――分析枠組みの再検討
第37回　四月八日（木）同右、木村英明：最近のスロヴァキア情勢――文学現象を中心として
第38回　四月二二日（木）同右、篠原琢：雑誌 Prostor の最近号に掲載された「チェコ人論」を中心として
第39回　五月一三日（木）同右、篠原琢：ボヘミアにおける村落社会と地方自治制度
第40回　五月二七日（木）同右、中田瑞穂：チェコスロヴァキア第一共和制の形成
第41回　六月一〇日（木）同右、薩摩秀登：〈紹介〉Summa hussitica. In: Jan Hus und die Hussiten in europäischen Aspekten. Schriften aus dem Karl-Marx-Haus Trier 36, 1987, p. 99-113
第42回　六月二四日（木）同右、木村英明：Národný hrdina – Juraj Jánošík〈虚像と実像〉

第43回　七月八日（木）同右、篠原琢：風水学者の見たプラハ
第44回　七月二三日（金）同右、林忠行：論文「ソ連・東欧圏の成立と冷戦」に基づいて
第45回　一〇月七日（木）同右、長與進：南部スロヴァキアのハンガリー系少数民族問題をめぐって——資料・言論・見聞
第46回　一〇月二八日（木）同右、篠原琢：チェコの地方社会の現在——戦間期・社会主義期・現在——ヒーニェ（Chýně）村を例として
第47回　一一月一一日（木）同右、長與進：スロヴァキアにおけるハンガリー系少数民族問題（Ⅱ）——最近の統計資料と世論調査に基づいて
第48回　一一月二五日（木）同右、長與進：スロヴァキアの宗教事情——最近の統計資料と世論調査に基づいて
第49回　一二月九日（木）同右、中田瑞穂：Morison, John (ed.), The Czech and Slovak Experience, London 1992
第50回　一二月二一日（火）同右、林忠行：EC・NATO加盟へ結束する「中欧」四カ国

一九九四年

第51回　一月六日（木）同右、佐藤雪野：（書評）平野嘉彦著『プラハの世紀末——カフカと言葉のアルチザンたち』（岩波書店、一九九三年）
第52回　一月二〇日（木）同右、稲野強：『もっと知りたいチェコとスロヴァキア』の編集建て直し問題
第53回　二月三日（木）同右、稲野強：『もっと知りたいチェコとスロヴァキア』の編集建て直しの結果／サイレント映画鑑賞『ゴーレム』と『プラーグの大学生』
第54回　二月一七日（木）同右、水口雛子・加藤徹也：チェコ・スロヴァキアにおける民族と国家
第55回　三月一〇日（木）同右、長與進：スロヴァキアの民族問題の一側面——第二次世界大戦期のスロヴァキア・ドイツ

人の追放問題をめぐって
第56回　三月一七日（木）同右、『もっと知りたいチェコとスロヴァキア』刊行に向けた中間報告―中田瑞穂：参考文献リスト／石田裕子：チェコ・スロヴァキア史関係年表
第57回　四月二日（土）―三日（日）八王子大学セミナーハウス、『もっと知りたいチェコとスロヴァキア』執筆関係者の編集合宿―中田瑞穂：参考文献リスト＋統計資料／石田裕子：チェコ・スロヴァキアの歴史年表／長與進・木村英明・薩摩秀登・佐藤雪野：担当原稿の現状報告
第58回　四月一四日（木）早稲田大学長與研究室（四号館三一〇号室）、篠原琢：ゴーレム――破壊されるユダヤ人社会のアイデンティティ
第59回　四月二八日（木）同右、水口雛子：チェコ・スロヴァキアにおける民族と国家（続編）
第60回　五月一二日（木）同右、中澤達哉：（卒業論文概要）近代スロヴァキア・スラヴ思想における「啓蒙」概念について～リュドヴィート・シトゥールの思想にみるスロヴァキア啓蒙
第61回　五月二六日（木）同右、木村英明：スロヴァキア人米国移民（一八八〇―一九三九）～異邦で見たスロヴァキア自治の夢
第62回　六月九日（木）同右、稲野強：群馬県における西欧近代の受容
第63回　六月二三日（木）同右、薩摩秀登：カール四世のドイツ国王選出――その歴史的背景
第64回　七月一四日（木）同右、長與進：『ユーロバロメーター』一九九四年版をめぐって
第65回　七月二二日（金）同右、林忠行：チェコスロヴァキア共産党幹部会の構成から見た「ノヴォトニー体制」
第66回　一〇月一三日（木）同右、長與進：一九九四年九―一〇月スロヴァキア共和国国民議会選挙の結果を検討する
第67回　一〇月二七日（木）同右、長與進：現代スロヴァキアの政治文化の一断面――選挙キャンペーンのテレビ・スポッ

トを観る
第68回　一一月一〇日（木）同右、篠原琢：ＴＮＰ（強制労働キャンプ）に送られた人々――プラハ西郡を例にして
第69回　一一月二四日（木）同右、木村英明：Š. Šutaj. Maďarská menšina na Slovensku v rokoch 1945-1948 を読む
第70回　一二月八日（木）同右、中澤達哉：（修士論文計画）一八四八年革命におけるスロヴァキア・スラヴ主義思想の研究～リュドヴィート・シトゥールを中心に
第71回　一二月二一日（水）同右、林忠行：東欧国際関係の断絶と連続性

一九九五年

第72回　一月一二日（木）同右、長與進：最近のスロヴァキアの政治情勢について
第73回　一月二六日（木）同右、木村英明：スロヴァキア（一九四五―四八）の政治権力闘争を巡って――Na ceste k mocopolu moci（M. Barnovský, 1993）を読む
第74回　二月二日（木）同右、佐藤雪野：チェコおよびスロヴァキアの農業改革の現状
第75回　六月一日（木）同右、佐藤雪野：チェコスロヴァキア第一共和国初期の経済政策――企業のチェコスロヴァキア化nostrifikace 政策をめぐって／矢田部順二：（帰国報告）チェコ外交／スロヴァキア外交の比較分析――八九年十一月～九五年三月
第76回　六月一五日（木）同右、山本明代：（修士論文中間報告）世紀転換期アメリカ合衆国におけるハンガリー・エスニック集団の形成――コッシュート像建設運動からの考察
第77回　六月二九日（木）同右、中澤達哉：一八四八年革命前期のシトゥールのスラヴ主義思想の考察
第78回　一〇月五日（木）同右、長與進：『ユーロバロメーター』一九九五年版を読む

第79回　一〇月一九日（木）同右、篠原琢：中央ヨーロッパ論の位相
第80回　一一月九日（木）同右、木村英明：スロヴァキアの国語関連諸法と民族対立
第81回　一一月三〇日（木）同右、薩摩秀登：〔部分的紹介〕：Husiství - Reformace - Renesance. Sborník k 60. narozeninám Františka Šmahela. I. - III. Uspořádali Jaroslav Pánek - Miloslav Polívka - Noemi Rejchrová, Praha 1994. Historický ústav、あるいは最近のフス派研究の課題
第82回　一二月一四日（木）同右、中澤達哉：（修士論文中間報告）一八四八年革命中期のシトゥールのスラヴ主義思想の考察

一九九六年

第83回　一月一一日（木）同右、中田瑞穂：プラハでの留学生活について／長與進：一九九五年のスロヴァキア政局を振り返って——大統領 versus 首相
第84回　二月一日（木）同右、木村英明：（書評）PETRO, Peter. A History of Slovak Literature. 1995～スロヴァキア文学の始まりを巡って
第85回　二月一五日（木）同右、篠原琢：言語問題に見るチェコ国民社会の形成——十九世紀後半
第86回　三月七日（木）東京外国語大学篠原研究室（研究講義棟七一四号室）、小沢弘明：「民族自決」の世界像
第87回　三月一四日（木）早稲田大学長與研究室（四号館三一〇号室）、長與進：（書評放談）新潮社の新刊『中欧』を斬る
第88回　四月一一日（木）同右、山本明代：アメリカ合衆国におけるハンガリー系コミュニティの形成——クリーヴランドのコッシュート像建設運動を中心に
第89回　四月二五日（木）同右、木村英明：書評『オルトゥタイ　ハンガリー民話集』

第90回　五月九日（木）同右、長與進：政治問題としてのスロヴァキア語――スロヴァキア語の法的地位にかんする一考察
第91回　五月二三日（木）同右、篠原琢：（特別報告）オット・ウルバン教授を偲んで
第92回　六月六日（木）同右、中澤達哉：（修士論文中間報告）一八四八年革命後期のシトゥールのスラヴ主義思想の考察
第93回　六月二七日（木）同右、中田瑞穂：最近のプラハ情報／篠原琢：（書評）Jiří Rak, Bývali Čechové. České historické mýtus a stereotypy, 148 str., Praha 1994. / Petr Čornej. Lipaňské ozvěny. 203 str., Praha 1995
第94回　七月一一日（木）同右、香坂直樹：（書評）Eastern European Nationalism in the Twentieth Century (Peter F. Suger, ed.). American University Press, 1995. Chapter 4. Czech and Slovak Nationalism in the Twentieth Century by Carol Skalnik Leff
第95回　一〇月三日（木）同右、長與進：ガプチーコヴォ水利施設をめぐる問題の現状
第96回　一〇月一七日（木）同右、中澤達哉：一八四八年革命終焉期のシトゥールのスラヴ主義思想の考察
第97回　一一月七日（木）同右、篠原琢：（書評）Vit Vlnas, Jan Nepomucký česká legenda. Mladá fronta/Praha 1993, 282 str. s obrazy
第98回　一一月二一日（木）同右、石田裕子：留学生活を振り返って
第99回　一二月五日（木）同右、ダヴィト・ラブス：私の佐久間象山
第100回　一二月一九日（木）同右、長與進：『スロヴァキア民俗学地図』を読む

一九九七年

第101回　一月一〇日（金）同右、林忠行：東中欧諸国における左派政党の位置
第102回　一月二三日（木）同右、長與進：スロヴァキアの地方行政制度の変遷をめぐって

第103回　二月六日（木）同右、木村英明：（書評）スロヴァキア―ハンガリー関係の新刊書三冊を巡って― R. Letz: Náčrt dejín Uhorska a Maďarska. Bratislava 1995; Kolektív: Tolerancia v slovensko-maďarských vzťahoch. Bratislava 1995; J. Bobák: Maďarská otázka v Česko-Slovensku (1944-1948). Bratislava 1996.

第104回　二月二〇日（木）東京外国語大学篠原研究室（研究講義棟七一四号室）、篠原琢：歴史の表象をめぐって――フス、ジシュカ記念像とフス派を核とする歴史意識の定着（Zdeněk Hojka, Jiří Pokorný, Pomníky a zapomníky, Praha 1996 をもとにして）

第105回　三月六日（木）早稲田大学長與研究室（四号館三一〇号室）、香坂直樹：（卒業論文内容報告）スロヴァキア人民党の「急進派」の行動

第106回　四月一七日（木）、同右、薩摩秀登：（書評）Joachim Bahlcke, Regionalismus und Staatsintegration in Widerstreit. Die Länder der Bömischen Krone im ersten Jahrhundert der Habsburgerherrschaft (1526-1619). Schriften des Bundesinstituts für ostdeutsche Kultur und Geschichte. 3, München 1994. 517S.

第107回　五月一日（木）同右、木村英明：表象としてのスロヴァキア人―― Jozef Cíger Hronský (1896-1960) の <Jozef Mak> (1993) を巡って

第108回　五月一五日（木）同右、中澤達哉：一八四八年革命におけるスロヴァキア・スラヴ主義政治思想の国制史的検討～伝統的観念の援用による歴史なき民の「国制上の権利の主体化」過程

第109回　五月二九日（木）、同右、香坂直樹：（卒業論文）スロヴァキア人民党の「急進派」の行動

第110回　六月一二日（木）同右、長與進：泰山鳴動して……スロヴァキアの一九九七年五月二十三―二十四日国民投票とは何だったのか

第111回　六月二六日（木）同右、木村護郎：ソルブ (Serbja/Serby) への視点

第112回　七月三日（木）同右、福田宏：ナショナリズムの大衆化――空間と身体、あるいは博覧会と体操運動にみる民族問題

第113回　七月一〇日（木）同右、中澤達哉：一八四八年革命におけるスロヴァキア・スラヴ主義政治思想の国制史的検討――Ľ・シトゥールにみる「歴史なき民」の「国制上の権利の主体化」過程

第114回　一〇月二日（木）同右、長與進：ドナウに架ける橋　補遺――シトゥーロヴォの橋をめぐる現状

第115回　一〇月一六日（木）早稲田大学三号館四〇二教室、スロヴァキアの映画監督ドゥシャン・ハナークの最新作 Papierové hlavy（邦題　ペーパーヘッズ）のビデオ鑑賞会

第116回　一〇月三〇日（木）早稲田大学長與研究室（四号館三一〇号室）、長與進：二〇世紀スロヴァキア史はいかに書かれるべきか――ミラン・ジュリツァ『スロヴァキアとスロヴァキア人の歴史』とドゥシャン・コヴァーチ編の歴史教科書を参考にして

第117回　一一月二〇日（木）同右、福田方人：ミュンヘン協定とチェコスロヴァキア外交――一九三八年九―一〇月

第118回　一二月四日（木）同右、木村英明：（書評）Dušan Kováč, Slováci - Česi. Dejiny. Bratislava 1997

一九九八年

第119回　一月二二日（木）同右、篠原琢：「民族再生期（Národní obrozeni）」の翻訳戦略

第120回　二月五日（木）同右、長與進：『スロヴァキア語文法』をめぐる諸問題

第121回　二月二五日（水）東京外国語大学篠原研究室（研究講義棟七一四号室。長與の在外研究〔一九九八年四月から二〇〇〇年三月まで、カナダのオタワ大学〕のため、篠原研究室で継続）、林忠行：独立後のスロヴァキア外交

第122回　五月七日（木）同右、阿部賢一：ヴァーツラフ・チェルニーの『実存主義に関する第二のノート』について――

一九四〇年代前半のチェコ文学のスケッチ
第123回　五月二一日（木）同右、伊藤涼子：オタ・パヴェル、作品と人紹介
第124回　六月一一日（木）同右、清水真：八九年の受け手像――マス・コミュニケーション状況の変容
第125回　七月二日（木）同右、香坂直樹：一九二七（一九二八）年のチェコスロヴァキア共和国の地方行政制度改革
第126回　一〇月二九日（木）同右、青木亮子：ベルリンのボヘミスティカ
第127回　一一月二六日（木）同右、篠原琢：「クロムネェジーシュ帝国議会と中欧における議会主義の伝統」によせて――「伝統」は何を喚起するか
第128回　一二月二二日（火）同右、林忠行：一九九八年九月のスロヴァキア選挙をめぐって

一九九九年

第129回　四月二二日（木）同右、中田瑞穂：書評『ドナウ・ヨーロッパ史』
第130回　五月一三日（木）同右、阿部賢一：カレル・ヒネク・マーハの作品におけるドイツ語―― Versuche der Ignaz Macha を読む
第131回　五月二〇日（木）同右、福田宏：初期の近代オリンピックとネイション概念の変容――チェコ・オリンピック委員会の動向をもとに
第132回　六月一〇日（木）同右、香坂直樹：スロヴァキア共和国大統領選挙について
第133回　七月八日（木）同右、篠原琢：ドイツ歴史家論争と戦後チェコの歴史意識
第134回　一〇月七日（木）同右、福田宏：チェコにおける体操運動とネーション――ナショナル・シンボルをめぐる論争
第135回　一〇月二八日（木）同右、岡葉子：ヨゼフ・ドブロフスキーとその思想――十八世紀知識人に見る言語観

第136回　一一月二五日（木）同右、阿部賢一：『聖カテジナの生涯』について
第137回　一二月二一日（火）同右、林忠行：チェコ・スロヴァキアにおける農業の転換——一九九〇〜九一

二〇〇〇年

第138回　一月二八日（金）同右、中田瑞穂：利益代表と議会制民主主義——世界恐慌下のチェコスロヴァキア連合政治
第139回　四月二〇日（木）早稲田大学長與研究室（四号館三一〇号室。長與の在外研究終了・帰国により、ふたたび早稲田大学長與研究室で開催）福田宏：ソコルと国民形成？——チェコスロヴァキアにおける体育運動
第140回　五月一一日（木）同右、長與進：コンシタンチーン・チュレン論補遺／オタワ大学スロヴァキア・アーカイヴをめぐって
第141回　五月二五日（木）同右、中澤達哉：イギリスにおけるナショナリズム研究と東中欧研究の現状
第142回　六月八日（木）同右、薩摩秀登：ミュンヘンから見た前近代中欧
第143回　六月二二日（木）同右、木村英明：一九三〇年代スロヴァキアの文学状況——一九三六年のスロヴァキア作家会議を中心として
第144回　七月一三日（木）同右、長與進：M・R・シチェファーニクの日本訪問再考——スロヴァキア国民文書館（SNA）の資料から
第145回　一〇月五日（木）同右、中澤達哉：一八五〇年代におけるスロヴァキア国民形成理論と親ロシア主義
第146回　一〇月一九日（木）同右、篠原琢：チェコのドキュメンタリー番組 Sance pro Slovensko を観る
第147回　一一月二日（木）同右、福田宏：我が祖国への想像力——チェコ人少数民族におけるソコルの活動
第148回　一一月一六日（木）同右、青木亮子：（書評）赤塚若樹著『ミラン・クンデラと小説』（水声社、二〇〇〇年）

第149回　一二月七日（木）同右、長與進：ミラン・ラスチスラウ・シチェファーニクの日本滞在—再考（パート２）
第150回　一二月一四日（木）同右、木村英明：（書評）D. Čaplovič, V. Čičaj, D. Kováč, Ľ. Lipták, J. Lukačka: Dejiny Slovenska (Bratislava, 2000)
第151回　一二月二二日（金）東京外国語大学篠原研究室（研究講義棟七一四号室）、林忠行：チェコの地方制度改革——広域自治体の設置をめぐって

二〇〇一年

第152回　二月一日（木）早稲田大学長與研究室（四号館三一〇号室）、ズデニェク・ホイダ Zdeněk Hojda：一九九〇年代におけるチェコの歴史学と歴史的記憶（チェコ語による報告）
第153回　二月一五日（木）東京外国語大学篠原研究室（研究講義棟七一四号室）、木村英明：（書評）D. Čaplovič, V. Čičaj, D. Kováč, Ľ. Lipták, J. Lukačka: Dejiny Slovenska (Bratislava, 2000) ～ Part II
第154回　三月一日（木）早稲田大学長與研究室（四号館三一〇号室）、篠原琢：一九九〇年代のチェコ歴史学——近現代史の枠組みをめぐって
第155回　三月一五日（木）同右、長與進：シチェファーニクに会った日本人——稲畑勝太郎をめぐって
第156回　四月一二日（木）同右、桐生裕子：近代ボヘミアの農村社会——農村における労働関係と農村社会の再編
第157回　四月二六日（木）同右、中澤達哉：近代スロヴァキア国民形成理論における民族自然権原理の成立過程
第158回　五月一二日（木）同右、福田宏：オーストリア・ドイツ体操運動における反ユダヤ主義——「筋骨たくましきユダヤ人」への道
第159回　五月三一日（木）同右、中田瑞穂：「強い民主主義」をめぐって——一九三三年のチェコスロヴァキア政治

第160回　六月七日（木）同右、細田尚志：チェコ共和国における安全保障政策の問題とその解決――西欧からのアプローチの活用
第161回　六月二一日（木）同右、森下嘉之：Marlis Sewering-Wollanek著『パンか民族か――一八八九―一九一一年における北西ボヘミアの労働運動』に見る北西ボヘミア地域の民族問題とその特殊性
第162回　七月五日（木）同右、長與進：スロヴァキアのルシーン人研究序説
第163回　七月一九日（木）同右、篠原琢：プラハ――亡命者の交差点
第164回　一〇月一一日（木）同右、長與進：M・R・シチェファーニクに会った日本人・補遺――スロヴァキア国民アーカイヴでの発見から
第165回　一一月一日（木）同右、篠原琢：祭典狂の時代――一八六〇年代のチェコ社会
第166回　一一月一五日（木）同右、中澤達哉：ネイション概念の形成と歴史的展開――十八世紀のスロヴァキアを事例とする「社団国家」と「ネイション」
第167回　一一月二九日（木）同右、森下嘉之：共同体のネットワークから都市の社会政策へ――プラハ・スミーホフ地区における労働者保護
第168回　一二月二〇日（木）同右、山本明代：移民と地域的結合――アメリカ合衆国のスロヴァキア系コミュニティー

二〇〇二年

第169回　一月七日（木）同右、森咲里奈：チェコスロヴァキア第一共和制とユダヤ民族承認
第170回　一月三一日（木）同右、篠原琢：（仕切りなおし書評）Derek Sayer, The Coasts of Bohemia. A Czech History, Princeton U.P., 1998. Ladislav Holy, The Little Czech and the Great Czech Nation, Cambridge U.P., 1996.

第171回　二月一四日（木）東京外国語大学篠原研究室（研究講義棟七一四号室）、特別企画―歴史の記憶とフィクションとしての映像―チェコスロヴァキア映画「プラハの解放」（一九七六年、二時間二〇分、字幕なし）／篠原琢：現代チェコの歴史記述における一九四五年の「解放」／長與進：プラハ五月蜂起におけるヴラソフ軍（ロシア解放軍）の役割

第172回　二月二八日（木）早稲田大学長與研究室（四号館三一〇号室）、松澤祐介：移行経済国の金融政策運営――チェコ、ポーランドにおけるインフレーション・ターゲティングについて

第173回　三月一四日（木）同右、中田瑞穂・長與進：欧州統合プロセスの現段階――チェコ共和国の場合・スロヴァキア共和国の場合／長與進：（リブレポート）スロヴァキア：二〇〇一年五月の住民・家屋・住居調査（国勢調査）結果――民族別統計・母語別統計・宗教別統計

第174回　三月二八日（木）同右、薩摩秀登：カレル大学フス派神学部訪問記（あるいはフスをめぐる最近の議論）／中田瑞穂：（サブレポート）チェコ共和国における二〇〇一年三月の国勢調査結果

第175回　四月一一日（木）同右、水谷驍：［特別企画］『ジプシーの歴史――東欧・ロシアのロマ民族』（共同通信社、二〇〇一年）の訳者をお招きして／映画鑑賞 Black word（スロヴァキアのロマを扱った短編ドキュメンタリー映画）／NHK特別番組「ロマ・さすらう魂」（二〇〇二年一月放映）

第176回　四月二五日（木）同右、映画鑑賞―歴史の記憶とフィクションとしての映像・第二弾―スロヴァキア映画「オルビス・ピクトゥス」（マルティン・シュリーク監督、一九九八年、日本語字幕付）

第177回　五月九日（木）同右、京極俊明：十九世紀モラヴィアにおける二言語習得――中等教育機関における第二州言語の義務化をめぐる論争より

第178回　五月二三日（木）同右、木村英明：山間の「モダニズム」――スロヴァキアのナチュリズム小説 Nevesta hôľ (Martin 1946) をめぐって

第179回　六月一三日（木）、同右、林忠行：共産党体制崩壊後のスロヴァキアにおける「民主主義」と「権威主義」――民主スロヴァキア運動の認識と行動を中心にして
第180回　六月二〇日（木）、同右、清水真：マス・コミュニケーション理論における「共産主義」と「権威主義」――規範理論からの考察
第181回　七月一八日（木）、同右、イジー・ホモラーチ Jiří Homoláč, Textová analýza českého tisku 90. let
第182回　一〇月一〇日（木）、同右、長與進：二〇〇二年九月スロヴァキア議会選挙の結果を検討する
第183回　一〇月二四日（木）、同右、映画鑑賞―歴史の記憶とフィクションとしての映像・第三弾―チェコスロヴァキア映画『裏切りの日々 Dny zrady』オタカル・ヴァーヴラ監督、一九七三年、字幕なし、二〇〇分
第184回　一一月七日（木）、同右、中田瑞穂：中間報告―EUのコンディショナリティとチェコ政治
第185回　一一月二一日（木）、同右、映画鑑賞―歴史の記憶とフィクションとしての映像・第四弾―チェコ映画《Tmavomodrý svět》Zdeněk Svěrák 監督、二〇〇一年
第186回　一二月五日（木）、同右、木村英明：一九九〇年代のスロヴァキア文学――ポスト社会主義とポスト・チェコスロヴァキアの社会と文学
第187回　一二月一九日（木）、同右、京極俊明：二〇世紀初頭ブルノ市の初等教育における民族問題――「ペレク法」下における民族的アジテーション活動とその反響

二〇〇三年
第188回　一月一六日（木）、同右、森下嘉之：〈修士論文内容報告〉十九世紀プラハにおける都市化と労働者――労働者救済の展開

第189回　一月三〇日（木）同右、映画鑑賞―歴史の記憶とフィクションとしての映像・第五弾《Smrt si říká Engelchen》, Ján Kadár, Elmar Klos 監督、一九六三年、［原作］ラジスラウ・ムニャチコ『死の名はエンゲルヒェン』（邦訳あり）／木村英明：作家と作品についてのコメント

第190回　二月一三日（木）東京外国語大学篠原研究室（研究講義棟七一四号室）、篠原琢：チェコ社会史の可能性――フランチシェク・クトナルを読みなおす（František Kutnar, Sociální myšlenková tvárnost obrozenského lidu. Trojí pohled na český obrozenský lid jako příspěvek k jeho duchovním dejinám (Praha, 1948) を中心に）

第191回　四月一〇日（木）早稲田大学長與研究室（四号館三一〇号室）、中澤達哉：チェコスロヴァキア主義におけるナーロト概念の成立――タブリツ、パルコヴィチ、コラールを中心に

第192回　四月二四日（木）同右、福田宏：理想的身体の発見とギリシア・イメージ――チェコ社会における身体文化とナショナリズム

第193回　五月八日（木）同右、篠原琢・渡辺昭子：《特別企画―合評会》薩摩秀登編著『チェコとスロヴァキアを知るための五十六章』（明石書店、二〇〇三年四月）

第194回　五月二二日（木）同右、水谷驍：ジプシーは「放浪の民」か――日本におけるジプシー研究の現状／長與進：（サブレポート）スロヴァキアにおける最近のロマ研究書二冊―Rómsky dejepis (Bratislava, 2000), Súhrnna správa o Rómoch na Slovensku (Bratislava, 2002).

第195回　六月五日（木）同右、長船恒利：ヤロミール・フンケとチェコモダニズム――チェコ・スロヴァキア写真史

第196回　六月一九日（木）同右、映画鑑賞―歴史の記憶とフィクションとしての映像・第六弾―ドゥシャン・ハナーク監督《ばら色の夢 Ružové sny》（一九七六年）／長與進：（サブレポート）スロヴァキアのロマ白書に関して

第197回　七月三日（木）同右、篠原琢：文化的規範としての公共圏――王朝的秩序と国民社会の成立

第198回　七月一七日（木）同右、松澤祐介：モラルハザード、あるいは、失われた一〇年？——チェコの不良債権問題・銀行危機とその処理・対応策について
第199回　一〇月二日（木）同右、長與進：M・R・シチェファーニクの日本滞在をめぐる若干の新事実
第200回　一〇月一六日（木）同右、香坂直樹：一九二五—一九二七年にかけてのスロヴァキア人政治家間での行政改革論議
第201回　一〇月三〇日（木）同右、井出匠：一八六一年のスロヴァキア・ナーロトのメモランダムとマチツァ・スロヴェンスカーの設立——ナーロトの枠組みと内容をめぐる言説
第202回　一一月一三日（木）同右、長船恒利：スロヴァキア・デザインのモダニズム——ブラチスラヴァ美術工芸学校（一九二八—三九）をめぐって
第203回　一一月二七日（木）同右、中村　真：「正しい」旋律に託された音楽的戦略——オタカル・ホスチンスキー『チェコ語の音楽的デクラメーションについて』の理念
第204回　一二月一一日（木）同右、映画鑑賞—歴史の記憶とフィクションとしての映像・第七弾—マルティン・シュリーク監督の最新作《Krajinka》（二〇〇〇年）

Susumu NAGAYO, Taku SHINOHARA, Tatsuya NAKAZAWA (eds.),

Raising Questions from "Small Nations"

- Czech and Slovak History and Culture -

Contents

執筆者紹介（執筆順　①所属　②主要著作・論文）

薩摩　秀登（さつま　ひでと）
①明治大学教授　②『プラハの異端者たち　中世チェコのフス派にみる宗教改革』（現代書館，1998年），『物語チェコの歴史　森と高原と古城の国』（中公新書，2006年），『図説チェコとスロヴァキアの歴史』（河出書房新社，2021年）

木村　英明（きむら　ひであき）
①スロヴァキア文学研究者　②『21世紀のロシア語』（共著，大学書林，2003年），『まずはこれだけスロヴァキア語』（国際語学社，2012年），『東欧の想像力 現代東欧文学ガイド』（共著，松籟社，2016年）

中辻　柚珠（なかつじ　ゆず）
①立教大学特任准教授　②「20世紀転換期プラハにおける芸術界とナショナリズム――マーネス造形芸術家協会を中心に」（『史林』104-6, 2021年），『ナショナリズムとナショナル・インディファレンス――近現代ヨーロッパにおける無関心・抵抗・受容』（共訳，ミネルヴァ書房，2023年）

井 出　匠（いで　たくみ）
①福井大学准教授　②「20世紀初頭の北部ハンガリーにおける政治意識の「国民化」――ルジョムベロクにおけるスロヴァキア国民主義運動の例を中心に」（『歴史学研究』931号，2015年），「20世紀初頭のスロヴァキア語印刷メディアによる「国民化」の展開――スロヴァキア国民主義系新聞『スロヴァキア週報』の分析から」（井内敏夫編『 ロシア・東欧史における国家と国民の相貌 』晃洋書房，2017年所収），「19・20世紀転換期の北部ハンガリーにおけるカトリック政治運動とスロヴァキア・ナショナリズム運動――その共通性と差異」（『西洋史研究 新輯 』第50巻，2021年）

香坂　直樹（こうさか　なおき）
①跡見学園等兼任講師　②「辺境のブラチスラヴァは首都になりうるか」（柴宜弘・木村真・奥彩子編『東欧地域研究の現在』山川出版社，2012年），「「スロヴァキア」を統計学的に把握するチェコスロヴァキア建国直後の試み――1919年の暫定センサスの準備と実施，集計過程の分析」（『エスニック・マイノリティ研究』第1号，エスニック・マイノリティ研究会，2017年）

中田　瑞穂（なかだ　みずほ）
①明治学院大学教授　②『「農民と労働者の民主主義」――戦間期チェコスロヴァキア政治史』（名古屋大学出版会，2012年），「第二次大戦後チェコスロヴァキアにおける人民の民主主義と政党間競合――国民社会党を中心に」（『スラヴ研究』65号，2018年），「政党政治研究に見る1970年代のヨーロッパ――社会変動の政党政治への表出をめぐって」（網谷龍介編『戦後民主主義の革新――1970～80年代ヨーロッパにおける政治変容の政治史的検討』ナカニシヤ出版，2024年）

佐藤ひとみ（さとう　ひとみ）
①東京外国語大学大学院博士後期課程　②「正常化体制期における「チェコスロヴァキア主義」――1980年代のスロヴァキア知識人による歴史議論」（『東欧史研究』第44号，2022年），「1980年代後半のスロヴァキア作家同盟におけるスロヴァキア・ネイション論」（『クァドランテ』第26号，2024年），「ヴラジミール・ミナーチ――スロヴァキア・ナショナリズムの「パンドラの箱」を開けた作家」（長與進・神原ゆうこ編『スロヴァキアを知るための64章』明石書店，2024年）

神原ゆうこ（かんばら　ゆうこ）
①北九州市立大学教授　②『デモクラシーという作法：スロヴァキア村落における体制転換後の民族誌』（九州大学出版会，2015年），「マイノリティであることと民主主義的価値観の親和性と矛盾：スロヴァキアのハンガリー系にとっての1989年以後」（『ロシア・東欧研究』47号，2018年），『スロヴァキアを知るための64章』（共編，明石書店，2023年）

編者紹介

長與　進（ながよ　すすむ）

早稲田大学名誉教授

主要著作　『スロヴァキア語文法』（大学書林, 2004年），『チェコスロヴァキア軍団と日本　1918 － 1920』（教育評論社, 2023年），『スロヴァキアを知るための64章』（共編, 明石書店, 2023年）

篠原　琢（しのはら　たく）

東京外国語大学教授

主要著作・論文　「「名前のないくに」――「小さな帝国」チェコスロヴァキアの辺境支配」（大津留厚編著『民族自決という幻影　ハプスブルク帝国の崩壊と新生諸国家の成立』昭和堂, 2020年），「ネイションの自然権から歴史的権利へ：フランチシェク・パラツキーのハプスブルク帝国国制論」（『歴史学研究』No.1015, 2021年），「中央ヨーロッパが経験した二つの世界戦争」（『岩波講座　世界歴史21 二つの大戦と帝国主義II』岩波書店, 2023年）

中澤　達哉（なかざわ　たつや）

早稲田大学教授

主要著作　『近代スロヴァキア国民形成思想史研究――「歴史なき民」の近代国民法人説』（刀水書房, 2009年），『ハプスブルク帝国政治文化史――継承される正統性』（共編, 昭和堂, 2012年），『王のいる共和政――ジャコバン再考』（編著, 岩波書店, 2022年）

「小さな国」からの問いかけ
――チェコとスロヴァキア 歴史と文化――

2025年4月15日　第1版第1刷発行

編　者　長　與　　進
　　　　篠　原　　琢
　　　　中　澤　達　哉
発行者　野　田　美　奈　子

発行所　績文堂出版株式会社
〒101-0051 東京都千代田区神田神保町
1-64 神保町ビル402
☎(03)3518-9940　FAX(03)3293-1123

装　幀　オコデザイン事務所

印刷・製本　信毎書籍印刷株式会社

ISBN978-4-88116-125-8　C3022